The History of
Western Philosophy

西方哲学史

第 二 卷

中世纪哲学·文艺复兴时期哲学

冯 俊◎主编

人 民 出 版 社

目 录

（第二卷）

中世纪哲学编

文艺复兴时期哲学编

中世纪哲学编

10
引　言

冯　俊

　　"中世纪哲学"是西方哲学史上涉及历史时间跨度最长、地域空间跨度最广、文化形态最多样的哲学。历史时间跨度最长,是指它经历了古罗马时期到文艺复兴之前的全部历史,欧洲历史的中世纪开始于公元 5 世纪罗马帝国的衰落到公元 14 世纪前后,而中世纪哲学的时间跨度则更长,因为基督教哲学在公元 2 世纪就已出现,在历史年代上还属于古罗马时期,但从哲学形态上则属于中世纪哲学,其影响甚至延续到 17 世纪,因为从文艺复兴到笛卡尔时代占统治地位的官方哲学仍然是中世纪的基督教哲学,因此哲学上的中世纪是广义的中世纪,长于历史上的中世纪;地域空间跨度最广,是指涵盖了欧洲、非洲和亚洲的广袤地域;文化形态最多样,是指包容了拉丁文化、犹太文化、阿拉伯文化和拜占庭文化等多种文化形态,使用的语言相应地有拉丁语、希伯来语、阿拉伯语和希腊语,涉及的宗教有犹太教、基督教和伊斯兰教等。

　　"中世纪哲学"从社会形态而言,起于奴隶社会、终于资本主义萌芽时期,是西方跨越整个封建社会历史时期的哲学。可以说"中世纪哲学"是西方封建社会的官方哲学,是封建社会占统治地位的官方意识形态。

　　"中世纪哲学"的发展和基督教的发展相伴随,与基督教有一种共生、互生的关系。基督教产生于罗马帝国的盛期,原本是犹太教的一个分支,基督教的产生最早是受正宗犹太教的打压和罗马帝国的迫害,在几百年的斗争中,逐渐从下层犹太人中传播的宗教,逐渐演变成罗马帝国的国教。基督教是希腊文化和希伯来文化融汇的产物。基督教吸收古希腊罗马哲学的养分而得以发展,教义不断地理论化系统化,基督教的发展又催生了基督教哲学。尽管"中世纪哲学"中还有很多阿拉伯文化的因素和其他东方文化的因素,从法国哲学家吉尔松(Etienne Henri Gilson,1884—1978)开始,将"中世纪哲学"称为"基督教哲学",这种称呼后被学界所沿用。就基督教哲学而言,它经历了两种哲学形态,一种是"教父哲学",一种是"经院哲学"。古代基督教在其发展过程中涌现出一批权威思想家,他们被称作教父,即教会之父,他们是教会的"创始人"、"始祖"、"首领"、"贵族"、"元老"、"绅士"。教父学(Patristics)是研究、评价、揭示教会教父们的文献和神学成就的学问。教父哲学是基督教中产生出的最初的理性思维和哲学,它创造哲学术语,建构理论体系,使基督教的学说和教义更加理论化系统化。教父哲学家都是基督宗教教会的组织者和领导人,具有比较重要的教职,既是基督教教义的解释者和传播者,又是教会的组织者和领导者。教父哲学的主要思想来源是柏拉图哲学和新柏拉图主义,主要代表人物是奥古斯丁。经院哲学是中世纪哲学的成熟形态,是由教会学校、学院中的教师、学者们研究和传授的一种哲学,鼎盛于12世纪至13世纪,与城市的兴起和大学的诞生相伴随,最早的大学有巴黎大学、牛津大学和博洛尼亚大学,学生在人文学院修完人文七艺[人文七艺可细分为两类,其中一类被称作"三科"(trivium),这就是语法、修辞和逻辑,它们被认为是哲学的工具;而另一类则被称作"四艺"(quadrium),这就是几何、代数、天文学和音乐]的所有课程后,才能够进入神学院、法学院和医学院继续深造。经院哲学善于使用逻辑推论、正题和反题的辩论方法、提问和怀疑的方法,即辩证法,经院哲学对于西方逻辑学的发展做出了重要贡献。经院哲学的发展和兴盛是和对于亚里士多德的翻译和研究联系在一起,亚里士多德哲学是经院哲学的重要思想来源。经院哲学的主要代表人物是托马斯·阿奎那,阿奎那是中世纪经院哲学的集大成者,既是西方哲学史上具有原创性的哲学大师,也是注释、解读和研究亚里士多德哲学的大师。

"中世纪哲学"的核心问题是理性和信仰的关系问题。"基督教哲学"不同于"基督教神学"在于它研究的是"哲学",哲学有自己的永恒问题,如世界的本源和本质是什么? 人如何认识世界、如何认识自己? 什么是真、善、美、爱? 什么是正义? 人有哪些德性? 人的希望、命运和终极关怀是什么? 等等。但说它是基督教哲学,那是因为它是从基督教的立场观点来回答这些哲学问题的。因此,理性和信仰的关系一直贯穿于"基督教哲学"之中。有无特定的宗教信仰成为哲学与神学划界的标准。宗教的根本特征在于信仰,信仰是宗教的核心,理性思维是哲学的核心。对待理性和信仰的关系,教父思想家们大体可分为四种态度:理性与信仰相对立、理性与信仰相等同、理性位于信仰之上、信仰位于理性之上。教父哲学家奥古斯丁力求保持信仰与理性的平衡,强调信仰的重要性,但他并没有放弃理性。奥古斯丁看到,信仰并非无思想的盲从,它以对权威的相信为前提;若无信仰的态度,也就不会有对信仰对象的进一步思想和理解。对思想的对象持怀疑、批判和否定态度,或者持赞同的态度,都是合乎理性的。任何怀疑与批判总是从某些无可置疑的前提出发,这些前提就是信仰的对象。理性为信仰做准备,语言的意义、权威的地位都需要通过理性被接受;信仰为理解开辟道路,基督徒从信仰出发踏上智慧的旅途。信仰之前,亦需要有某种程度的理解,否则人们将不会"以赞同的态度思想";信仰之后,则更需要对信仰作更深入的理解。奥古斯丁写道:"让我们把信仰看作迎接与追寻理性的序曲,因为如果我们没有理性的灵魂,我们甚至不能信仰。"①经院哲学的主要代表人物托马斯·阿奎那则主张"双重真理论",即在"信仰真理"之外还另有一种"理性真理"。

---

① 奥古斯丁:《书信集》120。

基督宗教的信仰真理超乎理性的能力,与人类理性自然禀赋的真理却并不相对立。理性真理真实无误,是真理,而信仰真理也真实无误,也是真理。阿奎那在强调两种真理区分的基础上还强调这两种真理之间一定程度的统一性和兼容性。例如,"在对于上帝我们所信仰的东西中"也同样存在有理性真理。即使对于那些超乎理性的信仰真理,我们的理性也能有所作为。这等于说理性真理与信仰真理是一种部分重合的关系。从"双重真理论"出发,托马斯·阿奎那提出和阐释了他的"两种学科论",即哲学和神学一样,也是一门独立的学科,我们不仅需要神学学科,而且也需要哲学学科。可见,托马斯·阿奎那对于信仰和理性、神学和哲学持一种中庸的态度。

在长达1000多年的中世纪一直贯穿着教权和王权的斗争,这一斗争经历了互有消长的过程,最初是教权从属于王权,继之是教权凌驾于王权之上(11世纪下半叶的克吕尼运动之后),随后是教权走向衰落和专制王权崛起(13世纪末至14世纪初)。不仅在时间考察上教权和王权互有消长,而且在空间考察上欧洲各国的情况也不完全一样。

在"中世纪哲学"中尤其是在"经院哲学"中贯穿着实在论(realism,又译作唯实论)和唯名论(nominalism)的论争,这一争论的实质就是共相与个体之间的关系之争。早在3世纪的新柏拉图主义者波菲利(Porphyre,约232—305年)在《亚里士多德〈范畴篇〉导论》中就提出共相问题,波菲利提出了三个问题,共相问题的实质主要在于:"种和属是否独立存在,抑或仅仅存在于理智之中? 如果它们是独立存在,它们究竟是有形的,抑或无形的? 如果它们是无形的,它们究竟与感性事物相分离,或者存在于感性事物之中,并与之相一致?"①波菲利只是提出问题,却没有给出任何答案。然而,800年之后,波菲利提出的共相问题在11世纪末却变成了哲学争论的一个热点问题,这就是实在论和唯名论的争

---

① 参阅《西方哲学原著选读》上卷,北京:商务印书馆1981年版,第227页。

论。实在论强调共相即种相和属相的实在性,主张种相和属相不但先于个体事物而存在,而且还是个体事物得以存在的理据和原因。与此相反,唯名论则强调个体事物的实在性,而根本否认共相即种相和属相的实在性,认为后者只不过是人们为了认知的方便而杜撰出来的"共名"而已。在争论的过程中形成了极端实在论和极端唯名论,温和实在论和温和唯名论的不同观点。

后期唯名论的三位主要哲学家都很强调经验和归纳对于知识的重要性,在哲学史上第一次提出了实验科学的概念,这对于 300 年后英国经验论和新兴自然科学的发展具有重要的启发作用;在共相和个体的关系问题上,他们的唯名论观点与温和实在论也越来越接近。"经济思维原则"后来也被科学家们作为衡量科学成熟与否的一个重要的方法论原则。

11

教父哲学和奥古斯丁

王 晓 朝

我疑故我在。

——奥古斯丁:《论三位一体》10.14

时间究竟是什么? 没有人问我,我倒清楚,有人问我,我想说明,反倒茫然不解了。

——奥古斯丁:《忏悔录》11.14

没有高度的正义,便不可能对国家进行统治,也不能使国家长存。

——奥古斯丁:《上帝之城》2.21

教父哲学是西方哲学发展的重要一环,奥古斯丁是其集大成者。奥古斯丁虽然没有创建一个系统的哲学体系,但他把基督教信仰与希腊罗马哲学结合起来,处理了一系列传统的哲学问题,并提供了具有基督教特点的答案。奥古斯丁深入探讨了理性与信仰的关系,强调信仰的重要性,但他并没有放弃理性,而是力求保持信仰与理性的平衡;奥古斯丁批判怀疑主义思潮,他诉诸认识主体的感知行为的"内意识",推导出认识主体存在的确定性;奥古斯丁肯定人能够获得确定的知识,能够认识真理,但他认为上帝是真理之光,人的心灵则好比眼睛,"光照"是认识真理的终极原因和先决条件;奥古斯丁从人的时间意识入手,提出心灵化的时间观,并进而探讨人类历史的起源、进程和终局,成为西方历史哲学的先行者;奥古斯丁对阐释基督教圣经进行理论总结,提出"记号论"作为其哲学基础,对西方现代分析哲学和符号学的研究产生持久的影响;奥古斯丁还深入探讨了国家与人民、公正与秩序、和谐与爱等问题,为西方文明的发展制定了社会生活的基本原则。奥古斯丁在西方哲学史中据有重要地位,他的哲学观点对中世纪经院哲学和近现代哲学产生了重大影响。

奥古斯丁;信仰;理性;存在;光照;时间;历史;事物记号;国家;人民;正义;秩序;和谐;爱

一、教父哲学及其集大成者

基督教起源于古罗马帝国治下的巴勒斯坦。基督教诞生以后很快突破地域和文化的藩篱,向全世界扩散,逐步成为最具影响的世界性大宗教。到了公元 2 世纪,基督教不仅有了一整套表现为教义的精神信仰,而且产生了最初的理性思维和哲学,教父学就是它最早的理论形态。

教父学(Patristics)在西方是一门传统的学问,有着悠久的历史。基督教的"教父"一词的拉丁文是 Pater,英文是 Father,原意是对教会主教的称呼,后来也指神父,特别是主持忏悔的神父。"教父学的一般任务是研究、评价、揭示教会教父们的文献和神学成就。它是一种教父的文献史,是学说和教义史的伴生物和补充,同时又构成了对古代文献史的一种补充。"①古代基督教在其发展过程中涌现出一批权威思想家,他们也被称作教父,按类别可分为使徒教父、希腊教父、拉丁教父、东方教父等。

基督教的诞生和早期发展与罗马帝国的历史基本同步。在历史的长河中,我们看到,西方文化的两个源头,即希腊文化和希伯来文化,各自经过曲折变化的历程,在罗马帝国相遇、碰撞、融合;而基督教作为一种新的精神代表切入这一历史场景。"粗略地说来,我们可以这样总结:希腊人贡献了哲学,以色列人贡献了道德,基督教贡献了人格;希腊人的座右铭是自由,以色列人的座右铭是法律,基督教的座右铭是爱;希腊主义强调美,希伯来主义强调责任,基督教强调无私的侍奉;希腊主义以人为中心,希伯来主义以神为中心,基督教以基督为中心;希腊主义引发了个人主义,希伯来主义发展了一种社会的合作意识,基督教是两者的综合;希腊主义的方法是探索,希伯来主义的方法是相信,基督教的方法是信仰和知识。"②基督教对罗马帝国文化的批判及其自身性质和地位的变化,促使罗马帝国文化发生转型,乃至于在西罗马帝国灭亡之后,基督教仍旧用她强大的精神力量,制约着整个西方社会朝着基督教文化的方向发展。

基督教的早期信徒大都是处于社会底层的人。然而经过几个世纪的发展,基督教逐渐有了自己的哲学家,有了自己的哲学。从思想形态看,教父学是基督教世界观的理论表现,是蕴涵在教义体系中的理论思维,是对基督教信仰的理性证明,是基督教思想家在与古代哲学等意识形态的激烈斗争中吸取对方的思维方式和理论证明而创造出来的一种具体的哲学。其特征是:摒弃一切不利于增进基督教信仰的纯哲学思辨,使哲学思

① Campenhausen, H., *The Fathers of the Greek Church*, Pantheon, New York, 1959, p.9.
② Angus, S., 1929, *The Religious Quests of the Graeco-Roman World*: A Study in the Historical Background of Early Christianity, reprinted 1967, New York, p.4.

辨服务于信仰;以灵魂和肉体(物质与精神)为两个独立的实体建构哲学和神学的世界观;以善恶问题和信仰与意志自由为人生观的首要问题,将人生终极意义问题定位于对上帝的侍奉;以理性主义(逻辑论证)和神秘主义(精神体验)为达到理想境界的两条并行不悖的通道。教父哲学家通过对希腊罗马哲学思想的扬弃,有机融合了希腊文化与希伯来文化的核心精神与价值观,创造出一门信仰与理性共存的学问,最终塑造出中世纪典型的思维模式。有学者指出:"中世纪所称的哲学的内容和任务与近古所持的概念完全一致。然而,由于发现宗教在某种意义上已完成了哲学的任务,哲学的含义就经受着本质的变化。因为,宗教也一样,不仅提供了作为指导个人生活规律的确定信念,而且与此相连,还提供了对整个现实总的理论观点;由于基督教教义完全是在古代哲学的影响下创立的,因此那种理论观点就更具有哲学性质。"①

奥古斯丁是古罗马帝国最杰出的教父思想家、教父哲学的集大成者。在教父哲学家这个庞大的群体中,他有机地融合了基督教的核心信仰和柏拉图主义哲学,为基督教思想体系的最终形成作出了重要贡献,其深远影响遍及西方中世纪及近现代各种神学和哲学。奥古斯丁"用基督教教义重整柏拉图和普罗提诺的理论,终于把拉丁哲学推展到自成家数的阶段。他是西罗马帝国最伟大的哲学家,而诚然,他也是基督教史上最重要的思想家之一。"②

从教父哲学对经院哲学家的影响来看,教父哲学是经院哲学的先声,教父思想家创造的哲学术语和建构的理论体系为经院哲学家留下了丰富的思想资料和分析工具。奥古斯丁既是古典哲学的终结,又是中世纪哲学的开端,对现当代宗教哲学和基督教哲学也具有重要影响。"当我们想起怀特海教授关于西方哲学是对柏拉图的一系列脚注的评论时,我们

---

① [德]文德尔班:《哲学史教程》上卷,罗达仁译,北京:商务印书馆1987年版,第9页。

② 贺力斯特:《西洋中古史》,张学明译,台北:学生书局1992年版,第13页。

也能同样公正地说,西方的基督教神学也是对奥古斯丁的一系列脚
注。……无论是谁,若想了解十五个世纪以来一直塑造我们心灵的基督
教传统和西方哲学的结构性观念,就必须了解圣奥古斯丁。"①

　　奥古斯丁(Aurelius Augustinus)诞生于公元354年11月13日,出生
地是北非的塔加斯特城(Tagaste),即现今阿尔及利亚东部的苏克阿赫腊
斯城(Souk-Ahras)。当时,该城归罗马帝国的努米底亚(Numidia)行省管
辖。在罗马帝国的版图中,北非属于西部,民众的通用语言为拉丁语。奥
古斯丁的一生主要就是在北非这块土地上度过的。

　　奥古斯丁出生时,基督教虽已得到官方的支持,有了合法的地位,但
在民众的实际生活中,基督教仍处在与其他宗教冲突的状态下。奥古斯
丁的家庭仿佛是当时社会状况的一个缩影。他的父亲帕特里克不信基督
教,只关心奥古斯丁的世俗功名。他的母亲莫尼卡则是一名虔诚的基督
徒,一心指望儿子早日归向上帝。她晚年长期陪伴在奥古斯丁的身边,反
复规劝他皈依基督教,对奥古斯丁的心灵影响很大。

　　奥古斯丁在青少年时代接受过完备的学校教育,分别在家乡的启蒙
小学、马都拉(Maduara)的文法学校(366年起)和迦太基的修辞学校
(370年起)学习拉丁文、希腊文、文学、历史、语法、修辞和哲学,为他的日
后发展奠定了良好的文化基础。但他对希腊文不感兴趣,一直学不好,后
来要靠拉丁译文才能研究希腊哲学。他在《忏悔录》中说:"我自小就憎
恨读希腊文,究竟什么原因,即在今天我还是不能明白。"②

　　奥古斯丁青少年时期生性顽劣,不守本分,曾干了不少坏事,比如逃
学旷课,打架斗殴,结伙偷梨,寻花问柳,与情人同居生下一子,后来又听
从母命抛弃了这位名分不配的女子,另觅新人。不过他的羞耻心还未泯
灭,时常对自己犯下的各种错误和罪恶感到焦虑。

　　19岁那年,奥古斯丁读了罗马哲学家西塞罗的著作《霍腾修斯》

---

①　Battenhouse.R.W.,1956,A Companion to the Study of St.Augustine,New York,p.4.
②　奥古斯丁:《忏悔录》,周士良译,北京:商务印书馆1982年版,第16页。

(Hortensius)①,开始对哲学产生浓厚兴趣,并决心追求永恒的真理,探索罪恶的根源。为此,他接触了圣经,但没能读懂,也没有接受基督教的信仰。他后来被摩尼教所吸引,成为该教的一名热心听众。奥古斯丁的摩尼教为世人提供了一个一般的知识体系,向世人昭示一条与"知识"相一致的人生之道。摩尼教相信在宇宙和人身上有一种恶的本原,这种恶的实体同善的实体相互斗争。这种关于恶的观点对奥古斯丁影响甚深,很多年后,奥古斯丁才摆脱摩尼教的影响,离开了摩尼教。

公元 375 年,奥古斯丁从迦太基修辞学校毕业,回到家乡做教师。在此期间,他经历了朋友死亡的痛苦与恐惧,可又未能找到超越死亡恐惧的出路。这一经历为他后来超越柏拉图主义哲学,领悟基督教的"道成肉身"和十字架的神秘意义提供了基础。公元 376 年至 383 年,奥古斯丁在迦太基当修辞学教师,后因对该城的学风不满,于 383 年秋赴罗马,又由于罗马的学生常常逃交学费,于 384 年转往米兰任教。

希腊哲学,尤其是柏拉图主义哲学,对奥古斯丁解决思想问题起了重要作用。据他自己回忆,20 岁那年他读了亚里士多德的《范畴篇》,但他认为亚里士多德的实体论对寻求真理并无什么用处。对摩尼教失望以后,他也一度迷上柏拉图学园派的怀疑主义,对包括学园派哲学在内的一切思想均持怀疑态度,但也从学园派的著作中领略到希腊哲学的理性论证。② 对奥古斯丁影响最大的哲学流派是柏拉图主义和新柏拉图主义。他在米兰期间研究了这些哲学,阅读了用拉丁文编译的柏拉图主义著作,其中可能包括新柏拉图主义者普罗提诺(Plotinus)和波斐利(Porphry)的作品。奥古斯丁在回忆自己的思想历程时提到,初次阅读柏拉图派哲学对他的思想起到两个实质性作用:首先,这种哲学使他懂得在物质世界之外找寻真理,改变了原先将上帝当作物质实体的看法;其次,他接受了普

---

① 又译《劝学篇》,已佚失。
② 参阅奥古斯丁:《忏悔录》,第 4 卷,第 16 章。

罗提诺的观点,把恶解释为"善的匮乏",得到了有关恶的根源的解释,由此摆脱了摩尼教的善恶二元论。

经过长期思想斗争,奥古斯丁皈依了基督教。他在《忏悔录》中回忆了当时的情景。那一天,奥古斯丁怀着抉择的痛苦从房间里踱步来到花园,突然从邻居那里传出清纯的童音:"拿着,读吧! 拿着,读吧!"他立即转身回屋,顺手打开《圣经》,默默地读了最先翻到的一段话:"不可荒宴醉酒,不可好色邪荡,不可争竞嫉妒。总要披戴主耶稣基督,不要为肉体安排,去放纵私欲。"①这段话仿佛是专门为他而作,深深击中他的要害,因为此前他一直热衷于名利,渴望婚姻。读完这段话,他"顿觉有一道恬静的光射到心中,溃散了阴霾笼罩的疑阵"。② 公元 387 年复活节前夕,奥古斯丁受洗入教,这就是所谓"花园里的奇迹"。

公元 388 年,奥古斯丁回到家乡塔加斯特。他变卖了家中仅有的一点财产,然后将钱分与穷人,并建立了一个平信徒修道院,继续过着沉思和潜心著述的生活。这段时期,他把基督教看作是从事哲学研究的有效帮助,着眼于善恶问题,探讨生活的幸福,批判了学园派的怀疑论和摩尼教的善恶二元论。公元 391 年,奥古斯丁访问希波(Hippo),在当地主教及教徒们的极力挽留下,他担任了那里的神父。公元 395 年,奥古斯丁升任主教助理,396 年继任希波主教。他在这个职务上一干就是 34 年,直至公元 430 年 8 月 28 日去世为止。而此时,希波已经处在蛮族汪达尔人的围困之下,陷落在即。

奥古斯丁是教父思想的集大成者。他的著作卷帙浩繁,绝大部分流传至今。他的三部代表作是:《忏悔录》(Confessions),写于 397 年;《论三位一体》(De Trinitate),写于 399—419 年;《上帝之城》(De Civitate Dei),写于 413—426 年。

主要哲学著作有:《反学园派》(Contra Academicos),写于 386 年;

---

① 《罗马书》13:13—14。
② 参阅奥古斯丁:《忏悔录》,第 8 卷,第 12 章。

《论幸福生活》(*De Beata Vita*),写于 386 年;《论灵魂不朽》(*Soliloquia*),写于 386—387 年;《论秩序》(*De ordine*),写于 386 年;《论辩证法》(*De Dialectica*),真实性有争议,写于 387 年;《论自由意志》(*De Libero Arbitrio*),写于 388 年;《论音乐》(*De Musica*)写于 387—390 年;《论谎言》(*De Mendacio*),写于 396 年;《论基督导师》(*De magistro*),写于 387—389 年;《论异议》(*De Diversis Quaestionibus*),写于 388 年;《论美与适宜》(*De pulchro et apto*),写于 380 年;《论灵魂的量》(*De Quantitate animae*),写于 388 年。

论战著作:反摩尼教的有《反佛图纳的摩尼教》(*Contra Fortunatum Manichaeum*),写于 392 年;《反佛利科摩尼教》(*Contra Felicem Manichaeum*),写于 398 年;《反福斯图的摩尼教》(*Contra Faustum Manichaeum*),写于 400 年;《反摩尼教的基本教义》(*Contra Epistolam Manichaeorum quam Vocant Fundamenti*),写于 397 年;《公教会之路》(*De Moribus Ecclesiae Catholicae*),写于 388 年;《摩尼教之路》(*De Moribus Manichaeorum*)写于 388 年;《反摩尼教论灵魂二元》(*De Duabus Animabus contra Manichaeos*),写于 392 年;《反摩尼教论创世记》(*De Genesi contra Manichaeos*),写于 388 年;《反摩尼教论善的本性》(*De Natura Boni contra Manichaeos*),写于 399 年。反多纳图派的著作有《反多纳图派论洗礼》(*De Baptismo contra Donatistas*),写于 400 年。反裴拉鸠主义的著作有:《论自然与恩典》(*De Natura et Gratia Contra Pelagium*),写于 415 年;《论裴拉鸠行动》(*De Gestis Pelagii*),写于 417 年;《论基督的恩典与论原罪》(*De Gratia Christi et de Peccato Originali*),写于 418 年;《论恩典与自由意志》(*De Gratia et Libero Arbitrio*),写于 426 年。

奥古斯丁还有大量的释经著作、教义著作、布道文、书信、诗歌传世。根据他晚年撰写的《订正录》(*Retraction*)一书的统计,他一生撰写著作共计 93 种,232 部,书信和布道文数百篇。

二、基督教真理

奥古斯丁是一名基督教的思想家,但他的所有著作都有哲学化的倾向。他有的时候把希腊罗马理性探索的传统与基督教对举,称之为"哲学",对之不遗余力地抨击,但有的时候,他又不太区分哲学和神学,而称基督教是"唯一真正的哲学"。纯粹的哲学思考虽然在他分析具体问题时起了重要作用,但从未在他的著作中占据首要地位。尽管奥古斯丁没有建立一个系统的哲学体系,但他处理了一系列传统的哲学问题,并提供了具有基督教特点的答案,从而在西方哲学史上占据了重要的地位,同时也为一般哲学的发展作出了重要贡献。

在奥古斯丁的时代,基督教在政治上已经上升为罗马帝国的国教,然而在思想和信仰层面,基督教还没有全面深入人心。当时,罗马帝国不仅有各种各样的宗教,也有各种各样的神学。仅从奥古斯丁的《上帝之城》,我们就能看到基督教之外存在着许多种宗教,基督信仰之外存在着许多种信仰,基督教的上帝之外存在着无数的神灵,还有与这些神灵相伴的各种巫术和祭仪。当然,在基督教思想家的眼中,这些东西不是宗教,而是迷信。

"神学"(Theology)这个字眼在西方传统中最先由柏拉图使用。柏拉图对话中的人物阿狄曼图问苏格拉底:"你说的关于诸神的这些故事的类型或判断其用语是否正确的标准是什么呢?"苏格拉底答道:"我说,大体上是这样的,把神的真正性质描写出来,无论是写史诗、抒情诗,还是写悲剧,都要把这些真正的性质归诸于神。"①人以各种方式对神的性质进行描写与刻画,这就是神学这个词的最初含义。柏拉图时代以文字为手段从事神学的两类人是诗人与哲学家。罗马共和国末期的大文豪瓦罗曾

———————————

① 柏拉图:《国家篇》379A。

经把希腊罗马的各种神学分成神话神学、自然神学、公民神学三类。① 奥古斯丁站在基督教的基本立场上,利用瓦罗的思想,对各种现有神学展开了理性的批判。

对神话神学,奥古斯丁说:"我们应当用最大的耐心听取哲学家们的话,他们已经驳斥了民众的错误观点。但是民众自己为神灵建起偶像,并且虚构出种种不可信的关于诸神不朽的故事,或者说他们相信已经在流传的故事,用神圣的祭仪和仪式与这些故事相混杂。"②不过,他也指出哲学家对各种神学的批判不彻底。他说:"这个具有巨大才能、极为博学的人,尽管他反对和摧毁了他写下来的那些所谓的神圣的事情,认为这些事情与其说与宗教有关,不如说是迷信,但是,在他能够做到的情况下,他并没有解决这些荒唐的、邪恶的事情。"③

对自然神学,奥古斯丁指出:"对这些人我感到与他们讨论下面这个问题并不困难:为了来世的生活,我们应当崇拜一位上帝还是应当崇拜众神? 这位上帝创造了一切有灵性和有形体的生灵,而那些神灵,如有些哲学家所认为的那样,是由这唯一的上帝创造的,并且是他将这些神灵安置在不同的区域,因此应当认为这位上帝比一切神灵更优秀、更高贵。"④"然而,神学不是关于自然的解释,而是关于神的解释。尽管真正的神是上帝,之所以如此,不是根据人的意见,而是根据其本性,但无论如何,我们不能由此推论一切性质都是神圣的。人、野兽、树、石头肯定有性质,但没有一样性质是神圣的。"⑤

对公民神学,奥古斯丁指出,瓦罗虽然博学多才,思想敏锐,但受制于公共舆论的压力,不敢批评民众中的腐朽思想,反而被迫崇拜公民的神。

---

① 奥古斯丁:《上帝之城》,王晓朝译,北京:人民出版社 2006 年版,第 262 页。
② 同上书,第 253 页。
③ 同上书,第 257 页。
④ 同上书,第 253 页。
⑤ 同上书,第 270 页。

他说:"噢,马库斯·瓦罗！你虽然是最敏锐的人,你无疑是最有学问的人,但你仍旧是人而不是神。在圣灵的提升下观察和宣讲神圣的事情,你确实看到了神圣的事情要与人的琐事和谎言区分开来,但是你害怕冒犯那些民众的最腐败的看法和他们的公共的迷信习俗。即使你自己从各方面对它们进行考察以后心里头明白,并在你的书中大声宣布,哪怕像那些心灵虚弱的人所假设的那样,把诸神当作这个世上的元素存在,都与神的性质格格不入。这位拥有最杰出才能的人在这里能做什么? 人的学问,尽管多种多样,在这里能帮你摆脱困境吗? 你希望崇拜自然的神,但你被迫崇拜公民的神。你很快发现某些神是虚假的,对这些神你任意地说出你的想法,而不管你是否愿意,但你敢同样批评那些公民的神吗?"①

通过这样的批判,奥古斯丁证明基督教是真宗教,而其他宗教都是伪宗教。但他为什么不用"基督教神学",而要用"基督教真理"、"基督教学说",甚至用"基督教哲学"呢? 这要从宗教与哲学的关系来理解。

宗教的根本特征在于信仰。在宗教的精神历程中,首先出现的是一套反映其信仰的观念体系,形成某种宗教世界观。它是宗教行为和宗教组织的内在依据,是宗教文化形成的精神骨架。在社会文明程序达到一定阶段时,宗教观念以语言或文字的形式表现出来。此时宗教观念就超出个人体验和信仰的范围而具有了社会的意义,成为一种精神文化的内容。而当人的理性思维发展到一定程度时,宗教观念也要求得到解释和证明,于是具有理性色彩的神学体系出现了,原先观念性的东西演化为外观和形式与哲学相近的教理和教义。在此阶段,有无特定的宗教信仰成为哲学与神学的唯一界限。而在允许信仰寻求理解的宗教中,哲学与神学融为一体。

宗教哲学发生的这一逻辑进程在基督教中表现得非常明显。在基督教中,包括第一代基督徒的个人体验在内的宗教观念首先在圣经中得到

---

① 奥古斯丁:《上帝之城》,王晓朝译,北京:人民出版社 2006 年版,第 264 页。

描述,主要内容是关于耶稣的事迹和奥秘。这一观念体系以后又在古代基督教作家的各种论著中得到理性的解释和论证,形成了基督教的教理和教义体系。经过这样一番理性的加工,基督教原先带有十分浓厚神秘主义色彩的信仰内核虽然还保留着,但它的神秘色彩得以淡化,经过教会选择的哲理化的基督教教理和教义成为基督信仰的标准解释。古代基督教的教理和教义是具体文化环境的产物。罗马帝国的宗教与哲学在许多部分有重合之处,两者界限在一定程度上消融。基督教的原始信仰在圣经经文中的表述具有命令、吩咐、生活规范的含义,而在与希腊哲学争锋的场合下,教理或教义则与哲学的用法大致相同,指神学家的见解、提案或原则。至于这些神学家的见解能否成为公认的,则需经过教会的中介和选择。

基督教在其初始阶段,不仅在宗教组织的外观上,而且在其教义中都有浓厚的神秘主义色彩,因此基督教也曾被哲学家视为一种神秘教和迷信。但是基督教的奥秘与神秘教的奥秘有一个重要区别。神秘教的奥秘表示生命之秘密,只有入教者才能知道这个秘密,并需发誓不泄露给外人。而在圣经和早期基督教的著作中,奥秘不是指绝对的不可知,也不是只有入教者才能知晓,而是指在神安排的时刻向世人启示。所以,基督教的奥秘实际上是一种宗教启示。

耶稣基督是基督教的信仰对象,也是基督教的最大奥秘,因此基督论占据着基督教教义体系的核心位置,而其他各种教义则构成基督教教义体系的外围。基督教的核心信仰首先在圣经中得到粗浅的表述,在希腊哲学的冲击和影响下,基督信仰得到理性化的解释,并逐渐形成了哲理化的系统教义。这就是基督教哲学的逻辑发生过程。正是因为有了基督教哲学,基督教信仰在罗马帝国的精神世界才有了与希腊哲学同等的地位,并有可能取代后者,因为此时的基督教已经不再外在于哲学,而此时的哲学(主要是哲学观念和思维方式,而不是哲学派别)也不再游离于基督教之外了。

　　原始基督教显然无法归入罗马帝国的任何一种哲学。它不仅外在于希腊哲学,而且还诉诸预言和见证。它不是用逻辑证明,而是凭借活生生的见证创造出有关耶稣基督的话语。因此,尽管希腊罗马哲学从一开始就与基督教发生碰撞,但还没有出现学派间的抗衡。等到基督教与哲学发生密切接触,希腊哲学的观念和方法大量地涌入基督教,在基督教内部产生宗教哲学或神学学派时,这种学派间的抗衡就出现了。

　　克莱门是亚历山大里亚神学的创始人。他又是"亚历山大里亚基督教哲学之父。"①克莱门的神学或哲学广泛地吸取文明世界的思想成果,在沟通东西方文化、融合宗教与哲学等方面起了重要作用。克莱门的著作具有浓厚的理性思辨色彩。他利用希腊哲学思想揭露批判希腊罗马宗教的偶像崇拜和祭祀仪式的荒谬,也在著作中大量引用希腊哲学家的观点,显示东方宗教、希腊哲学和基督教之间源远流长的关系。他认为,哲学是联结知识与信仰的纽带,学习哲学可以看作是一项准备工作,可以为那些在基督中完善的人铺平道路。他不仅在原则上规定了信仰先于知识、高于哲学,而且对信仰与哲学的关系作出了较为详细的论述。② 对于基督教神学或哲学的发展来说,克莱门迈出了重要的一步。

　　基督教亚历山大里亚学派的兴起标志着哲学外在于基督教的时代过去了。基督教有了自己的哲学,它在外貌、方法、系统性、批判性等方面都有了足以与当时的哲学流派抗衡的力量。在这样一个历史进程中,"身兼教父、神学家与主教的奥古斯丁,巍然矗立于一个很重要的神学岔路口上,指引整个西方基督教的行进方向。奥古斯丁乃是一个时代的结束,同时也是另一个新纪元的开始。他是古代基督教作家中的最后一人,同时也是中世纪神学的开路先锋。古代的神学主流都汇聚在他的身上,奔腾

---

① Schaff, P., *History of the Christian Church*, vol. 2, New York, Hendrickson Publishers, 1996, p.782.

② Bigg, C., *The Christian Platonists of Alexandria*, New York, AMS Press, 1970, p.88.

成从他而出的滚滚江河,不仅包括了中世纪的经院哲学,连 16 世纪的新教神学也是其中的一个支流。"①奥古斯丁思想的完成标志着基督教神学的发展达到了较为完善的地步。

奥古斯丁使用"基督教学说"或"基督教哲学"的概念,其目的在于吸收和采纳古代文化遗产,尤其是希腊罗马哲学,建立基督教神学理论。他说:"如果那些被称为哲学家的人,特别是柏拉图主义者说了一些确实为真的、与我们的信仰相一致的话,我们不应当害怕,而要把这些话从它们不正当的主人那里拿过来,为我们所用。"②他认为某些哲学家的观点之所以能够为基督教服务,原因在于它们不是哲学家本人的发明,它们是上帝恩赐给人类的精神财富,基督徒应当取回它们,用于传授福音。然而我们看到,就在奥古斯丁吸取希腊罗马哲学、建立基督教学说的过程中,他也对一般的哲学作出了贡献。

三、理性与信仰

无论对哲学和宗教做何种理解,我们都可以说理性思维在哲学中居于核心地位,信仰则是宗教的核心。理性与信仰构成人类精神活动的两个端点,二者之间存在着一定的张力。古希腊哲学家大都推崇理性,但也并未完全忽略信念或信仰的作用。比如亚里士多德说:"有些事情发生了,但却令人难以置信。因为,如果这些事情未曾发生或者还没有发生,那么人们就不会有这样的感觉;又因为,人们只相信现有的或者可能存在的事物,所以这些事情更有可能是发生过的;因此,这些事情哪怕不可信或者不大可能存在,它们仍有可能是真实的,因为人们得出这种看法的依

---

① 奥尔森:《基督教神学思想史》,吴瑞诚、徐成德译,北京:北京大学出版社 2002 年版,第 268 页。
② 奥古斯丁:《论基督教学说》2.40.60,译文引自赵敦华:《基督教哲学 1500 年》,北京:人民出版社 1994 年版,第 142 页。

据并非可能性或可信度。"①由此可见，对理性与信仰之关系的反思早在希腊古典哲学中就有端倪，但语焉不详，缺乏深入的探讨。进入希腊化时期以后，希腊古典哲学中对理性原则的推崇受到极大的挑战，怀疑主义盛行，理性主义衰败，怀疑与批判精神丧失。如何理解信仰与理性的关系问题摆到了教父哲学家的面前。

　　面对这一问题，教父思想家们有各种解释，大体可分为以下四种态度：理性与信仰相对立、理性与信仰相等同、理性位于信仰之上、信仰位于理性之上。拉丁教父德尔图良（约 155—230 年）通常被人们视为唯信仰主义的典型代表，认为理性与信仰相对立。他说："雅典和耶路撒冷有什么相关呢？学院和教会之间有什么相和呢？异端和基督徒之间有什么相通呢？"②他以反问的形式对理性与信仰之间的关联做了否定性的回答。尽管德尔图良的著作中从未出现"因其荒谬，我才相信"这样的字眼，但他确实说过："上帝的儿子死了，它以一切的方式为我们所相信，因为它是荒谬的。耶稣被埋葬了，他又复活了，这个事实是确实的，因为它是不可能的"。③

　　奥古斯丁对这一问题的解答要比德尔图良全面。他认为，理性和信仰并不是对立的两极，两者存在着彼此交义的关系。并非一切思想都是信仰，因为人们常常为了拒绝信仰而思想；但是，一切信仰都是思想。信仰，就是以赞同的态度思想。信仰就是服从地思考。奥古斯丁看到，对思想的对象持怀疑、批判和否定态度，或者持赞同的态度，都是合乎理性的。任何怀疑与批判总是从某些无可置疑的前提出发，这些前提就是信仰的对象；另一方面，信仰并非无思想的盲从，它以对权威的相信为前提；若无

———————

①　亚里士多德：《修辞术》1400a5—15，译文引自苗力田主编：《亚里士多德全集》第 9卷，北京：中国人民大学出版社 1994 年版，第 479 页，译文有改动。

②　Tertullian, *De praescriptione haereticorum*, in Alexander Roberts and James Donaldson eds, Ante-Nicene Fathers, iii, T&T Clark 1989, p.246.

③　Tertullian, *On The Flesh of Christ*, in Anti-Nicene Fathers, iv, Alexander Roberts & James Donaldson, eds, T&T Clark, Edinburgh, 1989, p.525.

信仰的态度,也就不会有对信仰对象的进一步思想和理解。就二者关系而言,一方面,理性为信仰做准备,语言的意义、权威的地位都需要通过理性被接受;另一方面,信仰为理解开辟道路,信仰不是基督徒精神生活的终点,而是一个新的起点,他们从这里出发踏上智慧的旅途。或者说,信仰为理性打开了理性凭自身无法进入的领域,帮助理性理解那些凭自身无法理解的对象。奥古斯丁虽然坚持"信仰,然后理解"的基本立场,但二者的先后关系并不是绝对的。信仰之前,亦需要有某种程度的理解,否则人们将不会"以赞同的态度思想";信仰之后,则更需要对信仰作更深入的理解。奥古斯丁后期似乎更加强调信仰对理性的依赖。他在一封信中写道:"让我们把信仰看作迎接与追寻理性的序曲,因为如果我们没有理性的灵魂,我们甚至不能信仰。"①

经院哲学家安瑟尔谟曾用一句话来概括奥古斯丁在这个问题上的看法——"信仰寻求理解"(fides quaerens intellectum)。② 奥古斯丁本人的说法则是:"倘若这不能用理解力来领会,就要用信仰来把握,直到那藉先知说'你们若是不信,定然不得理解'的主,照耀在我们的心田。"③在《论三位一体》第七卷的末尾,他依据圣经阐释三位一体的教义,然后指出,倘若一开头不能理解这些用抽象的概念表述的教义,也不能放弃它,而要信仰它,坚定信仰后,才有可能理解,如果这时候放弃,也就谈不上以后对教义的理解了。在这里,"理解"一词的含义显然与"理性"有所不同。前者是动态的,适用于人的认识过程,后者是静态的,适用于人的某种思想过程的结果。

在奥古斯丁看来,信仰只是走上追求理解正途的开端。它仅仅是使人的心灵转向正确的方向并使之坚信报偿之说的第一步,也是充分理解

---

① 奥古斯丁:《书信集》120。

② *Proslogion*, *Anselm of Canterbury*, Vol.1, Hackett Publishing, Indianapolis/Cambridge, 1955, p.89.

③ 奥古斯丁:《论三位一体》,周伟驰译,上海:上海人民出版社 2005 年版,第 213 页。

的第一步,而充分理解正是我们的目标。奥古斯丁在他的所有著作中总是主张,在开始追求理解之前,首先需要信仰。信仰总是正确理解的必然先决条件。它是理解一切发展的起点和通向真理的门户。信仰之所以先于理性,是因为若没有信仰,理性就无力达到自己的目标——幸福。但是,信仰又低于理性,因为信仰只不过是盲从,而理性的理解是一种观察力,一种理智的洞见,它能以一种仅凭信仰无法办到的方式看穿对象的本质。所以,在他看来,只满足于信仰,就是对人类理性的明显割裂。信仰本身就是一种理性活动,虽然它只是一种初步的理性活动;信仰不是充分运用理性的障碍,也不是抛弃理性的借口。相反,信仰需要理性的协助,以便使自己获得充分的人类价值。理解是信仰的报偿,因而并不是为了你能够信仰而去理解,而是为了你能够理解而去信仰。

奥古斯丁从信仰与理解的先后关系入手,深入考察了人在面对三种不同思想对象时信仰或理性所起的不同作用:第一种是历史事实,是只能相信、不能或不需要理解的东西;第二种是数学公理和逻辑规则,相信和理解同时起作用,在相信的同时也是理解;第三种是关于上帝的道理,亦即基督教的教义,只有先信仰、然后才能够理解这种对象。对前两种对象的相信,我们常称之为信念,而对后一种对象的相信,我们可称之为信仰。奥古斯丁认为,相信你还没有看到的东西,是信仰,而信仰的回报则是见到你所相信的。基督教经典中明确指出:一个人在今生是不可能见到或完全认识上帝的,这只能在末世实现;但是他可以在今生坚持相信上帝,只有信仰上帝,他才能在末世得到直观上帝的荣耀。

由此可见,奥古斯丁强调了信仰的重要性,但是并没有放弃理性的作用,而是力求保持信仰与理性的平衡。可以说,奥古斯丁的论述有效地克服了晚期希腊哲学中业已衰败、失效的怀疑、批判精神,同时又保存和发展了古希腊哲学的理性求知和论证的方法。与此同时,奥古斯丁的思想对于纠正基督教内的唯信仰主义倾向,处理好理性与信仰的关系,起到了积极的作用。

四、我疑故我在

奥古斯丁不是一般的基督教信徒,而是一位有着高度抽象思维能力的基督教思想家。他虽然没有写出像亚里士多德的《形而上学》那样的纯哲学的著作,但却有他自己的形而上学。众所周知,法国哲学家笛卡尔是西方近代哲学的始祖,他的哲学体系的第一命题是"我思故我在"。然而,比笛卡尔足足早了 1000 多年,奥古斯丁就已经提出过一个形式和内容都与笛卡尔非常相似的命题——"我疑故我在"。

奥古斯丁说:"谁曾怀疑过他自己存在、记忆、理解、意欲、思考、知道和判断呢?须得明白,即使他怀疑自己的存在,他也存在;如果他怀疑,则他记得他为何怀疑;若他怀疑,他便理解他怀疑;若他怀疑,他希望确定;若他怀疑,他便是在思想;若他怀疑,他知道他还不知道;若他怀疑,便是在判断他不应轻率地同意。因此不管谁怀疑别的一切,也不应怀疑以上这些东西。若非如此,则他不能怀疑任何东西。"①实际上,我们在奥古斯丁著作中不仅可以看到"我疑故我在"以及相关证明,还可以看到"我错故我在"、"我知故我在"、"我爱故我在"、"我希望故我在"、"我活故我在"、"我受骗故我在"一类相似的命题。

奥古斯丁著作中反复出现了的这组哲学命题的基本形式是:我 X(疑、错、知、爱、望、活、受骗、思),故我在。这里的 X 指的都是认识主体(我)的意识活动,而非实际行为。上述命题中的"我 X"的实际含义是"我意识到我 X"。从这些命题的上下文来看,奥古斯丁确实是从认识主体(我)的意识的确定性出发,推论认识主体(我)的存在的确定性。奥古斯丁已经指出的"我 X"的范围很广,但核心含义是通过自我意识的确定性(我知道)来坚定信念,简言之,"我 X"就是"我意识到(我知道)我

---

① 奥古斯丁:《论三位一体》,周伟驰译,上海:上海人民出版社 2005 年版,第 275 页,译文有修改。

X"。

奥古斯丁命题的后半部分——"故我在"——的意思比较明确,也就是"所以,我存在"的意思。"我 X,所以,我存在"从形式上看是一种推论。古希腊的亚里士多德对推论做过一些研究,但都被包含在能够必然地得出结论的三段论中。① 斯多亚学派对三段论的与非三段论的推论做了区分。在非三段论的推论中,安提巴特(约公元前398—前319年)提出单个前提也可形成推论。例如:"你在看,所以,你活着。""这是白天,所以,这是亮的。""你在呼吸,所以,你活着。"②奥古斯丁命题的形式就是这种所谓的单个前提的推论。对该命题形式的分析涉及这种命题形式是否有效、能否必然地得出结论等问题,可以留给逻辑学家去解决;而我们可以指出的是,奥古斯丁的形而上学命题就是以这样一种貌似必然的推论形式呈现的。亚里士多德在指出划分和归纳都不能得出必然的结论以后说:"那么还有什么其他方式呢? 他总不可能通过感官知觉或用他的指头去证明吧!"③有趣的是,奥古斯丁为了得出"我在"的确定结论,诉诸的恰恰就是人的感官知觉,但不是这种感知行为本身,而是认识主体我对这种感知行为的内在意识或知道。

通过仔细辨析,可以看到奥古斯丁的命题与笛卡尔的命题确实有很大的相似性。"注意到笛卡尔的'我思'与奥古斯丁的相似性是正确的;反对怀疑主义,肯定系统思维的必要性是奥古斯丁和笛卡尔的共同点。"④奥古斯丁与笛卡尔基本命题的相似性不仅表现为形式的相似,而且表现为二者基本思路的一致。"'我思,故我在'。这'故'——偶然用之——并不包含一个演绎论证,而是一种直接涉及思的活动的洞见,'我

① 参阅王路:《亚里士多德的逻辑学说》(修订版),北京:中国社会科学出版社 2005 年版,第 91 页以下。

② 参阅马玉珂主编:《西方逻辑史》,北京:中国人民大学出版社 1985 年版,第 130 页。

③ 亚里士多德:《后分析篇》92b,见苗力田主编:《亚里士多德全集》第 1 卷,北京:中国人民大学出版社 1994 年版,第 321 页。

④ 孔汉思:《上帝存在吗?》上卷,孙向晨译,香港:道风书社 2003 年版,第 105 页。

是一个思的、有意识的存在.'只要我在怀疑,我在思,那我就是作为一个怀疑者,一个思维者而存在。因此,穿越所有的怀疑,找到了这个阿基米德点。一个人自身存在这一事实——不仅是他的思维——成了所有确定性的基础。从这个坚不可移的点出发,笛卡尔顺次序致力于所有哲学的基本问题:关于自我,并于上帝,关于物质的东西这三大问题。"①

在奥古斯丁思想发展的初期,古希腊中期学园派的怀疑主义对他有很大影响。对奥古斯丁来说,"我思"不仅是连续有序思想的第一步,"我思"也是一种近于绝望的怀疑的痛苦经验。在对摩尼教的教义感到失望以后,奥古斯丁从人的生存痛苦中提出怀疑,不仅关乎纯粹思想的逻辑问题,而且关乎个人的生活悲剧。他熟悉古希腊中期学园派的怀疑主义,然而要想根治怀疑主义的病根,就必须寻找确定的东西。对奥古斯丁来说,最终的生存确定性不是根植于纯理性的"我思",而是在圣经信息的"我信"中。不是纯粹的思维,而是由教会保证的圣经信念,才是治疗怀疑主义的最佳药方。奥古斯丁的早期哲学对话写于他皈依基督教以后不久,其中充满着寻求确定性的努力。怀疑、犯错、知道、热爱、希望、受骗、活着、思考,所有这些在者(我)的基本事实都显示出人拥有对自身的当下意会。但是奥古斯丁没有把人可以毫无怀疑地依靠的事物的范围限制于人的经验,他也没有像笛卡尔所做的那样,试图以当下意会的绝对的确定性为基础,建构一个无可怀疑的知识的完整的结构。而是尝试着去证明整个人类知识,尽管有犯错误的倾向,仍旧有可能达到真理。

从纯哲学的角度看,奥古斯丁的最大贡献莫过于他对内在意识确定性的阐发。"作为一个神学家,奥古斯丁在他整个科研中自始至终将教会概念当作准则记在脑海里;作为哲学家,奥古斯丁将他所有的观念集中在意识的绝对的、直接的确定性原则上。"②"奥古斯丁由于这些观念成为近代思想的奠基人之一。但是所有这些观念的终极根源和内在联系在于

①　孔汉思:《上帝存在吗?》上卷,孙向晨译,香港:道风书社 2003 年版,第 25 页。
②　文德尔班:《哲学史教程》上卷,罗达仁译,北京:商务印书馆 1987 年版,第 370 页。

内在经验的直接确定性这个原则上，奥古斯丁第一个以彻底的明确性表达了这个概念，并用以当作哲学的出发点。在伦理兴趣和宗教兴趣的影响下，形而上学兴趣逐渐地、几乎不可察觉地从外部领域转入内部生活的领域。精神概念作为宇宙概念的基本因素取代了物质概念。"①

奥古斯丁对内在意识确定性的证明从两个方面展开：第一，否定向外探求的道路获取确定性认识的可能；第二，肯定向内寻求的道路，把确定性赋予人的内感觉。恰如他在《论真正的宗教》一文中所说："别往外走；回到你自身；真理自在人心。"②奥古斯丁写道："你指示我反求诸己，我在你引导下进入我的心灵，我所以能如此，是由于'你已成为我的助力'。我进入心灵后，我用我灵魂的眼睛——虽则还是很模糊的——瞻望着在我灵魂的眼睛之上的、在我思想之上的永定之光。""我听了心领神会，已绝无怀疑的理由，如果我再生疑窦，则我更容易怀疑我自己是否存在。"③可以说，"反身内求、明心见神"就是奥古斯丁形而上学的基本思路：从自我到上帝；从外在于心灵，到内在于心灵，再到高于心灵；从物质（包括身体）世界撤出，到关注灵魂这个非物质的因素，再到仰望高于灵魂本身的上帝。

奥古斯丁指出人类获取知识有两条道路：一类是意识通过身体感官去感知，一类是意识通过自身去感知。奥古斯丁按照确定性的程度，对人类所能获得的知识作了一个划分。他谈到了感官之知与"我思"之知；前者是最不确定的，后者是最为确定的；前者可能出现幻觉、错觉，而后者是怀疑派都绝对无法怀疑的。人通过感官获得大量的知识，但是这些通过感官得来的知识是最不确定的。人们总认为亲眼所见的东西必定是真的，然而在很多情况下眼睛也会受蒙蔽，比如，船桨在水中看去就像是折断了一样，灯塔在乘船驶过它旁边的人看来正在移动。对于感性认识的

---

①　文德尔班：《哲学史教程》上卷，罗达仁译，北京：商务印书馆1987年版，第371页。

②　奥古斯丁：《论真正的宗教》，第39章。

③　奥古斯丁：《忏悔录》，周士良译，北京：商务印书馆1982年版，第126页。

不确定性,奥古斯丁有明确的认识。他说:"有两个世界,一个是理智的世界,真理本身居住在这个世界里,可感的世界,我们通过视觉和触觉察觉到这个世界。"①事物也可以分为两类:一类是"心灵通过身体的感觉可以得知的",一类是"通过自身察觉的"。为了获得确定性的认识,"让我们把有关借助于身体的感官向外所知的其他事物的全部考虑都搁在一边,把我们的注意力集中在我们已经讲过的所有心灵对自身所确定知道的东西。"②

在奥古斯丁看来,生命和灵魂是无法用外在的感觉去把握的,而只能诉诸内在的感觉。他说:"看到物体的运动,依据其他物体与我们的(身体的)相似性,我们也承认除了我们之外还有其他活人。正如我们活动(我们的)的身体,所以我们注意到那些物体在运动着。当一个有生命的物体运动的时候,我们的眼睛没有办法看到心灵(animus),用肉眼是看不到心灵的。但是我们明白有某种东西在那个物体中,就好像我们身上的某种东西以同样的方式推动着我们的身体,它就是生命和灵魂(anima)。"③内在意识是内感觉的产物,整个奥古斯丁神哲学的形而上学建筑在内感觉这块基石上。外感觉无法确认主体的存在,而内感觉则能做到这一点。奥古斯丁说:"我们在用感官感知这些事物时的方式是这样的,我们并不用这些感官来判断事物。因为我们拥有另一种只属于人的内心的比感官要高贵得多的感官,借此我们察觉正义的事物和非正义的事物,用理智的观念察觉正义,用非理智的观念察觉非正义。这种感觉要起作用靠的既不是眼睛的瞳孔,也不是耳孔,更不是鼻孔、硬腭的滋味或身体的触摸。靠这种内在的感觉,我确认我存在,确认我知道自己存在,我热爱这两样确定的事情,并以同样的方式确认我爱它们。"④

---

① 奥古斯丁:《反学园派》第 3 卷,第 17 章。
② 奥古斯丁:《论三位一体》,周伟驰译,上海:上海人民出版社 2005 年版,第 272 页。
③ 同上书,第 224 页。
④ 奥古斯丁:《上帝之城》,王晓朝译,北京:人民出版社 2006 年版,第 481 页。

534

内感觉是奥古斯丁驱除怀疑论的工具。怀疑主义从感性知识的不确定性出发,发展到怀疑一切的地步,近乎疯癫,甚至提出"也许你是在做梦,并不知道它,你所看到的一切都是梦"。奥古斯丁指出,即使那些怀疑论者否认知觉内容的外在现实性或者至少认为知觉内容的外在现实性不可确定,他们也不能怀疑到感觉本身的内部实在性。他还认为,连同感觉在一起的不仅有感觉的内容,而且还有感知主体的现实性;首先意识本身所具有的这种确定性就来自怀疑这个事实。他说,当我怀疑时,我知道,我,这个怀疑者,存在;就这样,正是这种怀疑本身包含有意识的人的现实性的有价值的真理。即使我在其他一切事情上有错,但是在这一点上我不可能有错;因为为了犯错,我必须存在。

对于人的内感觉的分析形成了奥古斯丁思想的一大特性。他在自我观察、自我剖析方面是一位艺术大师。他善于描绘精神状态,其技巧之精湛有如他在反省中分析精神状态、揭露最深的情感和冲动因素所显示的才能一样令人钦佩。从人的内感觉的确定性出发,奥古斯丁学说很快走得更远。不仅他的宗教信念,而且他的深刻的认识论见解,使他认为个人意识本身具有的确定性与上帝的观念直接相关。个人意识在对自己的认识中意识到自己与普遍有效、广泛而深远的东西联系在一起。按照奥古斯丁的思路,从"有人怀疑上帝的存在"这一事实推导出上帝存在的确定性只是从我思推论出我在的一个放大而已。即使在这里,怀疑这个基本事实也在起作用,因为怀疑这个基本事实已经内在地包含着上帝存在的真理。

奥古斯丁有关上帝存在的证明文字在他的著述中比比皆是,但究其根本特点就是从"我在"的确定性推导出"上帝在"的确定性,奥古斯丁哲学的上帝论建立在他的形而上学的基石之上。

奥古斯丁把个体的我的存在直接与上帝的存在联系起来。他说:"我的主,天主,请因你的仁慈告诉我,你和我有什么关系。"①"我的天

---

① 奥古斯丁:《忏悔录》,周士良译,北京:商务印书馆 1982 年版,第 6 页。

主,假如你不在我身,我便不存在,绝对不存。"①"除非你(天主)在我身上,否则我便无由存在。"②

　　奥古斯丁既询问过上帝之"是",又询问过上帝之"在"。他说:"对每一事物有三类问题,即:是否存在? 是什么? 是怎样?"③对上帝他也提了相同的问题:"我也要问:我的主,你在哪里? 你究竟在哪里?"④"我的主,你究竟是什么? 我问:你除了是主、天主外,是什么呢?"⑤"希望这人会询问'这是什么'而感到兴奋。希望他为此而兴奋时,宁愿不理解而找到你,不要专求理解而找不到你。"⑥

　　从个体的变动推导出上帝的永恒,从个体的有限推导出上帝的无限,从个体心灵的三一结构推导出三位一体的上帝,这就是奥古斯丁上帝论的基本证明。奥古斯丁说:"我所说的三个方面是:存在、认识和意志。我存在,我认识,我愿意:我是有意识、有意志;我意识到我存在和我有意志;我也愿意我存在和认识。"⑦"只有你(上帝)是绝对的存在,同样只有你才真正认识:你是不变的存在,不变的认识,不变的意愿。"⑧"我们确实认为我们自己就拥有上帝的形象,亦即拥有三位一体的形象。这个形象与上帝不能等同。这个形象确实远离上帝,因为它既不能与上帝一同永恒,说简单些,也不拥有和上帝一样的本质。然而它比上帝的任何创造物都要接近上帝,尽管它仍旧需要进一步改造和完善,以便更加接近上帝。我们存在,我们知道自己存在,我们为自己的存在和知道自己的存在而感到高兴。"⑨

---

①　奥古斯丁:《忏悔录》,周士良译,北京:商务印书馆1982年版,第4页。
②　同上。
③　同上书,第195页。
④　同上书,第298页。
⑤　同上书,第5页。
⑥　同上书,第7页。
⑦　同上书,第295页。
⑧　同上书,第301页。
⑨　奥古斯丁:《上帝之城》,王晓朝译,北京:人民出版社2006年版,第478页。

除了用这种类比推论推出上帝存在以外，奥古斯丁还用事物的等级证明了上帝的存在。他说："由于上帝是至高的存在——也就是说，他是最高的——因此上帝是不变的。他把存在赋予他从无中创造的事物，但这些事物的存在并不是像上帝自己的存在一样的存在。对有些事物，上帝赋予的存在比较充分，但对另一些事物，上帝以一种比较有限的方式赋予它们存在，就这样，上帝按照事物的存在程度，安排了天然的实在。……因此，对这种最高本性来说，其他一切存在都是借着它被造的，因此没有一种本性是与他相对的，除非它是非存在，因为与存在相对的就是非存在。所以没有任何存在与最高的存在上帝相对，上帝是一切种类的存在的创造者。"①

奥古斯丁以人的内感觉的确定性为起点，终于走上了通向上帝存在这一信念的理解之路。诚如卡西尔所说："只有通过把客观实存变形为主观的存在，上帝才能真正被高抬至'绝对'的国度，高抬至一种无法用与事物或事物类比的方式来表达的境界，存留下来用以表达这种境界的言语工具就只剩下一些人称代词了：'我是他；我是初者，也是终者'，如同《圣经》各先知书中所写的那样。"②"批判的或推演性思维确实最终发展到了这样一点：'存在'的表达成了一种关系的表达，用康德的话来说，存在已不再是'某个事物的可能谓词'，因此也就不可能再是上帝的一种属性。但对于并不能辨识这种批判的区别，即令是在其最高境界也仍然是'实体性'的神话思维来说，存在不仅是一个谓词，而且在发展的某个阶段实际上还变成了谓词的谓词；它成为人们得以将上帝的全部属性统统归结在一个单一的标题之下的表达方式。在宗教思想史上，只要有寻求神的同一性的要求出现，这一要求就会以表达存在的语言方式为其立足之地，并在'存在'这个语词中找到其支柱。"③

---

① 奥古斯丁：《上帝之城》，王晓朝译，北京：人民出版社 2006 年版，第 495 页。
② 卡西尔：《语言与神话》，于晓译，北京：三联书店 1988 年版，第 95 页。
③ 同上书，第 94 页。

五、神启知识论

奥古斯丁在一个非常广阔的形而上学的结构中论证他的知识论。奥古斯丁对人类知识的反思,始于对怀疑主义的挑战。他的某些论敌主张:这个存在的世界会欺骗人,因此人也许能、也许不能正确描述所感觉到的事物的实质。奥古斯丁通过对人类知识的起源、对象、工具、过程的反思,提出了一种具有鲜明启示特征的知识理论——光照说——证明人类有可能获得可靠的知识。

奥古斯丁指出:一切知识都是灵魂的产物。灵魂是赋有理性适宜统辖肉体的实体。人由肉体与灵魂这两个部分构成,缺少其中的任何一种也不能成其为人。就我们的理解来看,人不过是一个能利用有死的和物质的肉体的理性灵魂。肉体虽然是一个独立的实体,但灵魂是它内含的本质,没有灵魂,肉体就是不完善的。尽管灵魂的存在独立于肉体,但它实质上控制着肉体。由此可见,奥古斯丁虽然认为人是由两种成分构成的,但他仍旧认为二者是统一的。尽管奥古斯丁关于人的观点带有典型的柏拉图灵魂与肉体二分的特征,但是在这种观点的框架内,他尽量强调了人实质上的统一性。

奥古斯丁指出:我们所认识的事物可以分成两类,一类是灵魂借助肉体感官所认识的事物,一类是不借助肉体感官而由灵魂直接认识的事物。第一类事物是人的感官认识的对象,即物质世界。第二类是灵魂不依赖感官便能认识的对象,即灵魂可以理解的世界。灵魂本身也属于第二类认识的对象,灵魂认识自身不需要借助任何感官,灵魂对自我的认识是"自我知识"。

在两类对象以及与它们相对应的两类知识之间划了这条界限以后,奥古斯丁沿着感性认识和理性认识这两个方向去证明获得可靠知识的可能性。

奥古斯丁认为,人类拥有确切的知识,这是显而易见的,但这些确切的知识是从哪儿来的? 他以柏拉图的知识等级观念为基础,把人的认知能力分为感觉和理性两种,其中感觉又可分为外感觉和内感觉。最低一层的外感觉,它依赖身体的感官,可以感觉冷热、光线、声音,以及辨认颜色等;更高一层是内感觉,它以心灵为基础,把握外感觉,如感受到"这个很热",并避开它,可见内感觉已能作出初步的判断,但还不是理性的判断,因为这种知觉判断动物也有。最高一层的是理性,它能把握内、外感觉,并作出正伪、是非、美丑、善恶等判断。这样外感觉、内感觉和理性就构成了一个由低级到高级的认知等级。在这一等级中,高级者能统率和控制低级者。

感觉把事物的外形呈现给我们,使我们形成最初的认识,这种认识是可靠的。他举例说,当船桨在水中被看成弯曲的时候,眼睛并没有欺骗我们;只是当心灵把船桨判断为弯曲的时候,错误才会发生。所以我们不能要求感觉作出真假的判断,因为这已超出了它的能力范围。对感觉的内容作出判断则是理性的功能,人们要想获得确切的知识,就必须借助理性的判断,而理性的判断可能是正确的,也可能是错误的,正确的判断就是真理。他认为真理是确定的,即是不变的、永恒的和绝对的,这与流动变化的感觉内容截然不同。例如:七加三等于十,在任何时间和空间内都等于十。所以,不变与永恒是奥古斯丁判别真理的主要标准,在我们的日常生活中,数目和智慧是真实不变的,所以二者都是真理。就这样,奥古斯丁的认识论中就形成了有形事物、外感觉、内感觉、理性、真理,这样一个依次渐进的等级体系。在这一体系中真理居于最高的位置,它作为最高的存在,是理性指向和追求的对象。如果有比真理更完美的东西,那就是上帝;如果没有,则真理本身就是上帝。

在对人类通过感官获得的知识的可靠性作解释时,奥古斯丁首先指出:感觉存在于灵魂对肉体经验的认识中。这个说法首先指出的是,感性知识依赖于肉体感官与这些感官所感觉到的对象之间的接触,其次也明确地指出仅有这种接触还不能构成知识,感性知识的形成仍旧需要灵魂的认识。他以视觉为例,问在看东西时,眼睛经历了怎样的过程?唯一可能的回答就是:眼睛所经历的只是视觉自身,即眼睛的物理变化。如果我们把"眼见"也当作一种感觉,那么眼睛和肉体一样在眼见的过程中也会感到疼痛。所以,不能把眼睛所感觉到的一切都作为视觉。奥古斯丁对这个问题的解决方式是:在眼见的过程中,并不是眼睛,而是视觉自身才是感觉。在他那个时代,对视觉的物理解释是:视觉依靠从眼睛里发散出来的一束光线而觉察图像。按照这样的解释,奥古斯丁把眼见比喻成用手中的棍子去探索离开手尚有一段距离的某物的表现。正如我用这根棍子触到你时那样,只是因为我触及你,我才感到我正在触及你,但我并没有在你的位置上;同理,当我说,我借助视觉看见你时,虽然我并没有在我所看到的对象的位置上,但这并非说我不在看。借助他那个时代对眼见过程的科学解释,奥古斯丁摆脱了他自己把有关视觉的明显经验事实与关于一般感觉的定义调和起来所造成的困难。

奥古斯丁对视觉的解释还引发了另一个普遍性的困难。他想到,"灵魂支配肉体,但肉体不能作用于灵魂",但是肉体的变型源于感官与对象的接触,灵魂的变型又如何从肉体的变型中产生呢?奥古斯丁认为,仅有感官的变型还不足以构成感官经验,除非这种变型以某种方式为灵魂所认知。灵魂能使肉体活动起来,它渗透到全身各个部分。在有知觉的动物中,灵魂能认识身体内部正在发生的事件,也能认识身体所经历的外部作用以及身体的内部变型。所以,不存在肉体感官影响灵魂的问题,而只有灵魂对肉体状态的观察及注意。出于这一理解,奥古斯丁坚决主张所有感官知觉从一开始就是灵魂的功能和认识,思想能够补充由感官获得的零散材料,把这些材料放在一个有组织的体系之中,并对这些材料作出说明。

奥古斯丁之所以提出感官知觉的理论,部分是因为他希望能够反对怀疑主义对感官知识可靠性的否定,同时他又想对当时广为流行的柏拉图主义的灵魂观作出一定修正,试图在灵魂与肉体相互关系理论的基础上建立一个能对感官知识作圆满解答的理论,这就使他比同时代人更注重感性知识的价值,但他未能克服这一工作中所遇到的困难。最终他也只好同意同时代人的普遍观点:只有在不借助肉体感官媒介的情况下,灵魂所获得的知识,才有可能达到真理,而且也只有这种知识才可能达到完全的确定性。

数学和逻辑命题所具有的普遍有效性和确定性给奥古斯丁以深刻的印象,这使他不由自主地产生了这样一种想法:此种有效性和确定性并不是由运算的本性所造成的,而是由它们特有的对象所造成的,这正如经验的知识有自己的对象那样,它们也有自己的对象,这些对象与感官对象的不同仅在于它们大大优于感官对象,它们以更大的明晰性和确定性为我们所明了。在一段哲学的对话中,奥古斯丁说:"请记住我们先前对肉体感官所获知识的议论。我们注意到,我们感官的共同对象,比如我们大家都能同时看见的颜色,听见的声音,并不属于我们眼睛和耳朵的本性,而恰恰因为它们都是我们感官的对象,所以对我们来说是共同的。同理,我们也不应该说你与我精神上所感受到的事物是由于我们心灵的本性所造成的。因为,两个人的眼睛同时所看到的东西,不可能等同于某种属于这个或那个人眼睛的东西。而只能是对两个人的视觉来说都是第三者的某种东西。"①

奥古斯丁把那种更高类型经验的本质说成与肉体的视觉相似,他经常把它看成就是一种眼见:对精神来讲的理解就类似对肉体感官来讲的眼见,这两者是一回事。"理性是灵魂的视觉,因为在没有肉体参与的情况下,理性通过自身而认识真理。"②从本质上看,一切知识都是一种眼见,这种观点可以发展成为以下的理论:数学和逻辑的知识必定具有自己的对象。这种观点也可以发展成为另一种理论:既然永恒真理自身作为理性知识的独立对象而存在,这就说明认识它们的方式类似于视觉看见

① 奥古斯丁:《论自由意志》第 2 卷,第 12 章。
② 奥古斯丁:《论灵魂的不朽》第 6 卷,第 10 章。

自己独立存在的对象的方式。在奥古斯丁的著作中,这两种说法都有,或者说这两种观点在他心中同时形成,并由他一步步把它们发展成建立在光照论(the theory of illumination)基础上的特殊的知识论。

奥古斯丁认为,思维和推理只是发现而不是创造自己的对象。数学、逻辑定理与道德判断在确定性上没有什么根本的区别,它们是同等明晰与肯定的。在一个广阔的、可被理解的、实在的世界中,它们清楚明白,完全可以认识,它们具有完全的必然性和完全的真实性。这个世界也就是上帝的理性(逻各斯)。柏拉图用光的比喻来解释知识与意见的关系,以及它们各自的对象。普照可感世界的是太阳,阳光使可感事物能被眼睛看见。理知之光从最高的"善"中放射出来,既能照亮低级的型相使它们为我们所理解,又能照亮人们的理智。"善"就像太阳一样,自身就具有最高的可见性,又通过光照使其他事物可见。奥古斯丁沿袭了这种说法,他认为,理念存在于神的心灵中,可被人理解的理智之光是人类灵魂中神性的光照。奥古斯丁用若干种不同的方式描述这种光照,例如,认为它是圣经中的圣灵的参与,或是上帝在人心灵中内在地显现,或是基督生活在人的灵魂中并从内部来指导人的灵魂,等等。奥古斯丁用这些替代的说法,容纳了柏拉图所有的基本比喻。由此可见,眼见与理解之间的相似性深深扎根于奥古斯丁的思想,从而使他得出可理解世界的知识是不依赖于经验而获得的这样的结论。

然而,人凭借自己的认识能力,是否能够获得源于上帝的真理呢?奥古斯丁认为,人的认识能力只是一种潜在的能力,离开了先天的规则和条件,它无法进行活动,更不可能认识真理。那么指导理性进行认识活动的规则是什么?那就是上帝的道,是照亮一切世人心智的真光,上帝的道以光的形式照耀出来,上帝向人呈现理性之光,无论根据什么尺度,他们都能接受它;在理性之光中,他们看到了永恒的真理。① 他举例说,上帝是

① 参阅奥古斯丁:《论三位一体》,周伟驰译,上海:上海人民出版社 2005 年版,第320页。

真理之光,人的心灵好比是眼睛,理性好像视觉,眼睛只有在光照之下,才能看见物体,形成视觉;同样,理性只有在上帝之光的照耀下才能认识真理。可见,"光照"是人们认识真理的终极原因和先决条件;反过来,确切的知识和永恒的真理是上帝对心灵的一种作用,是神对心灵光照的结果。

"光照"是人类获得真理的途径,同时也是上帝的恩典。他说:"一切真理的规则除了写在被我们称作真理之光的书上外,还能写在哪里? 它们都是被铭刻在这神圣之光中,并且从这里移植到正义之人的心灵中。但这种转移是无形的,这些规则在人的心灵上留下自身的印记,正如印章的图印被烙在蜡块上一样,留下了图印而无损于图章自身。"所以真理是上帝之光在人心上镌刻的痕迹,光照是上帝对人普遍的恩典,所有的人,包括背离神的人,都能沐浴这神圣的光辉。正是由于这个原因,所有的人都能拥有真理,即使是邪恶的人,也能拥有部分真理,作出某些正确的判断。但只有信仰上帝、热爱上帝的人,才能借着神恩的帮助,克服肉体和私欲的障碍,充分汇集这神圣之光,突显心灵中模糊的印记,最终得见"存在本体",拥有全部的真理,即上帝。

奥古斯丁并没有把神圣之光在人类精神中产生知识的详细方式讲清楚。但他明确认为:神圣之光把它所包含的观念与概念印入心灵之中,并向心灵提供判断的标准。他坚信,不同的心灵之所以对普遍性必然性的判断有一致的意见,就是因为在神的光照下,每一心灵都能认识到这些判断中所包含的必然和普遍的真理。为了能够把一切不经过感官而来的,然而又异常明晰的知识都包括在内,奥古斯丁扩大了"记忆"的范围。对奥古斯丁来说,这些知识包括自我的知识、理性真理的知识、道德与其他价值的知识,以及有关上帝的知识。这样,奥古斯丁所说的"记忆"除了来自感官经验的东西之外,就不再有"过去"的含义了。因为即使某一经验产生在某时刻之前,但其真义却只存在于人心之中。换句话说,记忆并不被以往的经验所限制,它包括我们心中所有隐含的东西和现时的东西。

在这种有关心灵的描述中,心灵既不能整个地包含自身,但又总是能够通过记忆来进一步探查,因此心灵可以发现更多的真理,这些真理虽然在意料之外,但又是完全可以理解的。通过这一描述,我们接近了奥古斯丁知识论观点的核心:我们知识中的一切观念,一切在判断中使用的印入的观念,都包括在记忆之中;上帝也在记忆之中,当我们转向它时,我们就能认识它。奥古斯丁的知识论亦可称作"神启知识论"(theory of knowledge through divine illumination)。它认为:上帝存在于万物之中,因而也存在于我们心中。上帝无所不在;心灵在上帝之中生活、运动并获得它的存在。因而,心灵能铭记上帝。但心灵并不是把上帝当成过去经历的事物而铭记,而是当心灵转向它时记住它,甚至当心灵转向别处时,它仍然在某种程度上接触到上帝之光,因此,无信仰者也能思考永恒,能对人类的行为作出赞许或否定的正确判断。

六、时间与历史

如果说奥古斯丁的形而上学具有充分的现代性,那么奥古斯丁的时间观是奥古斯丁哲学之现代性的另一明证。奥古斯丁认为,时间不是某种实体,而是事物运动变化的属性,这个世界与时间具有同一个开端。上帝从虚无中创世,创世前,除上帝之外空无一物,而上帝自身"在其永恒中根本没有变化"。① 所以,上帝是永恒的,时间与被创的世界随着上帝创造运动变化的万物而一同产生。唯有上帝是处在时间之外永恒不变的存在,而世界从一开始便是时间中的存在,并始终处于永恒与时间的巨大张力之中。

上帝所创造的被造物的运动变化是时间得以产生的前提。那么,对人来说,时间究竟意味着什么? 奥古斯丁问道:"时间究竟是什么? 谁能轻易概括地说明它? 谁对此有明确的概念,能用语言表达出来? 可是在

---

① 奥古斯丁:《上帝之城》,王晓朝译,北京:人民出版社 2006 年版,第 450 页。

谈话之中,有什么比时间更常见,更熟悉呢? 我们谈到时间,当然了解,听别人谈到时间,我们也领会。那么时间究竟是什么? 没有人问我,我倒清楚,有人问我,我想说明,便茫然不解了。"①奥古斯丁认为,正是面对事物先后继起的秩序,人们才察觉到时光的流逝。那么,事物的先后继起的秩序本身是否就是时间? 或者说时间就是事物的运动呢? 对于这个问题,奥古斯丁虽然反复强调事物的运动变化是时间得以产生的前提,但他坚决反对将时间等同于事物运动本身,而是肯定时间是人的思想对事物运动的度量。他说:"我听说物体只能在时间之中运动。这是你(上帝)说的。至于说物体运动即是时间,我没有听见你说过。物体运动时,我用时间来度量物体从开始运动至停止共历多少时间。如果运动持续不辍,我没有看见运动的开始,也看不到它的停止,我便不能度量,只能估计我从看见到看不见所历的时间。"②

奥古斯丁说:"我们通过感觉来度量时间,只能趁时间在目前经过时加以度量;已经不存在的过去,或尚未存在的将来又何从加以度量?"③感觉唯一可觉察的是现在,"如果永久是现在,便没有时间,而是永恒。"④那么,如果有过去和将来,它们又存在于何处呢? 奥古斯丁说,无论它们在哪里,至少有一点是肯定的,即它们只能是现在。所以,存在于现在的过去和将来,并不是过去和将来的事实,而是关于它们的思想。其中,关于过去的思想是由"回忆"组成的,关于将来的思想是由"期望"或"预言"组成的。"这三类存在我们心中,别处找不到;过去的事物现在便是记忆,现在事物的现在便是直接感觉,将来事物的现在便是期望。"⑤就此而言,时间乃是思想的"延展"。

将时间还原到与思想相关联的层面以后,奥古斯丁实际上从希腊人

---

① 奥古斯丁:《忏悔录》,周士良译,北京:商务印书馆1982年版,第242页。
② 同上书,第251页。
③ 同上书,第244页。
④ 同上书,第242页。
⑤ 同上书,第256页。

所习惯的"物理学时间"中区分出了本源性的"主观时间"。人虽然身处不断继起的时间序列中，但是人的意志总是促使思想对时间予以延展：当前的意志把将来带向过去，将来逐渐减少，过去不断增加直到将来消耗净尽，全部成为过去。人对过去的回忆以及对将来的期望之所以真实可行，在于整个人生与人类的历史都已由上帝永恒地规定了。通过人神之间的中介——耶稣基督，人在当下（现在）即可领悟上帝的永恒性。因为上帝通过耶稣基督在过去的"道成肉身"事件及将来的"末世审判"中所启示出来的真理，都是上帝永恒不变的慈爱，人现在正处于这慈爱所照明的路上。因此，虽然时间在流逝，世代有更替，但是，人们在耶稣基督的身上却能对所关注的现在、所回忆的过去以及所期望的将来获得真正的统一，并在这统一中超越流逝的时光，投入上帝的怀抱，即归向永恒。

奥古斯丁的时间意识是在批判当时流行的各种希腊时间观的过程中形成的。希腊哲学虽然也认为永恒是不变的，但并没有将时间中永远存在的事物与不变的永恒严格区分出来。然而，在奥古斯丁看来，永恒就是不变的自我同一，唯独"自有永有"的上帝才是永恒的。因此，不同于希腊哲学家，奥古斯丁在"绝对者"的意义上理解永恒。希腊哲学家普遍有把时间与具体事物及其运动混同的倾向。这在柏拉图那里表现为将时间与事物的运动相混淆，而在亚里士多德那里，虽然区分了运动与时间，认为"时间运动的尺度"，但仍有混同之嫌。① 奥古斯丁则不然。他始终认为事物的运动只是时间得以产生的基础而不是时间本身，并且是在事物有生成的开始的意义上肯定时间有起点，在运动永远存在的意义上肯定时间永远存在，而不是相反。

就这样，希腊人在漫长的年代中形成的时间绵延和周期循环的观念在奥古斯丁这里被打破了。既然基督的诞生是独一无二的事件，我们就不应按照重复周期，而应按照纪元去观察历史。这一观点引入了观察世

---

① 参阅亚里士多德：《形而上学》1071b5—10。

界历史和处于其中的人的地位的全新态度。"持续重复的循环运动剥夺了属于时间的方向性力量。这种循环,作为空间优势的最有意味的象征,在生命领域并没有被克服。在人这里,时间有可能赢得最终的胜利。人能够朝着某种超出他的死亡的东西而行动,能够创造历史,甚至能够超越家庭和民族的悲剧性灭亡,由此人就打破了重复之环而朝向某种新的东西。"①奥古斯丁的时间观否定了时间无始无终的绵延性和周期循环,把时间构想为一种解脱形式。基督教诞生是一个由时间注明,同时又注明时间的事件,所以基督的降临使整个过去和未来因基督而获得了自己的方向。时间是思想的延展,时间由思想对现在的关注、过去的回忆和将来的期望所构成。从这个角度看,时间的意义实际上是由思想所关注、回忆和期望的对象所决定的。如果这对象是人类历史,那么思想对人类历史的关注、回忆和期望所延展的时间也就是所谓的"历史时间"。

奥古斯丁认为历史时间具有线性的发展方向。历史时间的发展方向是由人类历史中的重大事件所规定的。人类历史虽然在时间序列,即事物的先后次序中展开,但它并不是先后事件的简单叠加,而是一部以耶稣基督为核心的历史。奥古斯丁以耶稣基督为核心的线性历史观,是他的时间观在人类历史领域中的延伸,而他对耶稣基督的坚定信念的背后乃是对人类命运的深切关怀。正是这一关怀,使他把以重大历史事件计时的历史时间,从以天体运动计时的物理时间中区分出来,从根本上摧毁了希腊哲学的循环论历史观。如果说奥古斯丁从创世与时间的关系角度,区分了永恒的上帝与受制于时间的受造物之间的异质性差别;从时间与思想的关系角度,揭示了人神相遇的可能性,那么,上述的时间与历史的关系,乃是进一步肯定了人神相遇的现实性。历史成了人归向上帝、获得幸福的必由之路。

从时间意识入手,探讨人类历史的起源、进程和终局,这是奥古斯丁

---

① 蒂利希:《蒂利希选集》上册,何光沪译,上海:上海三联书店 1999 年版,第 402 页。

的精神历险。我们追随奥古斯丁的思路走完这一程以后，只能得到这样的印象，尽管我们不能赞同他的所有看法，但我们还是得承认，他像一切伟大的哲人一样，对宇宙、世界、人类、历史有着深邃的体悟。"时间"问题无疑是整个西方哲学最为重要，也最为艰难的问题之一。一些现代西方哲学家，例如海德格尔，通过对希腊哲学传统的梳理，发现希腊哲学有一个特点，即希腊哲学的主流认同"物理学时间"，掩盖和遗忘了"本源时间"，而以物理学时间为前提，必然把存在者错当作存在本身而遗忘了存在。这一历史性的错误导致了此后西方哲学形而上学的总体性的错误，而奥古斯丁的时间观恰恰是西方人在"本源时间"问题上的觉醒。"在西方哲学史上，岂不是奥古斯丁第一个将绝对确定性置于自我意识的直接体认的基础上，表述了'我思故我在'的原则？不也是奥古斯丁最早将时间视为心理的投射，表述了时间主观性的思想？他的自我意识的主观性哲学，不仅使他成为笛卡尔'我思'原则的先驱，同时也成为康德主观时间论的先驱。"①奥古斯丁的时间观提出以后，在仍旧热衷于本质认知的西方传统哲学中没有很快得到理解和消化，只是在奥古斯丁之后将近一千年的康德批判哲学中，才得到某种程度上的回应。到了现代，我们在海德格尔哲学中看到了对奥古斯丁时间观的完全的解释和回应。

奥古斯丁所提出的人类化和心灵化的时间观，及其所阐明的历史意义，已经使他置身于西方历史哲学先行者的位置。它集中地体现了罗马帝国时期基督教与希腊哲学融合过程中所产生的重大思想成果，深刻地影响了西方社会的历史变迁和价值取向。他为历史确定了一个核心意义，这就是："人类尘世历史中正在实现着赎罪和拯救世界，上帝以具体人的形象显现出来，在这里基督是上帝与人类接近和联合的唯一的和不可重现的支点。"②他还指出了世界历史的发展方向。"在基督之后，世界

---

① 蒙哥马利：《奥古斯丁》，于海等译，北京：中国社会科学出版社 1992 年版，第 12 页。
② 别尔嘉耶夫：《自由的哲学》，董友译，上海：学林出版社 1999 年版，第 143 页。

历史的轴心改变了自己的方向;基督成了世界历史的主题。"①"个人拯救的愿望成了历史的基本动因,尽管暂时不理解历史的意义,不理解人类在时间中的尘世存在的意义,却在实现着这种意义。"②奥古斯丁着眼于实现永恒幸福的根本条件,按末世审判所要恢复的世界而生存,把历史的终极目标转化成现实生活中人类所爱的秩序。这种类型的历史哲学不仅支配了整个中世纪的历史观,而且对西方近代历史哲学的诞生有重要意义。

七、事物与记号

基督教是一种拥有经典的宗教,对基督教而言,圣经的重要性不言而喻。自基督教经典形成以来,众多基督教思想家皓首穷经,持之以恒地解读圣经,使圣经诠释成为一门学问。奥古斯丁曾对大量经文作过注释,还留下了一部重要的释经学的理论著作——《论基督教教义》(*De Doctrina Christiana*)。奥古斯丁在这部著作中为基督教的释经活动提供了哲学基础,从而使基督教的释经活动走上了知识化与学术化的道路,而且对后世西方哲学中的符号学研究产生了持续久远的影响。

"记号"一词的拉丁文是 signum,英文写成 sign。它的基本意思有记号、符号、标记、征兆、迹象等。与此相关的另一个同源词是 significatio,意思是词义、意义、释义等。记号与符号(symbol)在很多场合下是通用的,但在符号学中有严格的区别。美国现代哲学家莫里斯将符号学分成三个分支:语用学(研究符号的使用方法);语义学(研究符号和从符号使用中抽象出来的意义之间的关系);句法(研究撇开意义的符号)。按照这种分法,奥古斯丁的记号理论是一种语义学的理论。

奥古斯丁在《忏悔录》中说:"当他们(我的长辈们)说出某个对象的

---

① 别尔嘉耶夫:《自由的哲学》,董友译,上海:学林出版社 1999 年版,第 165 页。
② 同上书,第 165 页。

名称,并相应地走近某物时,我把这看在眼里,并寻思,这样东西就是他的想要指明它时所发出的声音所称谓的。他们的意向由他们的身体移动表现出来,所有人的自然语言仿佛都是如此:面部表情,眼睛的眨动,表达我们在寻找、拥有、拒绝或避开某物时的心境的声调。于是,在我听到词语在不同句子中被反复用在适当的地方时,我渐渐弄懂了它们指代什么对象;而在我的口齿练得足以发出这些记号之后,我便用它们来表达我自己的愿望。"①这段话被现代分析哲学家维特根斯坦引为他的《哲学研究》的开篇之言,认为这段话的意义就是长期统治着人们对语言看法的"奥古斯丁图画",亦即每个词的意义就是它所指代的事物。

什么是记号? 奥古斯丁在《论基督教教义》中给出了两个定义。第一个定义:记号就是"被用来表示其他事物的事物"。"一切教导要么是关于事物的,要么是关于记号的,但是事物是以记号为手段习得的。"②"有另外一类记号,除了被用作记号,它们从来不作他用,例如,语词。除了当作其他事物的记号来使用,无人使用语词;因此我所谓的记号就可以理解了,它就是被用来表示其他事物的事物。因此,每一个记号也是一个事物,因为不是某个事物的东西什么也不是。然而,并非每一事物也是一个记号。因此,在涉及事物和记号之间的这个区别时,当我谈论事物的时候,我将以这样的方式进行,哪怕它们中有些也被用作记号,但不会影响我对这个主题的划分,据此,我首先讨论事物,然后讨论记号。但我们必须小心地记住,我们现在考虑的事物是事物本身,而不是用它们来表示的其他事物。"③

根据这些论述,我们可以概括出以下几个要点:(1)记号就是用来表示其他事物的事物;(2)记号本身也是事物,但并非每一事物都是记号;(3)讨论事物考虑的是事物本身,讨论记号则考虑用作记号的事物所象

①　奥古斯丁:《忏悔录》,周士良译,北京:商务印书馆1982年版,第11页。
②　奥古斯丁:《论基督教教义》,英文本,第1卷,第2章。
③　同上。

征的东西;(4)语词只用作其他事物的记号。可以看出,奥古斯丁对事物与记号所做的区别的着眼点不是实体,而是功能。用他本人所举的例子来说,记号不是我们在圣经中读到的摩西扔进苦水使水变甜的那块木头、雅各用作枕头的那块石头、亚伯拉罕用来代替他的儿子献祭的那只公羊,这些具体的实物是事物,但它们也可以用作其他事物的记号。

第二个定义:"记号是一个能对感官产生印象的事物,能使其他某些事物作为它本身的一个结果进入心中;就好像我们看到一个脚印,我们就得出结论说留下这个脚印的动物经过这里,当我们看到冒烟,我们就知道下面有火;当我们听到一个活人的声音,我们想到他心中的情感;当号角吹响的时候,士兵们知道他们要前进还是后退,或者做其他战斗状态要求他们做的事情。"[1]奥古斯丁给出的这个定义是一个认识论的定义,这在哲学史上是一个首创。

奥古斯丁接着对记号进行分类。他说:"有些记号是自然的,其他记号是约定俗成的。自然的记号是那些没有任何使用它们作为记号的意图或意愿,然而却导向认识其他事物的记号,例如,表示有火的烟。因为它是一个记号,但并没有任何把它作为记号的意图,通过关注和经验我们知道火在下面,尽管除了烟我们什么也看不到。"[2]奥古斯丁接着说,自然的记号不是他要讨论的内容,只要知道有自然的记号就可以了,重点在于约定俗成的记号。他说:"约定俗成的记号是那些活人相互之间为了表达他们心中能够表达的情感、认识、思想所作的交流。除非记号的提供者具有把他自己心里拥有的记号提出来、传达到别人的心灵中去的愿望,其他没有任何理由提出记号。所以我们希望考虑和讨论这种与人有关的记号,因为哪怕是包含在圣经中的、神给予我们的记号,也是通过人为人们所知的,亦即通过那些写圣经的人。"[3]

---

[1] 奥古斯丁:《论基督教教义》,英文本,第2卷,第1章。
[2] 同上书,第2卷,第2章。
[3] 同上书,第2卷,第3章。

奥古斯丁进一步指出语词是最主要的记号。"人藉以相互交流思想的记号，有些和视觉有关，有些和听觉有关，与其他感官有关的记号则很少。"①和视觉有关的记号主要是形体语言，如点头、挥手等，它们就好比可见的语词。"和听觉有关的记号是大量的，绝大部分由语词组成。虽然号角、笛子、竖琴提供的声音不仅是甜美的，而且是有意义的，但这些记号与语词相比数量很少。在人的表达心中思想的手段中，语词占有绝对主要的地位。"②说到这里，奥古斯丁讨论了声音和语言的关系。"由于语词一接触空气就马上消失，不会延续得比它们的声音更长，所以人就用字母来构成语词的记号。这样就使得声音对眼睛来说变得可见了，当然了，不是作为声音为眼睛所见，而是以某些记号为手段。"③

奥古斯丁认为："有两个原因妨碍书面写下来的东西的理解，它们以陌生的记号或意义不明的记号的面目出现。记号要么是专有的（proper），要么是象征性的（figurative）。当记号被用来指示某些对象，而这些对象就是它们被造出来要指示的对象时，它们被称作专有的记号，比如当我们说'bos'的时候，我们的意思是公牛，因为所有使用拉丁语的人都用这个名字称呼公牛。当我们用某个专有名词来表示的事物本身被用来表示其他事物时，这种记号是象征性的，比如我们说'bos'并且用这个牛的音节来理解通常由这个名称来表示的那个对象，但是进一步如圣经所示，把公牛理解为宣讲福音的人，按照使徒的解释，经上说：'牛在场上踹谷的时候不可笼住他的嘴。'（林前9:9）"④

奥古斯丁指出：有三个办法可以消除由陌生的记号所引起的困难，它们是：学习希伯来文和希腊文，比较各种译文，进行语境分析。

奥古斯丁认为，希伯来语是人类了解神意的工具，希伯来语是上帝选

① 奥古斯丁：《论基督教教义》，英文本，第2卷，第4章。
② 同上书，第2卷，第4章。
③ 同上书，第2卷，第5章。
④ 同上书，第2卷，第15章。

定的语言,因此它是神圣的。语言知识越多越有助于理解经书,"语言知识是治疗对专有记号无知的良方。对于我想要指导的讲拉丁语的人,要理解圣经需要希伯来语和希腊语这两种语言,如果拉丁圣经的译者给他们带来无数的疑问,他们可以求助于圣经原文。"①说拉丁语的人需要懂希伯来语和希腊语,这样,"当他们被拉丁文译者们无休止的分歧弄得一头雾水的时候,就可以求助于源文本。"②"把圣经从希伯来文译成希腊文的人可以数得出来,而拉丁文的译者多得不可胜数。因为在这种信仰的初期,碰巧能得到希腊文圣经的人,认为自己有这两种语言知识的人,无论多么少,都会大胆地进行翻译。这种情况会有助于理解圣经,而不是阻碍圣经的理解,只要读者不是粗心大意的。因为对一系列文本的考察经常会启发对某些更加晦涩的段落的理解……"③奥古斯丁认为经书被翻译成多种语言不是件坏事,"要是读者够细心的话,这种状况非但不妨碍理解经书,反而有助于理解经书。因为多看几个文本往往能够弄清更多含混的章节。"④

奥古斯丁指出,要用圣经中清楚明白的段落来解释那些晦涩的段落。他说:"等我们自己对圣经的语言有了一定程度的熟悉以后,我们就可以开始考察那些晦涩的段落,在这样做的时候从那些比较清楚的表达中取例,启发对那些比较晦涩的段落的理解,毫不犹豫地使用那些清楚明白的段落来理解存有疑问的段落。"⑤

奥古斯丁还具体讲了通过语境分析发现陌生语词的意义。他说:"我现在要处理的是陌生的记号,就语词而言,陌生的记号有两种。读者要是不知道一个语词和一个习语,都会使他停顿下来。如果它们属于外国语言,那么我们必须向那些讲这些语言的人请教,或者如果我们有空,

---

① 奥古斯丁:《论基督教教义》,英文本,第 2 卷,第 16 章。
② 同上书,第 2 卷,第 2 章。
③ 同上书,第 2 卷,第 16 章。
④ 同上书,第 2 卷,第 12 章。
⑤ 同上书,第 2 卷,第 14 章。

我们必须学习这些语言,或者我们必须向几位翻译者请教并作比较。然而,如果我们不熟悉我们自己的母语中的一些语词或习语,那么我们会逐渐认识它们,通过不断的阅读或聆听。对于我们不知道其意义的这些种类的语词或短语,最好的办法是把它背下来,以便向比较博学的人请教,或者借助一个段落,这些我们不知道其意义的上文或下文,来掌握这些语词或短语的作用和意义,在我们的记性的帮助下,我们可以轻易地集中我们的注意力,学会所有这些语词。"①

奥古斯丁指出:在解释象征性的表达时,有关事物的知识和有关语词的知识一样重要。"对于象征性记号的无知会使读者停顿,它们的意义部分要靠语言的知识来寻找,部分要靠关于事物的知识来寻找。例如西罗亚的池子,我们的主用唾沫和泥抹在那个人的眼睛上,然后命令他去池子里洗(约9:7),这里面有象征的意义,无疑传达了一层秘密的意思;但若这位使徒没有解释这个名称,西罗亚翻出来就是奉差遣,那么如此重要的意思就会被忽略了。我们不能怀疑,许多希伯来的名称没有被这些书卷的作者解释,如果有谁能解释它们,那么对于处理圣经中的谜会有很大的价值和帮助。"②"对于事物的无知,也会使得象征性的表达模糊不清,就好像当我们不知道动物、矿物、植物的性质时,这些东西在圣经中经常以比较的方式提及。"③"例如,关于红宝石的知识,红宝石在黑暗中放光,在书卷中的许多地方都提到在黑暗中放光,这些地方的用法是隐喻性的;对于绿宝石和金刚石的无知也经常会关上知识的大门。"④"对于数的无知,也经常阻碍我们理解圣经中以象征性的和神秘的方式提到的事情。"⑤"对于音乐的无知也使得与我们有密切联系的不少事情模糊

① 奥古斯丁:《论基督教教义》,英文本,第2卷,第21章。
② 同上书,第2卷,第23章。
③ 同上书,第2卷,第24章。
④ 同上书,第2卷,第24章。
⑤ 同上书,第2卷,第25章。

不清。"①

现代符号学认为：一个事物若能"代表"它以外的某个事物，则该事物便成为一种符号。这时，该事物除了有其自身的实用功能外，还具有传达意义的功能。由符号的定义可以推出，诸如语言、文字、数学符号、意象、乐音、物件、姿势、面部表情乃至人的嗅觉、触觉以及仪式、习俗等都可以纳入符号范畴。奥古斯丁对语言及其意义作了饶有兴趣的考察，但其语义学的关注点是在认识论而非语言学。奥古斯丁是一位原创型的思想家，记号理论就是他诸多原创性贡献之一。

八、国家与人民

有学者认为柏拉图、西塞罗、奥古斯丁是西方古典精神正统路线的三个典范。用现代政治哲学家的眼光反观西方政治思想的源头，我们确实可以说，柏拉图、西塞罗、奥古斯丁规定了西方社会的政治发展。三位哲学家都写过有关人类社会未来发展图景的著作，奥古斯丁的《上帝之城》是基督教版的《国家篇》，但柏拉图的《国家篇》并非《上帝之城》的世俗版，《上帝之城》的世俗版是西塞罗的《论国家》。有学者认为，"《上帝之城》颠覆了古典哲学的国家正义观。"②从我们对原著的解读来看，这种"颠覆"不是彻底否定和全盘抛弃，而是批判地吸取。

奥古斯丁在《上帝之城》中对柏拉图的引述不少，共计38处，但基本上都是间接引述，仅有两处是直接引语，他引的不是希腊原文，而是由西塞罗翻译成拉丁文的《蒂迈欧篇》。③从引述的内容看，奥古斯丁对柏拉图的思想是熟悉的。他提到了柏拉图的灵魂观、诗人与城邦，诗人的虚

---

① 奥古斯丁：《论基督教教义》，英文本，第2卷，第26章。

② 周伟驰：《奥古斯丁的基督教思想》，北京：中国社会科学出版社2005年版，第29页。

③ 参阅奥古斯丁：《上帝之城》，王晓朝译，北京：人民出版社2006年版，第13卷第16章，第22卷第26章。

构、理想国、神灵观、创世论、型相论(理念论)、哲学的部门、划分法,也了解新柏拉图主义者普罗提诺、杨布里柯和波斐利的观点,但提到最多的是公元 5 世纪的新柏拉图主义者阿普留斯,阿普留斯有关神灵和巫术的观点成为奥古斯丁批判的对象。

与此形成鲜明对照的是,奥古斯丁对西塞罗的熟悉程度远远超过对柏拉图的熟悉程度。奥古斯丁在《上帝之城》中对西塞罗的引述随处可见,多达百余处。可以看出,奥古斯丁不仅仔细研读了西塞罗的原著,而且作了大量直接引用和详细的解释。例如在《上帝之城》第 2 卷第 9 章,在直接引用西塞罗《论国家》的几段原文后,奥古斯丁说:"上述话语是我从西塞罗的这本书的第四卷中摘引下来的,我逐字逐句地加以引用,只在个别地方省略了一些字,有少量的移位,以便使其含义更加清楚。这些引文与我努力想要解释的主题是相关的。西塞罗还作出进一步的陈述,并在结论性的段落中说明古代罗马人并不允许任何活着的人在戏台上受到赞扬或谴责。"①可以说,在政治思想方面,奥古斯丁对希腊罗马文化的批判与吸取的主要对象是西塞罗,为奥古斯丁构筑基督教社会政治思想理论大厦提供砖石的主要是西塞罗。

西塞罗在《论国家》②中说:"我们要考察的主题是国家,让我们首先准确地想一下我们要考察的这个对象是什么。"③然后,通过西庇阿之口,他给国家下了一个定义:"国家是人民的事业,但人民不是某种随意聚集在一起的人的集合体,而是大量的民众基于法的一致和利益的共同而结合起来的联合体。"④

国家(res publica)是这句话的主语。"res"是个阴性单数名词,它的

① 奥古斯丁:《上帝之城》,王晓朝译,北京:人民出版社 2006 年版,第 13 卷第 16 章,第 59 页。

② 亦译为《论共和国》。

③ 西塞罗:《论国家》第 1 卷第 24 章,见王焕生译:《论共和国论法律》,北京:中国政法大学出版社 1997 年版,第 38 页。译文有修改。

④ 同上书,第 39 页。译文有修改。

基本含义是东西、事物或事件(thing, matter, affair)。引申义则有情形、原因、诉讼、事业、利益、财产、功绩,等等。"publica"是个形容词,意思是社会的、公共的、国家的、人民的、大众的、民众的。它与"res"组合在一起,就成了公共所有的东西(a thing belonging to the public)或公共财产(the property of the state),亦即国家(res publica)或共和国(respublica)。

这一定义中的人民(res populi)也是一个词组。"populi"是个阳性属格名词,意思是人民的、公民团体的、公民社会的、平民的、民众的等。它与"res"组合在一起,意思是"人民的财产"(the property of the people)。但在中文翻译中,把国家说成是"人民的财产",意思虽通,但不雅,所以中国学者通常把这个短语译为"人民的事业"。然而,汉语中的"事业"指的是人所从事的,具有一定目标、规模和系统而对社会发展有影响的经常性的活动,如科学事业,文化事业等。把国家定义为一种活动,似有不妥之处。所以我们虽然可以译为"人民的事业",但在理解这个定义时可以回归"res"的本义,重点领会西塞罗把国家视为"人民的"东西。

严格说来,西塞罗的国家定义就是"国家是人民的事业"这个简单句,但这个定义并没有到此结束。它还有后半句,转为对"人民"作补充解释。值得注意的是,在这里出现了几个重要的政治学核心概念。"iuris"是一个复数属格名词,主格是"ius",意思是法律、法令、法、权利。同源词"iustitia"是一个阴性名词,意思是公道、正义。"consensus"是阳性名词,意为同意、赞成、一致、统一。那么什么是人民? 西塞罗的解释是,"人民不是某种随意聚集在一起的人的集合体,而是大量的民众基于法的一致和利益的共同而结合起来的联合体。"西塞罗讲到人民的时候用的是"populus"。这个名词的含义是:(1)人民,民族;(2)公民团体,市民团体;(3)罗马公民(最早用来指贵族,显贵,后用来指所有的人民);(4)平民(古罗马由奴隶解放的平民);(5)民众。[①] 西塞罗在讲到人民时

① 西塞罗:《论国家》第1卷第24章,见王焕生译:《论共和国论法律》,北京:中国政法大学出版社1997年版,第426页。

没有用"plebs"。这个词的含义是：（1）贱民、庶民、平民；（2）平民，群众，老百姓；（3）民众，人群，一般人员。就罗马共和国的具体情境而言，人民（polulus）是一个政治术语，而民众（plebs）是一个社会术语，因为它蕴含着社会阶层的区分。

在罗马共和国发展初期，罗马人和其他意大利人有着和希腊人的城邦明显相似的社会政治组织"civitas"（城市国家、公民团体、居民、人民）。而到了西塞罗所处的罗马共和国衰落时期，国家问题得到充分的解释。我们在西塞罗的著作中见到了渐次展开了的国家定义——既强调城邦是人们的共同体，又列举那些缔造了这一共同体的各种有价值的东西。西塞罗说："在人类社会中，亲疏程度很不一样。除了我们都是人这种普遍的关系之外，还有同属一个民族，同属一个部落，同说一种语言这样比较密切的关系；同属一个城邦，这种关系就更加密切了；因为同一城邦的公民有许多共享的东西——广场、神庙、柱廊、街道、雕像、法律、法庭、投票权等，更不必说社交和朋友的圈子，以及和许多人发生的业务联系了。"①西塞罗在另一处还提到，国家和公社的建立，主要是为了使每个人永远是属于他的东西的主人。"国家和城市的特殊功能就是保证每个人都能自由而不受干扰地支配自己的财产。"②把国家与人民联系起来是西塞罗国家定义的特点。西塞罗的基本想法是，"国家是人民的东西（财产，事业），因此要说明什么是国家，就要先说明什么是人民，亦即国家的定义要以人民的定义为前提。这就是西塞罗的整个定义对国家的解释相对简单，而对人民的解释比较详细的原因。

在《上帝之城》中，奥古斯丁首先介绍西塞罗定义出台的思想背景，然后引用西塞罗的国家定义并进行分析，最后对西塞罗的结论进行改造和引申。奥古斯丁首先表示同意西塞罗的观点，认为国家定义应当建立

---

① Cicero, *De Officiis*, 1.17, Leob Classical Library, Volume XXI, Harvard University Press, 1971, p.23.

② Ibid., p.58.

在人民共同利益的概念之上。而人民这个联合体的形成则是由于"法的一致和利益的共同"。奥古斯丁分析道:"西塞罗本人在第五卷开始时,不是引用西庇阿的谈话,也不是引用其他任何人的谈话,而是在表达他自己的观点。"①"要知道,我们由于自己的过错,而不是因为某种偶然性,只把共和国保留在口头上,而实际上我们早就把它抛弃了。"②"早在基督道成肉身之前,西塞罗就已经对这个国家的衰亡表示了悲伤。她的崇敬者需要追问,哪怕是在古代,这个国家是否盛行过真正的公正,或者用西塞罗的比喻来说,这种公义实际上是一幅颜色暗淡的图画,而决非现实?"③

根据奥古斯丁对西塞罗的理解,要定义国家先要定义人民,要定义人民则先要定义正义,而我们看到,把国家与正义联系起来也是西塞罗国家定义的特点。西塞罗把国家概念奠基于正义,他强调无论国家采取何种统治形式,是帝国、贵族统治,还是民主共和,正义都是基本的条件。奥古斯丁接受这一说法,他对西塞罗的基本定义解释道:国家,亦即人民的事业,只有在国王、少数贵族、或全体人民公正地实行统治时才能存在。如果国王行事不公正,或者贵族们行事不公正,或者人民行事不公正,那么不仅国家已经被破坏,已经不存在任何国家,国家已经不是人民的事业,而且人民本身也已经不是人民,因为他们处事不公正,已经不是大量的民众基于法的一致和利益的共同而结合起来的联合体。④

最后,奥古斯丁非常策略地得出结论:"没有高度的正义便不可能对国家进行统治,也不能使国家长存。"⑤(sine summa iustitia rem publicam regi non posse.)正义是国家存在的基础,完善的正义乃是治理国家的关键要素。奥古斯丁依据自己对西塞罗国家定义的把握反观罗马国家的现实,指出真正的正义(vera iustitia)从未在罗马存在,甚至在早期也没有;

① 奥古斯丁:《上帝之城》,王晓朝译,北京:人民出版社2006年版,第76页。
② 同上书,第77页。
③ 同上。
④ 同上书,第76页。
⑤ 同上。

相反,罗马国家是建立在屠杀手足、暴力和统治欲之上。因此,"罗马从来不是一个共和国,因为它从来没有实行过真正的公正。"[1]

西塞罗的正义观是一种自然权利论,他认为社会中较弱者服从较强者,乃是由客观道德法则正当地确立的,而在人类社会的具体实施中,正义或正当的程度各有所不同。而奥古斯丁对正义的理解与西塞罗有根本差别。对奥古斯丁而言,真正的正义或公正只存在于上帝那里,与人类社会生活中的立法或组织没有直接关系。西塞罗的正义有完善与否的区分,而奥古斯丁要么是没有注意到西塞罗的这种区分,要么是拒绝承认这种区分的合理性,而将各种正义都以"真正的正义"为标准去判断。这样做当然符合奥古斯丁的目的,但已经不是对西塞罗思想的忠实解读。

奥古斯丁最后说:"但是按照更加实用的定义,我得肯定有过某种共和国,而古代罗马人肯定比后来的罗马人更加好地管理过这个国家。只有基督创建和统治的国家才有公正,如果有人称这个国家为共和国,那么我们确实也不能否认它是人民的事业。但是如果这个名字,它在别的地方和语境下变得为人们所熟悉,被认为与我们的习惯用语不同,那么我们至少可以说,在圣经所说的那座城里有真正的公正,'上帝之城啊,有荣耀的事乃是指着你说的。'"[2]

奥古斯丁在这里指出,如果接受西塞罗建立在正义概念之上的国家定义,那么应当肯定在历史上有过国家,但是正因为现实中的国家与其说是建立在正义之上,不如说是建立在非正义之上,因此继续沿着西塞罗的思路给国家下定义已经走到尽头,并且毫无出路。然后,奥古斯丁暗示自己将给出另一种国家(基督创建和统治的国家)的定义,它建立在一种真正的公正(上帝的公正)之上。奥古斯丁在这里引入了"神的正义"的概念,从而与西塞罗的自然正义的概念区别开来。真正的正义乃是一种神的正义,国家定义必须建立在神的正义的基础之上,而"神的正义"正是

---

[1]　奥古斯丁:《上帝之城》,王晓朝译,北京:人民出版社 2006 年版,第 78 页。

[2]　同上。

"上帝之城"的一种属性。

奥古斯丁最终给出了他自己的人民的定义。他说:"让我们放弃这个(西塞罗的)关于人民的定义,采用另一个。让我们说,所谓人民就是由某种一致拥有的爱的对象而联系在一起的理性动物的集合体。"①如果仿照西塞罗的国家定义,我们可以把奥古斯丁这个人民定义扩展为国家定义:国家是人民的事业,但人民不是某种随意聚集在一起的人的集合体,而是由某种一致拥有的爱的对象而联系在一起的理性动物的集合体。奥古斯丁认为自己的定义比西塞罗的定义更合理,对世上现存的国家更具解释力。从上可见,奥古斯丁吸取了西塞罗国家定义的基本框架,从定义人民入手界定国家,用"神的正义"替换西塞罗的"自然正义",从而完成了他自己的国家定义,为批判希腊罗马社会、构建基督教的理想社会奠定了理论基石。

九、恶与正义

在学术思考中,用一个后起的术语梳理前人的思想是常见的,"神正论"②就属于这种类型。"神正论"(theodicy)这个术语由"theos"(神)和"dike"(正义)这两个希腊词合成,发明权可归于"德国哲学之父"莱布尼茨(1646—1716)。③"神正论"这个术语产生得很迟,但探索西方神正论思想的源头总是追溯到奥古斯丁。为了把握奥古斯丁神正论思想的特点,我们先来了解希腊人和希伯来人的相关思想。

公元前8世纪的古希腊神话诗人赫西俄德说:"宽广的大地上宙斯有三万个神灵。这些凡人的保护神,他们身披云雾漫游在整个大地上,监

---

① 奥古斯丁:《上帝之城》,王晓朝译,北京:人民出版社2006年版,第944页。

② 又译为神义论、辩神论、证神为义论。

③ Cross,F.L.,1957,*The Oxford Dictionary of the Christian Church*,Oxford University Press,London,p.1358.

视着人间的审判和邪恶行为。其中有正义女神——宙斯的女儿。""倾听正义,完全忘记暴力。因为克洛诺斯之子已将此法则交给了人类。"①这是古希腊神正论思想的最早萌芽。

神正论的思想萌芽亦可见于希伯来圣经。《创世记》中说:在挪亚的时代,世人都腐败了,大地上充满了强暴。上帝定意兴起大洪水,毁灭一切恶人,唯有挪亚及其家人按上帝的旨意造方舟,躲过这场大劫难。② 这则故事典型地昭示了犹太教对人间罪恶这个核心问题的解答。他们坚信:神是正义的,神按照赏善罚恶的原则对待世人,行善者(义人)必得永福,作恶者(罪人)必受永罚。

在古代宗教社会中,神(上帝)是人的权力的授予者,是社会正义的监督者。神既是人的权力的来源,又是人的权力的合法性依据。这种一切权力源于神的观念,使任何凡人独霸权力的行为成为非法。这种非法的含义在于:真正的权力在于神,掌权者剥夺其他贵族或公民的天赋权利而独霸政治统治权是凡人对神的僭越,是一种亵渎神的行为。"专制与否的标准,在希腊的语境中,就是以神为本原(至上统治权)还是以人为本原。以神为本所形成的是一个权力均匀分布的几何学空间,其中的主导原则为平等与规则,以人为本所形成的就是所谓的'专制'制度。"③

在现实社会生活中,人们既求助于正义又不断破坏正义,而为了维护社会生活的正常秩序,社会公正必不可少。神正论思想可以视为古人试图解决这个问题的主要途径。然而,个人的不幸与社会的不公会引起人们对"神正"的怀疑。在希腊广为流行的"正义即强权"的思想是对神正论的怀疑与否定,其依据就是人类社会现实中的恶。

一般说来,在"圣俗合一"的宗教社会里,神的正义就是人的正义、社

———————

① 赫西俄德:《工作与时日》,北京:商务印书馆1991年版,第9页。
② 《创世记》,圣经现代中文译本,香港:香港圣经公会版,1994年,第6—9章。
③ 洪涛:《逻各斯与空间——古代希腊政治哲学研究》,上海:上海人民出版社1998年版,第46页。

会的正义、道德的正义、政治的正义。人的社会生活出了问题，那不是神的错，而是人的错，都应当到人自身中去寻找问题的根源，而解决的办法则是向神认罪，改过自新，祈求神的宽恕。神赋予人类正义的本性或德性，也为构造一个理想的社会生活模式提供了终极的价值和意义。所以我们看到，希伯来人对神正论的怀疑较少，而希腊人对神正论的怀疑较多，这是希伯来人的一神论信仰和希腊人的多神论信仰之差异所致。在古代城邦社会发展到一定阶段的时候，古希腊的诗人、哲学家、政治家、历史学家们一而再，再而三地提出对神正论的怀疑。在此认识过程中，以柏拉图和亚里士多德为代表的古典美德正义论试图成为神话神正论的替代品。

　　以美德正义论为基石的古典政治哲学从根本上回应了古代政治生活的根本问题：不同政治实体对政治正义的不同理解可否消除，能否找到一个超越文化差异的、可以被普遍遵守的正义？对前一问题的思考以驱逐神正论为前提，然而在此之后，世俗政治的正当性就转化成了合法性，其内容只剩下为保存社会而保持某种秩序。而合法性一旦充任世俗政治本身的正当性尺度，那么对世俗政治制度和行为所作的价值判断，与其说是为了判明善恶是非，不如说是为了判明它们的无善恶、无是非。"当亚里士多德把正义誉为政治生活的首要德性时，他这样说就是指出，一个对正义概念没有实际一致看法的共同体，必将缺乏作为政治共同体的必要基础。"①世俗正义的虚无倾向不可避免。

　　基督教在西方世界占据统治地位之后，它也要回答全善、全能、正义的上帝与人世间存在的种种罪恶的关系问题。它要回答：这个世界上存在着各种各样的恶，在这种情况下人们如何能够相信神是正义的？不解释恶的性质与根源就无法坚持"神正"的基本原则。奥古斯丁用新柏拉图主义的理论来解释什么是恶。

――――――――――

①　麦金太尔：《德性之后》，龚群等译，北京：中国社会科学出版社 1995 年版，第 308 页。

　　奥古斯丁反对摩尼教的二元论,也反对柏拉图主义贬低人的肉身存在的倾向。他在人的本性的问题上的观点是:"自然即善"(natura est bona)。针对摩尼教二元论,奥古斯丁指出所有被造物都是自然地善的,亦即"性本善",不存在"性本恶"。针对柏拉图主义的偏见,他论证说,哲学家们将事物之恶归于事物是错误的。奥古斯丁认为:善是绝对的,唯有善才是真正的存在和真实的实体;恶是相对于善而言的,是善的缺乏,是一种虚无。所谓恶,就是缺乏善。所谓疾病和伤害,不过就是缺乏健康而已。所谓心灵之中的恶,也无非就是缺乏天然之善。恶有三类:(1)自然之恶;(2)认识之恶;(3)伦理之恶,这种恶起源于人的自由意志。上帝并不干预人的意志的自由选择,上帝只是对自由选择所产生的善、恶后果进行奖惩。上帝的恩典主要表现为赏罚分明的公正,而不在于帮助人们择善弃恶。

　　恶既然是自由意志的错误选择,那上帝为什么要赐给人自由意志呢?奥古斯丁认为自由意志本身是善的,上帝把它赐予人是为了让人行正当。"除非藉这种意志的自由选择,无人能正当行事,上帝赐给我们自由意志是为了让我们行事正当。""实际上,人无自由意志便不可能正当地生活,这是上帝赐予它的充分理由。"①所以我们只能谴责滥用自由意志的人,而不能因此指责上帝将它赐予我们。

　　上帝把选择的自由完全交给人,让人自己选择,但人必须对自己的选择后果负责。上帝决非对人的行为听之任之,上帝的公正体现在对人的最后裁决:如果人选择了善,最终将得到永福;如果选择了恶,将受到应有的惩罚。"未来之事,没有躲过他预知的;一切罪恶,没有不被他的正义所惩罚的。"②上帝给人类规定了严格的道德秩序:善的行为必然产生好的结果,恶的行为必然遭到惩罚。如果为善得不到赏赐,作恶不给以惩罚,那么上帝的公正何在呢? 所以上帝对人的惩罚是为了维护自己所规

①　奥古斯丁:《论自由意志》第 2 卷,第 1.18 章。
②　奥古斯丁:《论自由意志》第 3 卷,第 4 章。

定的道德原则,也体现了他的神圣、伟大和公正。

　　为了保证社会的秩序与安宁,各类社会都有自己的控制手段。所谓社会控制就是一个社会通过其物质的、制度的及精神的调控手段来控制社会不轨行为的发生,从而保证社会的秩序及社会成员满意的生存。基督教的神正论具有重要的社会控制功能。它建构了一个超自然的制裁体系,通过万能的上帝来实施。上帝是全能的、至上的、无所不知的、正义的。它高高在上,神圣不可侵犯。它通过奖善罚恶干预人的生活,使人不敢越轨冒犯。它把今生与来世结合起来,通过来世的制裁而控制人类今世的生活。"经验充分证明,那些完全对德行的美好和崇高麻木不仁的人,也能被审判的恐惧所震动,能被自己的罪恶真诚忏悔所惊醒,以至彻底改变性情倾向,丢掉最根深蒂固的恶习,更新他们整个生活的进程。"①

　　奥古斯丁式的神正论为西方国家的政治统治提供了合法性。"在一个基督教社会,这种法律就基于基督教的伦理之上,这种伦理并不是一种模糊不清的良心,而是蕴含在众所周知且所有人都能理解的上帝的戒律之中。""宪政以这种真正的宗教信仰为先决条件。这种宗教信仰通过确定基本的价值观(尤其是那些有关一个基督徒的天职的价值观)使得全体民众思想上达到了某种一致性,而政府的权威便建立在这种一致性的基础之上。"②只要人们认可等同的政治强制是必要的,同时又期望政治完美,并且信仰神的全能,神正论就会成为政治意识的选择。所以,神正论几乎就是西方现代社会以前的政治学和民众政治期望的独特标志。它可以把人们对无限正义和完美政治的期望引向、维系于对神的信仰、依靠和热爱,同时也在一定程度上遏止人们对有限政治、有限正义的思考,而后者只能在驱除了神正论以后的现代政治哲学中才会重新出现。

---

① 罗斯:《社会控制》,北京:华夏出版社1989年版,第100页。
② 卡尔丁·弗里德里希:《超验正义——宪政的宗教之维》,上海:上海三联书店1997年版,第65页。

十、爱 的 秩 序

奥古斯丁的《上帝之城》包含着基督教的国家观和正义观,也包含着基督教的社会生活观。把握奥古斯丁对"城"这个概念的使用,了解他对秩序与和谐的认识,是我们分析他的社会生活观的重要线索。

"上帝之城"的说法源于基督教圣经,"我们所称上天之城,是圣经上有证据的。""上帝之城啊,有荣耀的事乃指着你说的。""我们在万军之主的城中,就是在我们上帝的城中,所看见的正如我们所听见的。上帝必坚立这城,直到永远。"①这些经文都告诉我们有一座上帝之城,它的创造者劝我们作它的子民。然而世俗之城的民众,却将他们的邪神放在圣城的创造者之上,因为他们不知道他是众神之王。

上帝之城与世俗之城的划分不是空间或地理上的,而是有着不同追求的社会团体。天下万国,虽宗教与风俗各异,言语、武器、衣冠不同,然而人类只有两个大团体,若照圣经上的话,我们可称之为两个城子,一个是由愿依肉欲生活,而另一个由愿依精神生活的人组成,若各得其所望,则平安无事。这种划分不按民族、国度,因而具有普世的意义。

两城的划分标准可以进一步具体化为在尘世生活的人所爱对象的秩序。原罪之罚使人失落了生活的完满幸福,但是人没有失落对幸福的爱,在现实生活中,"要找到害怕成为国王的人无疑是容易的,但是我们确实找不到不想幸福的人"。② 然而,人类对幸福的共同之爱,却会产生不同的爱的对象的秩序。因为在这个有着上下等级秩序的世界中,既可选择至上的上帝,依精神而生活,也可选择下一级的自己,依肉欲而生活。"所以两座城是被两种爱创造的:一种是属地之爱,从自爱一直延伸到轻

---

① 奥古斯丁:《上帝之城》,王晓朝译,北京:人民出版社 2006 年版,第 443 页。
② 同上书,第 168 页。

视上帝;一种是属天之爱,从爱上帝一直延伸到轻视自我。"①

相对于人类社会的历史现实来说,上帝之城在人类社会的历史现实中不是独立存在的社会实体,而是一种象征。"这座圣徒之城确实有某种影子和预言的形象,它不是用来再现大地上的景象,而是指向未来同它启示出来的既定时刻。也被称作圣城的耶路撒冷这个形象虽然与将要到来的那座城不完全相同,但它确实由于指向那座城而被称作圣城。"②教会只是上帝之城的象征,而不是上帝之城本身。基督徒不要为这样的事实而失望,因为在现实世界中两座城相互纠缠、混合在一起,直至最后审判,它们才被分开。两城的划分并不意味着基督徒的精神属于上帝之城,肉身属于世俗之城,而是指基督徒以灵与肉上下有序的生活态度(这就是属上帝之城的象征)从事着世俗的工作(此为世俗之城的身份)。现世中的人是具有双重身份的存在:作为一名非基督徒,他存在着做基督徒的可能;作为一名基督徒,他必然同时也是世俗社会的一员。因此,奥古斯丁称基督徒既是上帝之城的"居民",又是世俗之城的"旅客"。所以,基督徒虽然与他人有不同的信、望、爱,但也同样享受世间的福利或者遭受邪恶的侵害。

所谓的依肉欲的世俗之城的生活,不是指世俗的物质生活,而是指精神背离上帝从而为朽坏的肉欲所奴役的生活。所谓依精神的上帝之城的生活,也不是指人的精神生活,而是指精神服从上帝从而能够支配肉欲的生活。人的完满本性不仅是灵与肉的统一,而且是上下有序的统一。在他看来,人的灵魂或精神一旦背离了上帝,也就不能支配自己的肉欲,从而成为肉欲的奴隶。弄清了奥古斯丁两座城的含义与差别,那么,奥古斯丁的社会观也就不难理解了。

奥古斯丁的社会观建立在一套有关上帝创世和人类堕落的神学基础

---

① 奥古斯丁:《上帝之城》,王晓朝译,北京:人民出版社 2006 年版,第 631 页。
② 同上书,第 634 页。

上：上帝创造的世界原本是有序和谐的，然而被造的世界堕落以后则充满混乱和矛盾。

奥古斯丁有关秩序的思想，在他的早期著作中即有清楚的表述。他认为，造物主建立的秩序是宇宙间一切存在和一切活动的基础和结构。上帝创造的事物和存在者，本性较高的被置于本性较低的之上。因此宇宙间存在一个本体论的等级秩序，有生命的高于无生命的，有感觉的高于无感觉的，有智力的高于无智力的，不朽的高于有朽的，灵魂高于肉体。

奥古斯丁的秩序概念背后，是一种以和谐为主导的静态宇宙等级秩序的古典世界观。他认同柏拉图永恒不变的理智世界的观点，但认为这个理智世界以"永恒法"（lex aeterna）的形式表现出来。以这种永恒法为源泉，被造物也有内在的法则，亦即"自然法"（lex naturalis）。上帝的永恒法化身为自然法，成为万事万物的内在秩序；这一秩序植根于整个宇宙和每一个别事物之中。自然法铭刻在人的理性灵魂之上，不可消除。它是内在法，是永恒法的主观表达。尽管罪使人与上帝疏离、扰乱了被造世界的秩序，但每个人的生命中依然存留有永恒法的影子和自然秩序的残余。因此，通过理性和良知，每个人都可以认识到这一自然法的存在，并受其指引。比如，人们总是倾向于组成特定的社会生活模式，他的社会本性铭刻在他的理性灵魂中。

奥古斯丁对自然和谐作过概括。"身体的和平与它各个组成部分的平衡有序相关。非理性灵魂的和平在于欲望的正确有序，理性灵魂的和平在于认知与行为之关系的正确有序，身体与灵魂的和平在于生灵的生活与健康的正确有序，人与上帝的和平在于永恒法则之下的有序的服从和信仰，人与人之间的和平在于心灵与心灵之间的有序的一致。家庭的和平是一种有序的涉及命令与服从的协调，就居住在一起的人而言；城市的和平是一种有序的涉及命令与服从的协调，就公民而言；属天之城的和平是一种完善的秩序与和谐，享有上帝，相互之间共处于上帝之中。一切事物的和平在于秩序的稳定，秩序是平等与不平等事物的配置，使第一事物有其恰当的位置。"①

　　在奥古斯丁看来,自然秩序的和谐被破坏,原因在于人的意志,而非人的身体。上帝是一切自然本性的创造者,但却不是一切意志的创造者和管辖者。人堕落的不是人的本性,而是人的意志。奥古斯丁指责摩尼教徒拒不理解所有造物自然本性为善的观点,他将"恶"的概念定义为"骄傲"。他说:他们也没有看到,恶的意志乃是一种失序的运动,宁向着较低级的善,背离较高的善。因此,上帝创造的世界中发生的所有混乱,其核心在于骄傲。有形实体不受天使或人的影响,但它们可以通过自愿的行为,败坏基于自然法的"自然秩序"。自然本身,包括能够理解自然法的人类理性在内,基于其被上帝创造,在本体论上都是善的。由于上帝是所有一切的全善的造物主,每个个体事物和生命之中都存在着某种程度的善、原始自然秩序的某种回响。但在另一方面,上帝赐予一切理性存在者相对的意志自由。他希望天使和人自由地、谦卑地将他们的造物主作为至善来爱。骄傲,即悖乱的意志,将上帝之外的东西作为至善来爱。即便在堕落之后,本性在本质上仍然是善的,但善的实体不再有和谐的秩序,理性存在者的生命因而变得无序和悖乱。

　　奥古斯丁强调,在上帝创造的自然秩序中,所有人都是平等的,而在现实生活中,人生活在一个强制性的社会权力主宰的社会中,每个人都是他人的奴隶。在原始的、未被搅乱的自然秩序中,没有人可以高高在上统治他人。而社会强制权力,既是骄傲本身的一部分,又是神圣正义法对罪的惩罚;尽管强制权力本身既非自然、也不正义,但上帝却可将它用以为善,以限制社会的恶。尽管堕落的天使和人想要打破自然秩序和自然法的和谐,却不能逃脱被上帝的正义法矫治并审判的事实。宇宙间所有秩序均出自造物主永无穷竭的智慧,在这个意义上,上帝的永恒法是自然法的源泉。但是永恒法还有第二种裁判意义上的功能:它命令人类保护自

---

　　① 奥古斯丁:《上帝之城》,王晓朝译,北京:人民出版社 2006 年版,第 923 页。

然秩序,禁止违反。奥古斯丁认为:人类社会中的奴役状态乃是法律的惩罚,这一法律要求维持自然秩序,禁止搅乱。因此,永恒法不仅体现在自然法中,也体现在上帝禁止和惩戒性的正义法之中,它的目的是要保护自然界的秩序。上帝一方面统治着自然秩序本身,另一方面通过惩戒性措施管理着意志对这一秩序的维系。在理性存在者的生命中,意志不服从自然秩序,但仍要服从永恒法。在现时,上帝以一种隐蔽的方式实行审判,但在历史的终点,他的审判将显明出来。上帝的正义法将在末世圆满。

尽管奥古斯丁对社会生活持悲观态度,但他仍旧坚持一种目的论的幸福主义:人是追求美好生活、快乐和美的理性存在者。"任何有头脑的人都一定会认为,所有人都希望幸福。"①由于人是理性的存在者,他渴求幸福的满足,也具有理性的性质。他渴望得到永恒和谐,而这是由享受愉悦的理性之美带来的。人的幸福乃是对造物主及其永恒智慧的永久的理性享受,与被造的世界原有的和谐秩序合拍应节。

奥古斯丁认为,爱是人类各种功能的驱动力量。"灵魂因爱而在"。爱是生命中的强大力量,人不能够看透或控制它。爱的现象塑造着人类现实,甚于其他一切。爱是生活的动力,它决定着一个理性存在者的禀性与自然秩序相合还是相悖。爱的秩序决定了生活的质量。从本体论上说,爱是善的创造的一部分;一切理性存在者都有爱的倾向。但是另一方面,爱还必须选择爱的对象或伴侣。爱的现象涵盖两个领域:一是自然秩序的领域,二是人类生活的领域。人的本体论构造注定了他要追求幸福,而这正是要由人所意愿的正当的爱的秩序来圆满。

奥古斯丁提出一个论题:人是他所爱的东西,而不是他所知的东西,他的所爱决定了他的善恶。"并非知道什么是善的人才可以被正当地称为善人,而是那些热爱善的人才可以正当地被称作善人。"②每个人都渴

---

① 奥古斯丁:《上帝之城》,王晓朝译,北京:人民出版社 2006 年版,第 384 页。
② 同上书,第 481 页。

望得到那样一种爱带来的幸福。如果一个人不爱幸福生活，那么他肯定也没有幸福的生活。另外，如果他爱它并拥有它，他必得爱它超过一切，因为他所爱的其他任何东西，都只是为幸福生活之故才被爱的。正当的爱的秩序是生命中所有正确秩序的基础，与之相反，这一秩序的颠倒，则是人类生活中的万恶之源。幸福的生活只有通过爱、而不是通过知，才能获得。

从本体论的角度看，爱永远是善的，因为它作为一种现象属于"自然之善"。在创世之始，堕落之前，一切理性存在者都爱上帝；爱上帝属于每个理性存在者的内在构造，无可选择。但是人和天使可以自由地选择放弃对上帝的爱，转而将爱投向一种较低等的对象，从造物主转向某种被造物。爱的现象始终存在，只是爱的对象可以变化。爱可能悖乱，但其原因不在爱的倾向本身之中，而只在于取向的错误，或者说等级失序。正当的爱的秩序的建立，在于被造物把造物主作为至善去爱。这是所有爱中最重要的，是理性存在者最基本的向善取向。

在奥古斯丁那里，"爱的秩序"的概念至关重要。因为爱的秩序关系到人和造物主之间的终极关系。理性存在者与该秩序要么调适，要么乖离。任何一种爱的对象都可以是善的，但如果对它的爱失去了秩序，则这种爱就不是善，而是"恶之爱"。"但若真正地爱创造主，也就是说真正地爱创造主而不是用某些东西来取代他，那么这种爱不可能是错误的。因此，我们哪怕是在爱那些值得我们爱的事物，也必须遵守正确的秩序，使我们的美德能使我们良好地生活。因此在我看来，美德最简洁、最正确的定义就是正确有序的爱。"[1]合序之爱，就是人调整自身以与爱的正当的等级秩序相协调。正当的爱的秩序，其基础在于必须爱"至善"先于一切、超过一切，将它作为目的、为它本身之故而爱它。所有其他的爱的对象，都要依赖于这一根本取向。

---

[1]　奥古斯丁：《上帝之城》，王晓朝译，北京：人民出版社 2006 年版，第 677 页。

"爱的秩序"是奥古斯丁关于两座城的思想的重要组成部分。两种爱组建了两种不同的城,爱自己和蔑视上帝组成人间之城,爱上帝和蔑视自己组成上帝之城;前者荣耀自己,后者荣耀上帝。"善在这个世界上的使用是为了享有上帝,与此相反,恶想要使用上帝,为的是享有这个世界。"①人是紧随还是背离真正的爱的秩序,是决定他属于上帝之城还是地上之城的关键因素。作为上帝之城的子民,他会将上帝作为理性存在者的至善来享受,并期待着最终的解放。作为地上之城的子民,他会拒绝将上帝作为至善,导致永远的堕落。

综上所述,奥古斯丁吸取了新柏拉图主义的理性的爱的秩序的概念,又从中期学园派和西塞罗那里吸取了积极的爱的意志的概念,为基督教的爱的观念作了理论层面的论证。这种幸福主义的宗旨与希腊罗马传统哲学的幸福主义大相径庭,但却是西方社会生活长期恪守的原则。

小　结

奥古斯丁既是教父哲学的集大成者,又是中世纪经院哲学的开端,对近现代哲学又有诸多影响。然而他本人不是一名体系化的哲学家,没有系统地建构体系。因此,本章没有按照传统的哲学史写法,从形而上学、认识论、方法论、伦理学、社会政治理论等方面分别论述奥古斯丁的相关思想,而是重在讲清奥古斯丁在哲学史上的重要地位,并有选择地对奥古斯丁的重要哲学观点进行介绍与分析,旨在把握奥古斯丁哲学的特点和现代意义。

奥古斯丁独特的哲学地位及其哲学特征(哲学与神学融为一体)给我们理解他的哲学思想带来了很大的困难。本章可重点理解奥古斯丁的下列哲学观点,并对其作出具体分析:(1)信仰就是赞同地思考;(2)我疑

---

① 奥古斯丁:《上帝之城》,王晓朝译,北京:人民出版社 2006 年版,第 642 页。

故我在;(3)时间乃是思想的延展;(4)恶是善的匮乏;(5)没有高度的正义便不可能对国家进行统治;(6)自然(本性)即善;(7)人是其所爱,不是其所知。

拓 展 阅 读

一、必读书目

1. 奥古斯丁:《忏悔录》,周士良译,北京:商务印书馆1987年版。

2. 奥古斯丁:《独语录》(内含《论意志的自由选择》),成官泯译,上海:上海社会科学院出版社1997年版。

3. 奥古斯丁:《论三位一体》,周伟驰译,上海:上海人民出版社2005年版。

4. 奥古斯丁:《上帝之城》,王晓朝译,北京:人民出版社2006年版。

二、参考书目

1. Altaner, B., 1958, *Patrology*, English translation by H.C.Graef, Edinburgh.

2. Angus, S., 1929, *The Religious Quests of the Graeco-Roman World: A Study in the Historical Background of Early Christianity*, reprinted 1967, New York.

3. Armstrong, A.H., ed., 1967, *The Cambridge History of Later Greek and Early Medieval Philosophy*, Cambridge.

4. Battenhouse.R.W., 1956, *A Companion to the Study of St.Augustine*, New York.

5. Brown, P., 1979, *Augustine of Hippo, a Biography*, London.

6. Campenhausen, H.V., 1964, *The Fathers of the Latin Church*, London.

7. Evans, G.R., 1982, *Augustine on Evil*, Cambridge.

8. Gilson, 1955, *History of Christian Philosophy in the Middle Ages*, New York.

9. Giloson, E., 1960, *The Christian Philosophy of Saint Augustine*.New York.

10. Matthews, G.B., 1992, *Thought's Ego in Augustine and Descartes*, Ithaca.

11. Memahon, R., 1989, *Augustine's Prayerful Ascent: An Essay on the Literary Form of the Confession*, Athens.

12. Meynell, H.A., ed, 1990, *Grace, Politics and Desire: Essays on Augustine*, Alberta.

13. O'Day,G.,1987,*Augustine's Philosophy of Mind*,London.

14. Osborn,E.,1993,*The Emergence of Christian Theology*,Cambridge.

15. Quasten,J.,1949,*Patrology*,*vol.i-iii*,*Westminster*,Maryland.

16. Scott,T.K.,1936,*Augustine*:*His Thought in Context*,Paulist Press,Mahwah.

17. Wolfson,H.A.,1964,*The Philosophy of the Church Fathers*,London.

18. 赵敦华:《基督教哲学 1500 年》,北京:人民出版社 1997 年版。

19. 张荣:《神圣的呼唤——奥古斯丁的宗教人类学研究》,石家庄:河北教育出版社 1999 年版。

20. 周伟驰:《记忆与光照——奥古斯丁神哲学研究》,北京:社会科学文献出版社 2001 年版。

21. 周伟驰:《奥古斯丁的基督教思想》,北京:中国社会科学出版社 2005 年版。

12

阿拉伯哲学

段 德 智

哲学家,最高统治者,君主,立法者和伊玛目,仅只是一个观念。

——阿尔法拉比:《幸福的获得》第 4 卷,第 58 章

动力因……意指存在的本原和那种赋予事物存在的东西。

——阿维森纳:《论治疗》第六篇论文,第 1 章

哲学并不包含任何反乎伊斯兰教的东西。

——阿维洛伊:《论宗教与哲学的一致》

————⬧————

阿拉伯哲学虽然所意指的是存在于阿拉伯世界且主要用阿拉伯语写作的哲学,但却明显地具有西方属性,并对拉丁哲学的发展产生了至关紧要的影响。阿拉伯哲学是从翻译和介绍希腊典籍,特别是从翻译和介绍亚里士多德的著作起步的,但其本身也具有浓重的东方特色和阿拉伯民

族特色,并相继形成了"东部亚里士多德主义"和"西部亚里士多德主义"。其代表人物主要有阿尔法拉比、阿维森纳和阿维洛伊。

我们应特别注意:首先,阿拉伯哲学与欧洲希腊哲学和欧洲中世纪经院哲学即拉丁哲学之间的互存互动的关系:一方面要看到阿拉伯哲学与欧洲希腊哲学的联系,看到它的西方属性;另一方面又要看到阿拉伯哲学对欧洲中世纪经院哲学即拉丁哲学的至关紧要的影响。

其次,我们也应当注意到阿拉伯哲学的东方特色和民族特色,看到阿拉伯哲学发展的相对独立性,努力把阿拉伯哲学从阿尔金底到阿尔法拉比和阿维森纳再到阿维洛伊的发展理解成一个包含诸阶段于自身内的发展过程。

阿拉伯哲学;东部亚里士多德主义;西部亚里士多德主义;存在自身;必然存在;能动理智;独一理智;阿尔法拉比;阿维森纳;阿维洛伊

一、阿拉伯哲学的西方属性及其对拉丁哲学的影响

我们这里所说的阿拉伯哲学,所意指的是存在于阿拉伯世界且主要用阿拉伯语写作的哲学。但西方哲学史所介绍和阐释的则是欧洲和北美的哲学。这就使得我们在具体介绍和阐释阿拉伯哲学之前,有必要先行地解释一下阿拉伯哲学何以能够构成中世纪西方哲学的一个组成部分,构成中世纪西方哲学史的一个环节。下面,我们就从阿拉伯哲学的西方属性及其对拉丁哲学的影响两个层面尝试着回答这一问题。

在讨论阿拉伯哲学的西方属性时,我们需要正视的一个虽然简单但却相当重要的事实是:阿尔金底(Abū Yūsuf Ya'qūb ibn Ishāq al Kindī,约800—873年),在一些中文著作中常常将其译为铿迪,被公认为第一个阿拉伯哲学家。尽管对阿尔金底的生卒年月存在有不同的看法,但毕竟大同小异,这就是他生于9世纪初,死于9世纪60年代或70年代,亦即他生活于阿巴斯王朝初期。而阿巴斯王朝初期乃中世纪阿拉伯世界和阿拉伯帝国发展的鼎盛时期,其疆土远远超出了穆罕默德当年栖居的麦地那,横跨亚非欧三洲:不仅涵盖包括也门在内的阿拉伯半岛南半部,不仅包括叙利亚、巴勒斯坦、伊拉克、呼罗珊、亚美尼亚等地区,而且还包括克尔曼与印度西北部,中亚的坦罗斯(属今哈萨克斯坦地区)、埃及、北非和西班牙的西哥特王国,并且一度迫使拜占庭帝国对其纳贡。那么,我们从阿拉伯帝国的版图中能够看到哪些我们值得关注的东西呢?

首先,我们看到,阿拉伯帝国的相当一部分地区经受过近千年的希腊化洗礼。早在公元前334年,马其顿国王亚历山大就统率马其顿和希腊各城邦的军队进入"东方腹地",先后侵占了小亚、叙利亚、埃及、伊朗、巴克特利亚、印度等地,建立了横跨欧亚非三洲的亚历山大帝国。亚历山大定都巴比伦,在推进政治东移的同时,也促成了希腊文化东渐,使后来成为阿拉伯帝国版图的广大地区接受了希腊化的初步洗礼。公元1世纪末2世纪初,罗马帝国的安敦尼王朝(96—192年)使罗马帝国发展到了极盛时期,不仅拥有日耳曼行省、西班牙和高卢行省、叙利亚行省,而且还设置了西亚行省和阿拉伯行省,从而进一步促进了希腊哲学和希腊文化的东渐。随着罗马帝国的扩张和分裂,特别是随着"米兰敕令"的颁布和基督宗教社会地位的合法化,基督宗教在阿拉伯地区得到了强势的发展。史称希腊教会的基督宗教东派教会逐步形成了亚历山大里亚、安提阿、耶路撒冷和君士坦丁堡四个中心,成为希腊文化东渐的重要基地和支点。

其次,在继承和使用哲学遗产方面,阿拉伯哲学与拉丁哲学一样,所继承和使用的主要是希腊哲学遗产,主要是柏拉图和亚里士多德的哲学遗产。恩格斯在谈到哲学发展的前提和规律时,曾强调指出:"每一个时代的哲学作为分工的一个特定的领域,都具有由它的先驱传给它而它便由此出发的特定的思想材料作为前提。"①中世纪阿拉伯哲学史告诉我们,阿拉伯哲学家,从 9 世纪的阿尔金底到 12 世纪的阿维洛伊,主要继承的正是希腊哲学遗产,尽管他们对希腊哲学遗产的态度不尽相同,对柏拉图主义和亚里士多德主义的态度也有所区别,但他们在致力于继承和阐述希腊哲学方面,特别是在致力于继承和阐述亚里士多德主义方面却是大同小异的。哲学史家常常用"东部亚里士多德主义"和"西部亚里士多德主义"来对他们作出区分,这一做法本身就表明了他们在对待和处理希腊哲学,特别是在对待和处理亚里士多德主义方面的一致性。诚然,阿拉伯哲学家也继承和阐释过希腊哲学之外的哲学遗产。例如,有第一个阿拉伯哲学家称号的阿尔金底就曾认真地讨论过印度婆罗门教的梵的理论,并且还因此而写出了论文《真主使者的确证》和论著《依逻辑学家的方式论证先知说》。但是,无论如何,阿拉伯哲学家所继承和阐释的主要是希腊哲学遗产,从而并不妨碍阿拉伯哲学与拉丁哲学的总体上的同源性。更何况,阿尔金底虽然认真探究过印度婆罗门教的梵的理论,但他对该理论的绝对理性主义态度和立场持鲜明的批判立场,而竭力主张调和理性哲学与宗教神学。从而,阿尔金底的这样一种调和理性哲学与宗教神学的态度和立场与西方中世纪经院哲学的态度和立场便可以说是大体一致或殊途同归。在哲学遗产方面的同源性以及处置哲学遗产方式的这样一种相似性使得阿拉伯哲学与西方中世纪经院哲学或拉丁哲学之间生发出了一种理论形态的罕见的亲缘性和内在关联性。

第三,在宗教神学思想方面的同系性也是阿拉伯哲学具有西方属性的一个重要理据。在讨论阿拉伯思想时,人们往往将阿拉伯哲学与阿拉伯神学区别开来,似乎至今尚没有人将穆尔太齐赖派和艾什尔里派称作哲学派别的,也没有人简单地将阿维森纳和阿维洛伊称作伊斯兰神学家。

---

① 恩格斯:《致康·施米特(1890 年 10 月 27 日)》,见《马克思恩格斯选集》,北京:人民出版社 1995 年版,第 703—704 页。

但是,这并不意味着阿拉伯哲学与伊斯兰教神学毫无关系。事实上,阿拉伯哲学与西方中世纪经院哲学一样,从主流和本质上看,也是一种为宗教教义作出理性论证的宗教哲学。它们之间的差别只是在从属宗教教义程度方面的差别,而不是是否从属层次上的差别。第一个阿拉伯哲学家阿尔金底虽然高扬哲学和人类理性,宣称"最高荣誉属于'第一哲学'",但他却还是将"推论真主存在"规定为哲学的一项基本任务,并且宣称在哲学学科中,还应当"掺进神学"等"引导人们行善弃恶的学问"。① 应该说,整个阿拉伯哲学大体上是继承了阿尔金底的这一理论传统的。事实上,即使那些对某些伊斯兰教教义持批评立场的比较激进的哲学家,他们在思考哲学问题时,也总是自觉不自觉地以伊斯兰教的教义为思想背景和参照体系的。例如,当阿维森纳宣布并论证个人的身体有朽时,谁能完全否认他在这种情况下并未想到伊斯兰教的"人身转世"的信条呢? 然而,相映成趣的是,阿拉伯哲学与拉丁哲学不仅在理性论证宗教神学方面相一致,而且其所论证的宗教神学也有多方面的一致性和内在关联性。宗教学奠基人缪勒在谈到人类圣典宗教时,曾经谈到三个"族系"的宗教,这就是中国族系的宗教、雅利安族系的宗教和闪米特族系的宗教。中国族系的宗教有儒教和道教,其圣典分别为《四书》、《五经》和《道德经》。雅利安族系的宗教有婆罗门教、佛教和琐罗亚斯德教,其圣典分别为《吠陀书》、《三藏》和《波斯古经》。而闪米特族系的宗教有犹太教、基督宗教和伊斯兰教,其圣典分别为《旧约圣经》、《新约圣经》和《古兰经》。在谈到伊斯兰教与犹太教和基督宗教的关系时,缪勒还进一步明确指出:"伊斯兰教就其最根本的教义而言,是从亚伯拉罕的宗教的源泉产生的,亚伯拉罕是唯一的真神的崇拜者和朋友。"②这就把伊斯兰教与

---

① 转引自[伊拉克]穆萨·穆萨威:《阿拉伯哲学》,张文建、王培文译,北京:商务印书馆1997年版,第49、52—53页。
② [英]麦克斯·缪勒:《宗教学导论》,陈观胜、李培茱译,上海:上海人民出版社2010年版,第35—36页。

基督宗教的同系性和同源性极其鲜明地表达出来了。无论如何,伊斯兰教和基督宗教不仅都源于犹太教,而且都属于一神教和启示宗教。而宗教人物和宗教故事的相近更进一步拉近了这两大世界宗教的距离。所有这些都在很大程度上保证了阿拉伯哲学与西方中世纪经院哲学的一致性和通融性,保证了和加重了阿拉伯哲学的西方属性。不仅如此,一些基督宗教徒甚至在阿拉伯哲学的形成过程中也发挥过极其重要的作用。众所周知,生于叙利亚的聂斯托利(Nestorius,约380—451年)是一个很有思想的基督宗教神学家,曾担任过君士坦丁堡大主教,后来由于其提出过基督二性二位说而被革除教职,并受到绝罚。但他的信徒却因此而东逃,不仅在阿拉伯地区的一些学校(如安提阿学校、鲁哈学校和乃绥滨学校)继续宣传他们的基督宗教神学思想,而且还在位于幼发拉底河左岸的根塞林建立了自己的修道院,并使之成为古叙利亚和古希腊文化的一个中心。更为难得的是,一些聂斯托利派信徒,如费尔吉尤斯(卒于536年)、马尔萨威斯(卒于667年)、伊萨克(生活于阿巴斯王朝时期)等还翻译了多部亚里士多德和柏拉图的著作(如《论灵魂》、《范畴篇》、《论产生和消灭》、《政治篇》、《法律篇》等),不仅酝酿了阿拉伯哲学的产生,而且还推动了阿拉伯哲学的发展。基督宗教思想家之所以能够为阿拉伯哲学的产生和发展做出如此重大的贡献,其原因虽然是多方面的,但伊斯兰教与基督宗教的亲缘关系无疑是一项基本的原因。

如果说解说东部亚里士多德主义之具有西方属性比较困难的话,那么,相形之下,要解说西部亚里士多德主义之具有西方属性,显然就容易得多了。因为所谓西部亚里士多德主义,无非是西班牙的亚里士多德主义。而西班牙自公元前146年布匿战争结束后就成了罗马帝国的一个行省,就成了希腊文化和罗马文化的一个组成部分,就属于欧洲文化和西方文化板块。尽管公元419年西哥特人的入侵和711年阿拉伯人的入侵使西班牙的文化遭到一定程度的破坏,但希腊文化和罗马文化作为西班牙文化的底色毕竟会以这样那样的形式发挥作用。

　　由此看来,阿拉伯哲学尽管有其独立的价值和意义,但从本质上看却与拉丁哲学一样同具有西方文化和西方哲学的属性。

　　在讨论和阐释西方中世纪哲学时,不能不特别关注阿拉伯哲学,不仅因为阿拉伯哲学明显地具有西方属性,而且还因为阿拉伯哲学对作为经院哲学的拉丁哲学的产生和发展有举足轻重的影响。

　　我们知道,亚里士多德虽然和柏拉图同为希腊哲学的巨擘,但他们在希腊化时期和罗马时期的待遇却相当悬殊。亚里士多德是公元前 322 年去世的。他去世后,他所创立的学派即逍遥学派虽然由他的弟子继承了下来,但是对希腊化时期和罗马时期的哲学却并未造成重大的影响。亚里士多德哲学的继承人,无论是狄奥弗拉斯图(公元前 372—前 287 年逍遥学派领导人)还是斯特拉图(公元前 287—前 269 年逍遥学派领导人),都专注于自然科学研究,从而使得亚里士多德哲学研究偏狭化,很可能是亚里士多德哲学失去影响力的一个重要原因。但是,希腊人对马其顿王国和亚历山大帝国统治者的不满无疑也是亚里士多德哲学在希腊化时期和罗马时期缺乏影响力的一个重要原因。[①] 亚里士多德,作为亚历山大的老师,究竟是否应当为亚历山大的侵略行为承担责任,究竟应当在多大程度上为亚历山大的侵略行为承担责任,是一个相当复杂的社会问题和历史问题。但是,无论如何将对亚历山大帝国统治者的不满转嫁到亚里士多德身上,甚至转嫁到亚里士多德的哲学上面,无疑是有欠妥之处的。而且,由此蒙受损害的不只是亚里士多德哲学,归根到底,是整个希腊文化和希腊哲学。相形之下,柏拉图哲学的命运要好得多。柏拉图学园派

---

　　① 伊拉克学者穆萨·穆萨威曾经指出:"亚历山大的去世使希腊摆脱了对马其顿王国的屈从,造成了希腊人对亚里士多德亲自创建并与亚历山大本人有联系的雅典学园教师的迫害。在这一迫害中,连亚里士多德本人也未能幸免。他在离开雅典时说,他不忍心再给雅典人对哲学真理犯罪的机会。当雅典人判决亚里士多德死刑时,他们已经没有机会执行这一判决,因为亚里士多德在离开雅典数月之后已在呼勒吉迪亚去世了。"(穆萨·穆萨威:《阿拉伯哲学》,张文建、王培文译,北京:商务印书馆 1997 年版,第 19 页。)

不仅一直延续到"黑暗时代"（529 年），而且，在柏拉图学院派后期，还形成了对教父哲学和经院哲学有过重大影响的新柏拉图主义。新柏拉图主义在其发展过程中还形成了多个小的派别，除了提出"太一说"和"流溢说"的《九章集》的作者普罗提诺和波斐利所代表的亚历山大里亚—罗马学派外，还有以普罗塔克和普罗克罗斯为代表的雅典学园派和以杨布里柯为代表的叙利亚派。所有这些都使得柏拉图主义在罗马帝国时期和中世纪初期享有得天独厚的理论优势，不仅构成了奥古斯丁主义的理论基础，而且也构成了早期经院哲学的理论基础。

柏拉图主义不仅主导了"黑暗时期"西方哲学的发展，而且还一直主导着早期经院哲学的发展。黑暗时期最为著名的哲学家是波爱修。波爱修在形而上学领域所作出的最为杰出的贡献即是将柏拉图的"存在"概念和"分有"概念引进基督宗教神学，开辟了中世纪形而上学的新阶段。黑暗时期另一个著名的哲学家爱留根纳在形而上学领域的主要贡献则在于将柏拉图的通种论思想引进基督宗教的创世说，把上帝解释成"能创造而不被创造的自然"（即作为动力因的上帝）和"不被创造而且不能创造的自然"（即作为目的因的上帝）。这种状况即使到了 12 时期初期也没有得到根本的改变。安瑟尔谟这个被赞誉为"经院哲学之父"的著名的早期经院哲学家，在经院哲学史上影响最为深远的是他所作出的"上帝存在的本体论证明"。而构成他的"上帝存在的本体论证明"的理论基础的东西不是别的，正是柏拉图的理念论。

毋庸讳言，即使在黑暗时期和经院哲学早期，人们也没有完全忘却亚里士多德。但我们必须强调指出的是，无论是在黑暗时期，还是在经院哲学早期，人们所讨论和阐释的都只限于亚里士多德的逻辑学思想。波爱修所翻译的只是亚里士多德的逻辑学著作，而且他在翻译亚里士多德逻辑学著作的同时，也翻译和注释了新柏拉图主义哲学家波斐利的《引论》，这也表明新柏拉图主义影响的普遍性。在经院哲学早期所出现的最为重要的哲学争论，即辩证法与反辩证法之争，所关涉的也只是亚里士多德的逻辑学思想及其哲学和神学运用问题。早期经院哲学家所理解的辩证法无非是亚里士多德的论辩推理。辩证学者,如吉尔伯特、贝伦加尔、阿伯拉尔等都主张在哲学和神学研究中运用亚里士多德的逻辑学方法或论辩推理;而反辩证的学者,如兰弗朗克、圣达米安和伯纳德等,则反对在哲学和神学研究中运用亚里士多德的逻辑方法或论辩推理。尽管辩证法与反辩证法的争论在中世纪经院哲学的发展过程中发挥过巨大作用,但无论如何,这一争论所关涉的只是亚里士多德的逻辑学思想。

对亚里士多德的哲学作出全面研究,并且使亚里士多德的哲学不仅在逻辑学领域而且在形而上学、伦理学和自然哲学领域都构成经院哲学理论基础的局面则是在 12 世纪下半期逐步形成的。而亚里士多德哲学在西方中世纪哲学即拉丁哲学中的全面复兴,不仅将中世纪经院哲学或拉丁哲学提升到了一个新的水平,而且也使得中世纪经院哲学或拉丁哲学在理论形态上面取得了与教父哲学迥然不同的面貌,获得了自己的特殊规定性。因此,需要我们进一步思考的问题是:西方中世纪经院哲学或拉丁哲学何以能够在 12 世纪实现这样的提升、转变或进步? 毋庸讳言,西方中世纪经院哲学或拉丁哲学之所以能够在 12 世纪实现这样的提升,归根到底,是由查理大帝的养士之风、大学的诞生、11 世纪末开始的共相之争以及亚里士多德著作的翻译等诸多社会和学术因素决定的。而在这诸多因素中,最为直接的当属于亚里士多德著作的翻译这样一个因素。然而,更进一步也更深一层的问题却在于,西方中世纪经院哲学家或拉丁哲学家何以能够在 12 世纪看到亚里士多德全部著作及其译本? 一旦我们考虑到这样一个问题,我们就能够即刻发现阿拉伯哲学对于中世纪经院哲学转型或提升的至关紧要的作用了。

我们知道,早在 395 年,罗马帝国分裂为东西罗马。西罗马帝国以罗马为首都,东罗马帝国以君士坦丁堡为首都。西罗马帝国是在东哥特人、西哥特人、汪德尔人、勃艮第人、法兰克人、盎格鲁-撒克逊人等"蛮族"大举入侵的情况下瓦解或灭亡的。这样一种灭亡方式不仅使得当时欧洲的学校和教育制度丧失殆尽,而且也使得大量的希腊文和拉丁文典籍丧失殆尽。东罗马帝国虽然保存有一部分希腊文和拉丁文典籍,但由于东罗马帝国(即拜占庭帝国)与西方社会长期处于隔绝状态,这些典籍在 13世纪之前根本不可能到达欧洲学者的手中,从而也就根本不可能成为西方中世纪经院哲学家或拉丁哲学家的哲学资粮。然而,值得庆幸的是,公元 529 年,信奉基督宗教的东罗马皇帝查士丁尼下令封闭雅典学园,迫使东罗马帝国的哲学家流亡中东阿拉伯地区。这样一种情况虽然给东罗马帝国的哲学研究带来了重大伤害,然而却在客观上成全了阿拉伯哲学和西方中世纪经院哲学或拉丁哲学。因为这样一种情况不仅助推了阿拉伯哲学的产生和兴盛,而且也使得西方中世纪经院哲学家或拉丁哲学家在十字军东征和拜占庭帝国灭亡之前得以通过阿拉伯哲学家的译著和专著看到亚里士多德的多方面的著作和思想。值得强调的是,阿拉伯学者不仅翻译和研究柏拉图的哲学著作,而且还特别注意翻译和研究亚里士多德的哲学著作:不仅注意翻译和研究亚里士多德的逻辑学著作,而且还注意翻译和研究亚里士多德的形而上学、伦理学和自然哲学著作。到 11 世纪中期,亚里士多德的著作,除《政治学》和《伦理学》的一部分外,都已经被阿拉伯学者译成了阿拉伯文。甚至一些新柏拉图主义者的著作,如普罗提诺的《九章集》的一部分和普罗克鲁斯的《神学要义》还被当作亚里士多德的著作被分别编译成《亚里士多德神学》和《论原因》。而整个阿拉伯哲学也被较为合理地区别为"东部亚里士多德主义"和"西部亚里士多德主义"。阿拉伯哲学家的这样一些努力以及阿拉伯哲学的这样一种性质无疑为西方中世纪经院哲学或拉丁哲学的亚里士多德化作了重要的学术准备和理论铺垫。事实上,阿拉伯哲学对于西方中世纪经院哲学或拉丁哲学的贡献还不止这些。因为阿拉伯哲学家毕竟是在阿拉伯文化背景下从事亚里士多德哲学的翻译和研究工作的。阿拉伯哲学家的这样一种文化背景势必会对亚里士多德哲学作出有别于欧洲人的思考和诠释,提出一些欧洲学者不曾想到或难以想到的问题,从而会推动欧洲哲学家对亚里士多德的哲学思想作出新的说明和解释,使得欧洲中世纪经院哲学或拉丁哲学获得更为丰富、更为深刻的内容。不难看出,12—15 世纪欧洲中世纪经院哲学所讨论和阐述的许多重大问题,如存在与本质的区分问题、人类理智的性质问题、能动理智与被动理智的关系问题、人类理智的独一性问题、哲学与神学的关系问题、世界的永恒性问题等,差不多都是阿拉伯哲学家提出和阐释过的问题。离开了阿拉伯哲学,我们是很难对中世纪中后期经院哲学的哲学内容和哲学成就作出充分的说明的。

英国哲学史专家在谈到阿拉伯哲学与拉丁哲学同属于"中世纪哲学"这个"单一的独特的传统"时,曾经强调指出:"为什么在西方哲学史中包含用波斯语和中东的非欧洲语言写成的著作呢? 这些似乎是很难的问题,但答案很简单(尽管用一种傲慢的方式运用"西方哲学"的描述是错误的,阿拉伯语的著作对于中世纪哲学的重要性应该使历史学家问"西方哲学"到底是怎么回事):这些传统虽然存在有重要的差异,但却如此紧密相连,以至于最好把它们理解为一个整体。"①马仁邦的这个说法乍一听有点武断,但是,倘若我们充分注意到了阿拉伯哲学的西方属性以及它对中世纪中后期经院哲学发展的至关紧要的影响,我们就不能不承认他的这一结论倒是深中肯綮的。

二、阿拉伯哲学概貌

阿拉伯哲学是从翻译和介绍希腊典籍起步的,特别是从翻译和介绍亚里士多德的著作起步的。这种翻译和介绍活动可以一直上溯到公元 5 世纪中期。最初,人们将希腊典籍翻译成古叙利亚文,之后,人们又将这些典籍译成阿拉伯文。830 年,阿拉伯帝国在巴格达建立了"智慧馆"(Bayt al-Hikmah),组织学者翻译希腊和波斯的典籍。曾一度担任"智慧

---

① 参阅[英]约翰·马仁邦主编:《中世纪哲学》,孙毅、查常平、戴远方、杜丽燕、冯俊等译,冯俊审校,北京:中国人民大学出版社 2009 年版,第 3 页。

馆"总管的伊萨克(Ibn Ishāq,809—873 年)不仅精通阿拉伯语、波斯语和古叙利亚语,而且还精通希腊语。据说,为了翻译希腊典籍,他曾到罗马专门学习过多年希腊语。他本人不仅将亚里士多德的《论灵魂》和《论产生和消灭》由希腊文译成古叙利亚文,而且还将柏拉图的《政治篇》和《法律篇》由希腊文译成阿拉伯文。他的儿子侯奈尼(Ishāq ibn Hunayn)继承他的事业,又将亚里士多德的《形而上学》和《伦理学》(部分)以及柏拉图的《智者篇》和《蒂迈欧篇》由希腊文译成阿拉伯文。至 1055 年塞尔柱突厥帝国攻陷阿拉伯帝国首都布拉格时,阿拉伯学者差不多已经完成了亚里士多德著作的翻译工作。阿拉伯人为什么对亚里士多德的著作情有独钟,至今仍然是一个值得深入研究的课题。有学者认为:"亚里士多德在阿拉伯哲学中无处不在,然而其出现是几个世纪以前古叙利亚语译者选择的结果:'不是阿拉伯人选择了亚里士多德,而是叙利亚人把亚里士多德强加给了他们'。"①这种说法未必就是最后一言,但就其表达亚里士多德哲学在阿拉伯学者心中的至上地位而言,则是非常到位的。阿拉伯哲学可以说就是在翻译、介绍和崇拜亚里士多德哲学的学术氛围中形成并且向前发展的。

但是,真正说来,亚里士多德哲学在阿拉伯哲学中的至上地位也不是一开始就确立起来的,而是经历了一个演进过程的。阿拉伯世界的第一个哲学家叫阿尔金底(Al Kindi,又译作铿迪,约 800—873 年),是巴格达的宫廷教师,知识非常渊博。据传记作者和著作目录编纂者伊本·纳迪姆(Ibn al-Nadīm)所作的阿尔金底的《书目大全》,他大约共有 265 篇/本论文或著作。其中有 50 篇/本论文或著作是哲学和逻辑学方面的,有近100 篇/本论文或著作是关于数学和星象学的,有 35 篇/本论文或著作是

---

① Cf.G.Tropeau,"Le Rôle des syriaquea dans la transmission et l'exploitation du patrimoine philosophique et scientifique grec",*Arobica*38(1991):1-10.也请参阅[英]约翰·马仁邦主编:《中世纪哲学》,孙毅、查常平、戴远方、杜丽燕、冯俊等译,冯俊审校,北京:中国人民大学出版社 2009 年版,第 34 页。

关于医学和自然科学的。阿尔金底对亚里士多德的著作和思想比较熟悉。他曾写过一篇文章,其中列出了亚里士多德的各类著作,在亚里士多德的主要著作中,只有《政治学》漏掉了。在他开列的书单中,包含两本伪书,这就是《论植物》和《论矿物》,但是却不包含《亚里士多德神学》。未将《亚里士多德神学》列入亚里士多德的书单中这件事值得关注,因为当时和后来的许多学者都曾经将它视为亚里士多德的著作。而阿尔金底则是在对其阿拉伯译本进行一番考察后将其从亚里士多德的著作名单中剔除出去的。这一方面说明阿尔金底治学严谨,另一方面也说明他对亚里士多德的哲学思想比较熟悉。阿尔金底最重要的哲学著作是《第一原则》。在这部哲学著作中,他大量援引和讨论了亚里士多德的哲学思想。但是,种种迹象表明,阿尔金底并不是一个严格的亚里士多德主义者,在他的著作中,他几乎从来不直接引证除柏拉图之外的其他哲学家的语句。例如,在《第一原则》第一章中,阿尔金底虽然大量引用了亚里士多德《形而上学》的观点,但却不愿点出亚里士多德的名字。不仅如此,他还在这本著作中批评了亚里士多德关于世界永恒的观点。由此看来,阿尔金底既不是一个典型的柏拉图主义者,也不是一个典型的亚里士多德主义者,而是一个对亚里士多德持开放立场的新柏拉图主义者。阿尔金底曾给哲学下了一个比较完整的定义。他写道:"人类最高贵的艺术是哲学艺术,它的定义是尽人之能力来认识事物的本质。……最崇高的哲学是'第一哲学',我指的是所有真理起源的第一真理的学问。"①但他的哲学明显地具有宗教哲学和伦理哲学的色彩。他曾经强调说:"哲学是使人尽力仿效真主的行为和消除私欲来作为寻求科学和伦理上的美德的途径,以完善人的德行。"②阿尔金底反对亚里士多德的世界永恒学说,很可能是为了给他的伊斯兰教神学,特别是他的真主创世说留下地盘。他强调说:

---

① 转引自[伊拉克]穆萨·穆萨威:《阿拉伯哲学》,张文建、王培文译,北京:商务印书馆1997年版,第52页。
② 同上书,第49页。

"第一真理的行为是从无中求得有。这种行为表明它是专属于一切本源的终极——至高无上的真主的。这种从无中求有,非同一般,因此对这种行为特冠以'创造'之名。"① 阿尔金底非常重视灵魂问题和理智认识问题。他强调灵魂的高贵性和不朽性。宣称:"灵魂是高贵、完美的纯真体","是尊严、伟大的真主的灵光的一部分"。② 他在《论理智》一书中,曾根据早期柏拉图学派波斐利和约翰·菲洛伯努(John Philoponus)对亚里士多德理智理论的解释,将理智区分为"能动理智"、"潜在理智"、"现实理智"和"显现理智",从而将人的认识理解成一个在外在能动理智推动下渐次实现的生成过程。他的这些哲学观点构成了阿拉哲学讨论的热点问题。

亚里士多德哲学在阿拉伯哲学后来的发展中获得了更为崇高的地位,先后形成了"东部亚里士多德主义"和"西部亚里士多德主义"。东部亚里士多德主义的主要代表人物是阿尔法拉比和阿维森纳。阿尔法拉比的真名叫穆罕默德,别名叫艾布·纳赛尔。阿尔法拉比是他的学名。阿尔法拉比生于土耳其,他不仅精通土耳其语,而且还精通波斯语、希腊语和阿拉伯语。他极其推崇希腊哲学,特别是亚里士多德的哲学,毕生致力于将希腊哲学阿拉伯化或将阿拉伯哲学希腊化。他被视为第一位"伊斯兰的亚里士多德主义者"。他在阿拉伯世界里地位非常显赫,有"第二导师"的绰号,这意味着在阿拉伯人的心目中他的地位仅次于亚里士多德。与阿尔法拉比不同,阿维森纳是波斯人,生于布哈拉(今乌兹别克斯坦)。他的著作虽然也有用波斯语写成的,但大多数却是用阿拉伯语写成的。他的阿拉伯名字称作伊本·西拿(Ibn Sīnā)。他不仅广泛地阅读了亚里士多德的著作,而且还注释了亚里士多德的《形而上学》和《论灵魂》。阿维森纳虽然接受了亚里士多德的哲学,但他却并不局限于亚里士多德的

---

① ［伊拉克］穆萨·穆萨威:《阿拉伯哲学》,张文建、王培文译,北京:商务印书馆1997年版,第52页。
② 同上书,第53页。

哲学,而是努力对它作出自己的阐释。他曾经将自己的哲学称作"东方哲学",以表明青出于蓝而胜于蓝,他的哲学出于希腊哲学而区别于和高于希腊哲学。阿维森纳被看作是"思想史上的巨人",①阿拉伯哲学的集大成者,阿拉伯世界的"东部亚里士多德主义"的顶峰。

东部亚里士多德主义虽然在注释和阐释亚里士多德哲学方面作出了杰出贡献,但是,无论是阿尔法拉比还是阿维森纳,对亚里士多德哲学的注释和阐释都带有程度不同的新柏拉图主义的理论倾向。阿尔法拉比不仅对柏拉图的政治哲学情有独钟,而且即使在形而上学领域也旨在按照新柏拉图主义精神解释亚里士多德。他之主张世界从第一存在流出的"流溢哲学"更是明显地具有新柏拉图主义的印记。阿维森纳曾经将新柏拉图主义者的著作的节译本当作《亚里士多德神学》加以注释,这就不仅表明他对亚里士多德主义和柏拉图主义的原则区别并没有确切的把握,而且也表明他确实是在用新柏拉图主义的精神来解读亚里士多德的哲学思想。

西部亚里士多德主义与东部亚里士多德主义的根本区别在于,它在亚里士多德主义和柏拉图主义之间做出比较明确的区分,努力从亚里士多德的哲学立场本身来理解和诠释亚里士多德哲学思想,努力消除东部亚里士多德主义的新柏拉图主义立场,努力剔除东部亚里士多德主义强加给亚里士多德哲学的新柏拉图主义"瑕疵"。生于西班牙萨拉盖斯塔的伊本·巴哲(Ibn Bājja,?—1139 年)在他的主要著作《认一论者之安排》中,就曾遵循亚里士多德的理性路线,批判了新柏拉图哲学家的神秘主义。生于西班牙阿什峪城的伊本·图斐利(Ibn Tufayl,约 1105—1185 年)要求他的学生伊本·鲁西德去做的就是去"归纳"、"解释"和"提炼"亚里士多德的著作。而伊本·鲁西德(Ibn Rushd)也不负师望,毕生致力于亚里士多德著作的注释、归纳和提炼,终于成为西部亚里士多德主义的

---

① [英]约翰·马仁邦主编:《中世纪哲学》,孙毅、查常平、戴远方、杜丽燕、冯俊等译,冯俊审校,北京:中国人民大学出版社 2009 年版,第 44 页。

主要代表。伊本·鲁西德的拉丁名字为阿维洛伊。阿维洛伊对亚里士多德推崇备至。在《〈论灵魂〉注》中他曾把亚里士多德的学说宣布为"最高真理"。① 据说他一生写过38篇亚里士多德著作的注释。他对亚里士多德的每篇作品都写过 2—3 篇注释。这些注释长短不一,相应地被称作"短篇"注释、"中篇"注释和"长篇"注释。短篇注释其实是阿维森纳对亚里士多德著作的"概括"或"概要"。中篇注释则采取夹叙夹议的方法,在解说亚里士多德的观点的同时也发挥自己的观点。长篇注释则是对亚里士多德著作的非常细致、非常深入的解释和研究。阿维洛伊总共写了5 篇长篇注释,它们分别相关于《分析后篇》、《物理学》、《论天》、《论灵魂》和《形而上学》。这 5 篇注释可以看作是对亚里士多德著作的非常详尽、非常认真的研究性著作,不仅全部引用了亚里士多德的原文,而且还逐句对亚里士多德的话作出自己的解释。阿维洛伊因此也被称作"评注家"。

由于篇幅所限,下面我们就依次对阿拉伯哲学的三个主要代表人物阿尔法拉比、阿维森纳和阿维洛伊的哲学思想作出较为具体、较为详尽的阐述。

三、阿尔法拉比的哲学思想

阿尔法拉比(Al Farabi,约 875—950 年),如上所述,不仅被视为第一位"伊斯兰的亚里士多德主义者",而且还被视为"第二导师"。这就表明,他的哲学思想不仅具有某种开拓性和独创精神,而且达到了相当高的水平并取得了令人瞩目的重大成就。其哲学著作主要有《关于理智的信》、《智慧的明珠》和《幸福的获得》等。

在《关于理智的信》中,阿拉法拉比依据亚里士多德《论灵魂》的观

---

① 参阅赵敦华:《基督教哲学 1500 年》,北京:人民出版社 1994 年版,第 298 页。

点,集中阐述了他的理智学说。在阿尔法拉比看来,我们可以对亚里士多德《论灵魂》中的理智的"意义"作出四种区分。这就是:(1)潜在理智;(2)现实理智;(3)获得理智;(4)能动理智。① 按照阿尔法拉比的说法,潜在理智既可以意指某个灵魂,也可以意指灵魂的一个部分,既可以意指灵魂的一种官能,也可以意指某种别的东西,这种东西的本质在于它随时可能也随时准备从一切现存事物中抽象出各种实质,从这些事物的质料中抽象出它们的形式。因此,潜在理智所意指的实际上即是人的灵魂或人的灵魂的抽象能力。现实理智与潜在理智并非两种截然二分的理智,而是人类理智两种不同的存在状态。当我们的理智中尚没有现存事物的实质或可理解的形式时,我们的理智便是潜在理智,一旦现存事物的实质或可理解的形式到达或存在于我们的理智之中时,我们的理智就变成了现实理智。"而这就是现实理智的意义。"②而所谓获得理智,则无非是现实理智的内容而已。而所谓现实理智的内容,又无非是现存事物的实质或可理解的形式。也正是在这个意义上,阿尔法拉比强调说,"现实思想"、"现实理智"和"现实可理解的东西""完全是一个意思"。③ 这样看来,人的认识归根到底便是一个由潜在理智转化为现实理智的过程。那么,人的认识究竟凭什么才能完成这样的提升和转化呢? 阿尔法拉比的答案是:靠能动理智。阿尔法拉比在谈到我们的现实理智与潜在理智的关系时,曾经用视觉打比方说:我们的眼睛具有视觉能力,但它在黑暗中却看不见任何东西。在黑暗中,我们的眼睛便只有潜在视觉。有了阳光,我们的眼睛就能够看见我们附近的东西。在这种情况下,我们便可以说,我们的眼睛具有了现实视觉。因此,太阳或阳光即是我们的眼睛从潜在视觉到现实视觉的提升和转化的根本动因。而人的能动理智也就是我们

---

① Cf. Arthur Hyman and James J. Walsh ed., *Philosophy in the Middle Ages*, Indianapolis: Hackett Publishing Company, 1973, p.215.
② Ibid., pp.215-216.
③ Ibid., p.216.

人的理智由潜在理智提升和转化为现实理智的根本动因。正是在这个意义上,阿尔法拉尔强调说:"现实理智同潜在理智的关系,一如太阳对处于黑暗状态中作为潜在视觉的眼睛的关系。"①

在阿尔法拉比看来,能动理智本身"独立于任何质料而存在",因而始终处于"终极的圆满状态"。② 能动理智作为这样一种外在的和永恒的精神实体,一方面赋予质料以形式,另一方面又赋予我们的潜在理智以活动力量,从而造成两者的对应关系,产生出我们前面所说的那样一种获得理智,即现实事物的实质或可理解的形式。阿尔法拉比将能动理智置于亚里士多德物理学或宇宙论体系中予以考察。他援引亚里士多德《论产生和消灭》的观点强调指出:"天体是活动物体的第一动因,它们为能动理智提供活动的质料和基体。"③他进一步分析说:推动天体运动的推动者,既不可能是一种物体,也不可能是物体中的一种力量,而只能是作为天体存在原因并借以成为实体的东西,一种在存在方面更其完满的东西。在存在方面比诸天体更为完满的是第一重天,而构成第一重天的推动者的则是比第一重天更其完满的第一重天的推动者。而第一重天的推动者"不是质料也不存在于质料之中","从实体方面看,它就是理智,它只思想它自身或它的本质,而它的本质不是别的,正是它存在的原则。"从而,它也就是"一切本原的本原和一切现存事物的第一本原。"阿尔法拉比断言,这里所谓第一重天的推动者正是"亚里士多德在《形而上学》中以字母 Lam 标明的那卷(第十二卷)里所提到的理智。"④阿尔法拉比将这样一种能动理智称作"一",宣布:尽管存在有许多种理智,"但是这个'一'是第一理智,是最初存在的,第一个'一'和第一真理。而所有其他形式的理智则只是依序由它生

---

① Cf.Arthur Hyman and James J.Walsh ed.,*Philosophy in the Middle Ages*,p.218.
② Ibid,p.220.
③ Ibid.,p.221.
④ Ibid.

成的理智。"①不难看出,阿尔法拉比在这里所说的"一"或"第一个
'一'"与新柏拉图主义者普罗提诺"流溢说"中所说的"太一"是极其相
似的。

理智问题,特别是能动理智问题,是亚里士多德灵魂学说中的一项重
大问题,也是一个亚里士多德虽然花费了大量笔墨但却未真正厘清的问
题。能动理智究竟存在于"灵魂之中"还是存在于"灵魂之外"是亚里士
多德留给后人的一个重大的哲学难题,不仅成了逍遥学派长期争论的哲
学难题,而且也成了阿拉伯哲学家长期探讨的哲学难题。如前所述,阿尔
金底就曾依据早期柏拉图学派的观点,将理智区分为"能动理智"、"潜在
理智"、"现实理智"和"显现理智"。区别只在于:相形之下,阿尔法拉比
的理智学说不仅更见系统、更有本体论意蕴,而且由于其将能动理智置放
进了亚里士多德的天体体系予以讨论,从而又获得了一种宇宙论意蕴和
神学意蕴。他的这一努力不仅引起了阿维森纳的重视和进一步发挥,而
且也引起了阿维洛伊的重视和进一步发挥。

阿尔法拉比在本体论领域所作出的重大努力在于他开始对亚里士
多德"实体"概念中"存在"与"本质"的意义作出区分。他强调说:"在
存在着的事物中,本质和存在是不同的。本质不是存在,也不包含在它
的含义之中。"②他举例说,人的本质并不包含他的存在。即使我们认
识到了一个人的本质,我们也不能因此而断定他是否现实地存在。另
一方面,"存在也不包含在事物的本质之中,否则的话,存在就是构成一
个事物的性质,对它本质的认识若无对它存在的认识就是不完全的
了。"③我们可以根据人的定义而知道一个人的肉身性和动物性,但是
我们却不能因此而判定他究竟是否存在。我们要判定这个人是否存

---

① Cf.Arthur Hyman and James J.Walsh ed.,*Philosophy in the Middle Ages*,p.221.

② E.Gilson,*History of Christian Philosophy in the Middle Ages*,New York:Random House,
1955,p.185.

③ Ibid.

在,就必须对他"有直接的感官知觉,或有间接的知觉作为证据"。阿尔法拉比的结论是:"存在不是一个构成性质,它只是附属的偶性。"①将存在与本质区别来来,强调存在只不过是实体的一种"附属偶性"或"偶然属性",这就为他的真主创世说留下了空间。也正是在这个意义上,阿尔法拉比将存在区分为两种,即偶然存在和必然存在,并且将后者称作"第一存在"。他写道:"万物分两种:其一,如果从其本体来看,它并不必须存在,被称作可能的存在或潜在的存在。其二,如果从本体看,它必须存在,被称为必然存在。可能的存在由于它本身既是起因又是结果故不可能走到'无限',也不可能循环往复,最终必定归结到一个必然存在上,这就是'第一存在'。"②受造物在本质与存在方面的区分这一思想不仅深刻地影响了阿维森纳和阿维洛伊,而且也深刻地影响了托马斯·阿奎那。

阿尔法拉比虽然是一位声望卓著的医学家和音乐天才,但他对哲学的推崇却超出许多哲学家。在《幸福的获得》中,他借着希腊哲学家之口,宣称哲学"潜在地包含所有的美德",是"科学的科学"、"科学之母"、"智慧的智慧"和"技艺的技艺"。③ 与希腊哲学家不同的是,作为一个阿拉伯哲学家,他虽然认同希腊哲学家的一些观点,但却不甘心将希腊哲学视为阿拉伯哲学的终极源头。他含糊其词地写道:"据说,这门科学古时候在(巴比伦的)迦勒底人即后来的伊拉克人中间业已存在,接着从迦勒底人扩展到埃及人,又从埃及人传到希腊人,它在那里持续存在到它之传给叙利亚人,继而传给阿拉伯人。"④但是,他的政治哲学思想却是与希腊

① E.Gilson, *History of Christian Philosophy in the Middle Ages*, New York:Random House, 1955, p.185.
② 转引自[伊拉克]穆萨·穆萨威:《阿拉伯哲学》,张文建、王培文译,北京:商务印书馆1997年版,第82页。
③ Al Farabi, *The Attainment of Happiness*, IV, Ch.53. Cf. *Philosophy in the Middle Ages*, p.227.
④ Ibid.

哲学一脉相承的。他认为,一个人当一国的君王,靠的应当是他自己的自然本性而不仅仅是他自己的意志。具体地讲,当君王的必须具有下述四种德性和才能:"理论德性","最高的深思熟虑的德性","最高的道义上的德性"和"最高的实践技艺"。不难看出,一个君王当具备的这样一些德性和才能不是别的,正是一个哲学家所应具备的德性和才能。正因为如此,阿尔法拉比强调说:"哲学家,最高统治者,君主,立法者和伊玛目,仅只是一个观念。不管你使用哪一个词,如果你考察一下它们在我们讲这些词的多数人中所表示的东西,你就会发现,它们所意指的是同一个观念,归根到底完全一致。"①很显然,阿尔法拉比在这里所宣扬的正是柏拉图的"哲学王"的思想。

四、阿维森纳的哲学思想

伊本·西拿的拉丁名字为阿维森纳(Avicenna,980—1037 年)。阿维森纳是一位极富开拓精神和创新能力的哲学家,他的哲学思想被视为"东部亚里士多德主义"的"顶峰"。一方面,他极其推崇希腊哲学家;另一方面,他又将自己的哲学称作"东方哲学"。② 他的哲学著作主要有《论治疗》(一译为《充足之书》)和《论解脱》(一译为《拯救论》)。他在《论治疗》中阐述的主要是他的存在论思想,他在《论解脱》中阐述的主要是他的灵魂学说。

存在问题是阿维森纳哲学中的首要问题和基本问题。在阿维森纳看来,形而上学的基本对象和首要对象即是存在自身。为了说明存在问题在哲学或形而上学问题中的优先性,他曾做出过一个被称作"空中人论

---

① Al Farabi, *The Attainment of Happiness*, IV, Ch.58. Cf. *Philosophy in the Middle Ages*, p.230.

② 参阅[英]约翰·马仁邦主编:《中世纪哲学》,孙毅、查常平、戴远方、杜丽燕、冯俊等译,冯俊审校,北京:中国人民大学出版社 2009 年版,第 45 页。

证"的哲学论证:设想一个成年人突然被造了出来。他不是生活在地上,
而是生活在空中,眼睛也被蒙蔽,什么也看不到,四肢也接触不到任何东
西,而且相互之间也不能接触。那么,在这种条件下,他能够具有什么样
的知识呢? 他显然既不可能有关于外部世界的知识,也不可能有关于自
己身体的知识。但是,这并不意味着他一无所知。因为即使在这样的条
件下,他也不可能不知道他自己的存在。而这就意味着任何一个思想着
的心灵在任何情况下都不可能没有关于存在的知识,存在问题是一个在
先的问题,一个"对一切东西都是相同的东西",从而也就势必是"形而上
学这一门科学的对象"。① 这就是说,形而上学与其他科学的根本区别在
于:其他科学所要回答的是存在的事物究竟是什么? 而形而上学探究的
则是存在事物的存在和存在自身。

在探讨存在问题时,阿维森纳首先区分了"存在自身"和"存在事
物"。在阿维森纳看来,存在事物总包含存在与本质两个方面。其中存
在又进一步区分为"必然存在"和"可能存在"。阿维森纳断言,每一件事
物都具有一定的属性,但它们的存在却可以区分为"必然存在"和"可能
存在"两种。因此,我们可以从思想上将包括在存在里面的事物区分两
种:其一是"那种当我们就其自身加以考察时,它不具有必然性的存在。
但是,它的存在却也是并非不可能的。"②因为倘若它的存在完全不可能
的话,它也就因此而不可能包括进存在的事物之中了。阿维森纳的结论
是:"这种事物是处于可能性的范围之中的。"③他把这种事物的存在称作
"可能存在"。而"另一种则是那种当我们就其自身加以考察时,它具有
必然存在的事物。"④他把这后一种事物的存在称作"必然存在"。阿维
森纳将因果论引入对必然存在和可能存在的考察之中。他断言:"那种

① E.Gilson,*History of Christian Philosophy in the Middle Ages*,p.206.
② Arthur Hyman and James J.Walsh ed.,*Philosophy in the Middle Ages*,p.240.
③ Ibid.
④ Ibid.

其存在因自身而必然的事物是没有原因的,而那种其存在因自身而可能的事物则确实是需要原因的。"①他证明说,那种其存在是必然的事物之所以不可能具有原因,乃是因为"如果其存在是必然的事物其存在具有一个原因的话,则它的存在就会是依靠那个原因的。凡存在依靠他物的事物,当人们撇开他物而只从其自身考察时,它便不再具有必然性的存在。"②因此,要是其存在是因自身而必然的事物有一个原因的话,则它就不再是其存在因自身而必然的事物了。但可能存在的情况就不同。因为可能存在本身即包含着可能非存在,包含着从非存在进入存在。而"凡可能存在的事物,当就其自身考察时,它所具有的存在和非存在便都来自某种原因。"③这是因为如果它存在,则作为不同于非存在的存在便已经到了可能存在的事物这里,而如果它不存在,则不同于存在的非存在便也已经到了可能存在的事物这里。既然可能存在的事物其存在就其自身而言只能是可能的,则它之具有存在和非存在这样两种属性便只能是来自作为其原因的他物:"存在的属性来自那作为存在原因的原因,而非存在的属性则来自那缺乏存在属性的原因的原因"。④

然而,既然可能存在的事物其存在和非存在都是有原因的,而且其存在"必然依靠某种原因,并且是在和这一原因的关联中成为必然的",⑤在这个意义上,我们便可以说,一些可能存在同时也能够是必然存在:就其自身而言,它是一种可能存在,就其与作为原因的他物的必然相关而言,它也是一种必然存在。这样,在阿维森纳这里,实际上也就存在有两种必然存在:其中一种是"因自身而必然的",而另一种则是"因他物而必然的"。阿维森纳证明说,那种其存在是因自身而必然的事物"不是相对的,不是可以变化的,不是复多的,在其所特有的存在方面也是不可以与

① Arthur Hyman and James J.Walsh ed.,*Philosophy in the Middle Ages*,p.240.
② Ibid.
③ Ibid.
④ Ibid.,p.241.
⑤ Ibid.

别的事物分享的"。① 阿维森纳还从因自身而必然的必然存在的独一性出发论证了这种必然存在与本质的统一性。他指出:"那种其存在是必然的事物一定必然地是一个本质。因为倘若不是这样,它就会是复多,而这个复多的各个部分都会因此而成为某种其存在是必然的东西。"②阿维森纳所说的这样一种因自身而必然的必然存在,显然不是别的,正是创造世界万物的真主。在谈到可能存在和因他物而必然的必然存在时,阿维森纳则强调了它们对因自身而必然的必然存在的依赖性及其复多性。他断言,那种其存在是可能的东西"就其自身进行考察时"只能是某种可能的东西,因此,它之成为"现实存在"就势必"需要某种别的东西"。离开了"某种别的东西",离开了因自身而必然的必然存在,任何可能存在都不可能成为现实存在。此外,因他物而成为必然的必然存在也都是"复合的和二元的"。其所以如此,一方面是因为凡因他物而必然的必然存在要成为现实存在都"必须具有在时间上先于它而存在的质料",③另一方面是因为凡其存在必须依靠他物的东西,作为现实存在,都必定是本质与存在的复合物。也正是在这些意义上,阿维森纳得出结论说:"凡其存在总是要因他物而成为必然的都不可能是那种其真正本性为单纯的东西。因为那种当我们就其自身进行考察时属于它的东西是不同于那种虽然属于它但却来自他物的东西的。就其存在而言,其特殊性是由它们两者共同决定的。因此,当人们就其自身进行考察时,除其存在是必然的东西外,没有什么事物不被赋予潜在性和可能性特征。只有那种其存在是必然的东西是单一的东西,所有其余的一切都是复合的二元体。"④

值得注意的是,阿维森纳还进一步从存在论的高度对亚里士多德的动力因作出新的解释。哲学家们,特别是那些自然哲学家们,通常仅仅从

---

①   Arthur Hyman and James J.Walsh ed.,*Philosophy in the Middle Ages*,p.240.

②   Ibid.,p.243.

③   Ibid.,p.246.

④   Ibid.

"运动的本原"的角度来规定和看待亚里士多德的动力因,阿维森纳超越他们的地方在于,他从形而上学和存在论的高度,从真主创造世界万物的神学高度,来看待和处理亚里士多德的动力因。他写道:"所谓动力因,我们想到的是,它所意指的是那种赋予事物存在的原因,这种原因是区别于事物自身的。也就是说,该事物的本质,按照最初的意向,并非一个潜在的主体,由它所形成的事物从它那里接受其存在,以至于它本身只是偶然地才成为其存在的潜在性。"①这就是说,自然哲学家们只是从"运动的本原"的意义上,来理解动力因,它所涉及的只是事物的运动而非事物的存在,从而也就不足以解释事物何以具有"不同于运动的存在"。为了解释事物何以能够存在,形而上学家便更进一步,不仅将动力因理解成事物运动的原因,而且还进而将动力因理解成事物存在的原因,从而赋予动力因以造物主的身份。"动力因这个词,形而上学家,不仅像自然哲学家那样,用它来意指运动的本原,而且还用它来意指存在的本原和那种赋予事物存在的东西,诸如世界的创造者。"②为了表明动力因所具有的这样一种形而上学的意义,阿维森纳将这样理解的动力因称作"事物的本质原因"和"处于最高层次上的原因"。他写道:"很显然而且也很确定,事物的本质原因——事物的本质是借着它才得以现实存在的——必定与它们所产生的东西同时存在,而且,它们也不是以为原因所产生的事物进入存在时它们就停止存在的方式先于事物而存在的。"③然而,"如果原因连续地或永恒地存在,则被产生的事物也就连续地存在。属于这类原因的一个原因是处于最高层次上的原因。因为他绝对地阻止了某些事物的不存在,并且将完满的存在提供给某些事物。而这也就是那种被哲学家们称作'创造'的东西的含义,也就是使某物在绝对不存在之后进入存在的东

①　Arthur Hyman and James J.Walsh ed., *Philosophy in the Middle Ages*, p.246.

②　Ibid., pp.246-247.

③　Ibid., p.252.

西的含义。"①

赋予动力因以存在论和形而上学的意义,显然是阿维森纳的一项发明。在自然哲学家们那里,动力因所关涉的只是现实存在的事物的运动,而阿维森纳所考虑的则是运动着的现实存在着的事物的存在,是运动着的现实存在着的事物何以从非存在进入存在,何以在"绝对不存在"之后"进入存在"。这就使动力因问题达到了终极实存的层面,达到了事物的生成论层面和创造论层面。

阿维森纳与阿尔金底、阿尔法拉比和阿维森纳一样,也非常重视理智类型和理智性质的讨论。不过,与阿维洛伊将人类理智作出三重区分不同,阿维森纳和阿尔金底、阿尔法拉比一样将人类理智作出四重区分。他把我们人的认识区分为四个由低级到高级的阶段。这就是:感性知觉、想象、推测和理性思维。相应于人的这四个认识阶段,人的灵魂也处于四种状态,从而也就存在有四种理智:"物质理智"、"习惯理智"、"现实理智"和"获得理智"。物质理智是那种相应于感性知觉的理智,它意指的是一种能够接受知识的潜在能力,也被称作可能理智,与阿尔金底和阿尔法拉比的"潜在理智"大同小异;习惯理智是那种相应于想象阶段的理智,旨在强调我们接受知识的不自觉性;现实理智是那种相应于我们认识的推测阶段的理智,它意指的是我们对业已接受的知识的思考和理解,与阿尔金底和阿尔法拉比所说的现实理智大体相当;获得理智是那种相应于我们理性思维阶段的理智,它着眼的是我们的理智从认识的对象中抽象出普遍概念,与阿尔法拉比的获得理智大同小异。

阿维森纳理智学说的另一个重大特点在于,他明确地用亚里士多德的质型论(hylemorphism,其中 hyle 表示质料,morphe 表示形式)来处理获得理智的抽象能力与物质理智的潜在能力的关系。阿维森纳认为,获得理智的抽象能力与物质理智的潜在能力是形式与质料的关系。他特别强

---

① Arthur Hyman and James J.Walsh ed.,*Philosophy in the Middle Ages*,p.252.

调理性概念或可理解的形式的"非物质性",断言:"作为可理解的东西的基质的实体,自身并非一个形体,它也不以那个形体的任何一种功能或任何一种形式的方式存在于那个形体之中。"①人类理智的质料虽然是人类理智本身所固有的,但人类理智的形式却是从外面获得的,直接来自于外在于人类灵魂的能动理智。能动理智本身是纯粹形式,它同时规定和制约着认识对象和认识主体:一方面它把普遍形式传递给个别事物,构成事物的共同本质,另一方面它又把普遍形式赋予人的理智,构成人的获得理智。由于认识对象和认识主体的这样一种同源性,获得普遍形式的理智的抽象作用和抽象过程实际上也就只不过是相同形式之间的一种符合和适应。在阿维森纳这里,普遍形式也就是早期经院哲学家们所讨论的共相,这种共相因此也就有三种存在形态:共相作为能动理智存在于个别事物之先,作为共同本质存在于个别事物之中,作为抽象概念存在于个别事物之后。这样一种共相理论开了后来经院哲学温和实在论共相理论的先河,对托马斯·阿奎那的共相理论产生了重大影响。

与阿尔法拉比一样,阿维森纳也从亚里士多德的天体学说和宇宙论的角度和高度来阐述能动理智的本原和性质,只是阐释得更为详尽、更为系统罢了。阿维森纳认为,能动理智处于天体的最底层。每个天体都是一个纯粹的精神实体,都是一个理智领域。宇宙等级关系也就是理智领域之间的因果关系。真主是第一理智和第一推动者,他的领域是第一层天体。第一理智的纯粹思想推动第一层天体的运动,产生出第二层天体。第二层天体的理智活动推动第二层天体,产生出第三层天体,直至第十层天体,也就是月球。月球的理智活动一方面推动月球运动,另一方面又作用于地面上的事物和人的灵魂,推动人的理智活动,故而被称作"能动理智"。

在《论解脱》中,阿维森纳还较为系统地阐述了他的灵魂理论。阿维

---

① Arthur Hyman and James J.Walsh ed.,*Philosophy in the Middle Ages*,p.264.

森纳的灵魂理论的一个重要特色在于他是从与人的身体的关联来讨论和阐述人的灵魂问题的。他曾专门讨论过"灵魂在时间上的起源"这样一个问题。他论证说，人的灵魂只能与人的身体同时进入存在，而根本不可能先于人的身体而存在。他断言："认为身体何时进入存在，灵魂也就何时进入存在的看法是合适的。"①他虽然也强调人的身体对于人的灵魂的工具性，但他却没有因此而完全否认人的灵魂与人的身体之间的互存性和互动性。他不仅承认人的身体是人的灵魂的"个体化原则"，而且还承认它们之间存在有一种"相互适应的联系"。② 阿维森纳甚至认为，人的灵魂由于同身体的结合而获得的这样一种个体性，即使在其与人的身体相分离的情况下也不会丧失。他写道："灵魂当其和他们的身体分离开之后，仍然保持其个体性。这归功于他们曾经处于其中的不同的质料，也归功于他们诞生的时间，以及他们不同的禀性。而所有这些都应归因于他们的由于特有条件而必然不同的质料。"③阿维森纳强调人的灵魂与人的身体的相互依存性和相互适应性，强调人的灵魂与人的身体共同构成"一个个体"，这种人学思想既有别于新柏拉图主义，也有别于奥古斯丁主义，在西方人学史上是一种新的观念，对后来的人学思想，特别是对托马斯·阿奎那的人学思想产生了重大影响。

五、阿维洛伊的哲学思想

伊本·鲁西德的拉丁名字为阿维洛伊(Averroe，1126—1198 年)。他是西部亚里士多德主义最著名的代表人物，也是阿拉伯世界整个亚里士多德主义哲学运动的主要代表人物，以其名字命名的阿维洛伊主义即为整个亚里士多德主义的代名词。他的哲学和神学著作主要有：《论宗教

① Arthur Hyman and James J.Walsh ed.，*Philosophy in the Middle Ages*，p.257.
② Ibid.，pp.257-258.
③ Ibid.，p.258.

与哲学的一致》、《矛盾的矛盾》(一译为《毁灭的毁灭》)、《论天体的实体》、《〈论灵魂〉注》、《〈形而上学〉注》和《〈物理学〉注》等。

阿拉伯哲学是从弘扬理性和哲学起步并逐步发展起来的。但是,至11世纪中期,随着塞尔柱突厥帝国的兴起和阿拉伯帝国的衰败,阿拉伯世界的一些守旧势力发动了一场对理性和哲学的讨伐运动。在宗教界,强调信仰至上的艾什尔里派抬头,开始取代倡导理性的穆尔太齐赖派,成为伊斯兰教的主流教义学派。在哲学界,一些哲学家发动了一场排拒亚里士多德主义、倡导神秘主义的运动。其代表人物为安萨里(al-Ghazālī),安萨里的拉丁名字叫阿尔加扎里(Al-Ghazali,1058—1111年)。阿尔加扎里是艾什尔里派哲学家和苏菲派神秘主义的主要代表。其主要著作有:《哲学的宗旨》、《哲学家们的矛盾》、《从错误中得救》和《宗教学的复兴》。在《从错误中得救》一书中,阿尔加扎里从伊斯兰教的立场上对亚里士多德的哲学做了分析。按照他的分析,亚里士多德的哲学既不同于"唯物主义哲学",也不同于"自然主义哲学",而是与苏格拉底和柏拉图的哲学一起,属于"有神论哲学"。不仅如此,亚里士多德"把逻辑系统化并把各门学科组织起来","获得了一种更高程度的准确性,并促使他们的哲学走向成熟"。阿尔加扎里认为,在传播亚里士多德哲学方面,没有一个伊斯兰教哲学家能够比得上阿尔法拉比和阿维森纳。但由于他们两个都是"不信教的人",而没有将亚里士多德哲学中"必须被认作是无信仰的"和"必须被认作是异端的"同"完全不可否认的"区别开来。①阿尔加扎里则以对这些东西作出区分为己任。他认为,亚里士多德哲学中,虽然有"完全不可否认的"内容,但同时也有"必须被认作是无信仰的"和"必须被认作是异端的"内容。而亚里士多德以及阿尔法拉比和阿维森纳的"大多数错误"并不是发生在数学、逻辑、自然科学、政治学和伦理学领域,而是发生在"神学或形而上学"领域。他写道:"所有他们的错

①　Algazali, *Deliverance from Error*, III, 2, in Arthur Hyman and James J. Walsh ed., *Philosophy in the Middle Ages*, p.271.

误共包括二十项,其中三项必须认定为不信教的,十七项属于异端。我撰写《哲学家们的矛盾》就是要指出在这二十个论点上他们观点的错误。"①阿尔加扎里所说的亚里士多德哲学中异于所有伊斯兰教神学的三个论点是:(1)"对肉体来说不存在死后复活;受到奖赏或惩罚的只是灵魂;奖赏和惩罚是精神上的,不是肉体上的。"(2)"神认识共相而不认识殊相。"(3)"世界是永恒的,没有开端或结束。"②

针对阿尔加扎里关于哲学与宗教相矛盾的观点,阿维洛伊在《论宗教与哲学的一致》中明确地将真理区分为"哲学真理"或"推证真理"和"神学真理"或"经文真理"。他明确宣布:"哲学并不包含任何反伊斯兰教的东西。"③他从哲学真理的立场论证说:"论证的真理和经文的真理是不可能相冲突的。因为既然这种宗教是真实的,是召唤人们去进行通往真理的知识的研究,则穆斯林社会就当确切地知道:论证的研究决不会导致与经文给予我们的真理相冲突的结论。因为真理不可能反乎真理,而只可能与真理相一致,并为真理作证。"④那么,我们究竟应当怎样来解说哲学真理(论证真理)与宗教真理(经文真理)之间所存在的表面上的冲突呢? 阿维洛伊认为,这主要是由人们对宗教真理或经文真理的解释方式所致。对宗教真理或经文真理可以有两种不同的解释方式:一种是字面的解释,一种是寓言式的解释或隐喻式的解释。为了避免这两种真理之间发生冲突,我们就必须灵活地运用这两种不同的解释方式。当我们对经文做字面的解释不与哲学真理或论证真理相冲突时,我们就对经文做字面的解释;而当我们对经文所做的字面解释与哲学真理或论证真理相冲突时,我们就当对经文做寓言式的解释或隐喻的解释。他强调说:"如果经文的表面意思与论证的结论相冲突,那就应该对它加以寓言式

① Algazali, *Deliverance from Error*, III, 2, in Arthur Hyman and James J. Walsh ed., *Philosophy in the Middle Ages*, p.271.

② Ibid., p.271.

③ Cf.Arthur Hyman and James J.Walsh ed., *Philosophy in the Middle Ages*, p.292.

④ Ibid.

的,也就是隐喻式的解释。"①他具体地论证说:"无论何时,凡论证的研究
以任何方式导致有关存在物的知识时,则在经文中,这种存在物就在所难
免地要么是没有被提到,要么是提到了。如果经文中没有提到,那就不会
有什么矛盾……如果经文中提到了,文字的表面意思就在所难免地要么
与它的相关论证的结论相一致,要么相冲突。如果相一致,那就无须争论
了。如果不一致,就有必要对它进行寓言式的解释。而所谓'寓言式的
解释'指的是把一种表达的意义从实在的意义层面扩展到隐喻的意义层
面,又不因此而背离标准的阿拉伯语的隐喻的实践。这就像是用一个与
之相似的某物的名字去称呼一个东西一样。这里所说的相似的某物或者
是一个原因,或者是一个结果,或者是其伴随物,也可能是诸如在有关隐
喻式的语言的说明中所列举的别的东西。"②阿维洛伊还具体论证说,既
然我们可以并且应当对经文作出"寓言式的解释"或"隐喻的解释",则无
论哲学家是否主张是肉体死后复活、神认知殊相和世界永恒,便都"不足
以证明那种指责他们为无信仰的做法是正确的"。③ 这在事实上便为否
认肉体死后复活与神认知殊相和肯定世界永恒的哲学观点做了辩护。很
显然,尽管阿维洛伊的真理观被人称作"双重真理论",但是,在他那里,
归根到底还是把哲学真理视为第一真理或最高真理,视为判定宗教真理
或经文真理的基本标准。这在中世纪可以说是一种惊世骇俗的思想,在
中世纪经院哲学家中引起了剧烈的思想震荡。

　　阿维洛伊的这样一种真理观在他对亚里士多德哲学的评价中体现得
淋漓尽致。他以极其崇拜的心情在《〈论灵魂〉注》中写道:"亚里士多德
的学说是最高真理。因为他的理智是人类理智的极限;正确地说,神的天
意造就了他,把他送给我们,使我们可以知道我们所能知道的一切。让我

① Cf.Arthur Hyman and James J.Walsh ed.,_Philosophy in the Middle Ages_,p.292.
② Algazali,_Deliverance from Error_,III,2,in Arthur Hyman and James J. Walsh ed.,
Philosophy in the Middle Ages,p.292.
③ Ibid.,p.295.

们赞美真主。真主让他卓绝超群,让这个人达到了人性可以获得的最高
尊严。"①尽管阿维洛伊的这些话表明了他对亚里士多德有浓重的迷信色
彩,但从中透露出来的则是中世纪思想家对人类理性和哲学的信心以及
旨在摆脱宗教迷信和宗教信仰束缚的努力和决心。阿维洛伊努力捍卫理
性和哲学的相对独立性。他在《〈物理学〉注》中指出:混淆哲学与宗教只
能使两者同时受到伤害,既不利于宗教信仰,也毁坏了亚里士多德的哲学
学说。鉴此,他要求积极而审慎地处理宗教和哲学的关系:一方面,要看
到它们之间的差别;另一方面,又要看到它们之间的一致。在阿维洛伊看
来,存在于宗教与哲学之间的关系不是真理与谬误的关系,而是一种真理
与另一种真理之间的关系,一种低级真理与一种高级真理之间的关系。
他断言,可以将宗教信徒区分为三类:第一类是未受教育的普通人。这些
人满足于权威与感情力量,满足于《古兰经》的经文和先知的启示。第二
类是虽受过教育但智力平平的人,是神学家。这些人要求对信仰作出令
人信服的论证。第三类是受过教育且智力卓绝之人,是哲学家。这类人
要求无条件的理性证明。这就表明,在阿维洛伊这里,哲学高于神学,神
学高于宗教信仰。这无疑是向阿尔加扎里的神秘主义和信仰主义的一种
挑战。

　　阿维洛伊的灵魂学说和理智学说在阿拉伯哲学家中也独具一格。他
明确地将人的灵魂和理智区别来开。一方面,把个人灵魂看作附属于人
的身体的形式,是随着人的身体的死亡而消亡的;另一方面,把理智看作
是外在于个人灵魂的能动理智在人的灵魂中造成的结果,是独立于人的
个人身体的,其存在是不受个人身体的死亡的影响的。在理智学说方面,
阿维洛伊也表现了许多与众不同的特色。首先,与阿尔金底、阿尔法拉
比、阿维森纳等阿拉伯哲学家将理智作出四重区分或五重区分不同,阿维
洛伊对理智作出三重区分,这就是"物质理智"或"接受理智"、"能动理

　　① Cf.D.Knowles,*The Evolution of Medieval Thought*,London:Longmans,1962,p.200.

智"和"思辨理智";①而且,与前此的阿拉伯哲学家赋予人类理智以某种相对独立性不同,阿维洛伊则从原则上取消了人类理智的相对独立性,归根到底将物质理智和思辨理智转换成了能动理智的一种产物和一种变形,突出地强调了理智的统一性和单一性。其次,阿维洛伊突出地强调了理智的精神性和单纯性。在阿维洛伊看来,既然理智理解一切事物,它就势必不是一切事物,而只是一种"被动的和主动的力"。在谈到"物质的、接受的理智"时,阿维洛伊写道:"如果理智理解所有那些存在于灵魂之外的东西的话,它就应当被描述成——先于它的理解活动——属于被动的而不是主动的力这个属。而且,它也必然不与形体相混合,也就是说,它既不是一个形体,也不是形体中的一种力,而是一种自然的或有生命力的力。"②他还进一步强调说:"就可理解的东西推动理智而言,理智是被动的,但就它这些可理解的东西为它所推动而言,它又是主动的。因此,亚里士多德接着论述说,在理性灵魂中,必须设定两种不同的力,即一种主动的力和一种被动的力。"③第三,阿维洛伊在《〈论灵魂〉注》中还强调了理智的永恒性。他写道:"在灵魂中有三种理智",即接受理智、能动理智和思辨理智。"这三种理智中的两种,即能动理智和接受理智是永恒的,而第三种理智从一方面看是可以产生和可以毁灭的,但从另一方面看则是永恒的。"④他论证说,既然"人类是永恒的",则"物质理智便永远不会缺乏那种为整个人类所共有的自然本原的,也就是说,它永远不会缺乏那为一切人所共有的第一命题和个体概念的"。⑤ 思辨理智的情况较为复杂。因为就接受者(某个个别的人)而言,就接受的形式(想象的形式)而言,我们的知识总是与有生有灭的个体事物相关的,从而我们的"早先

---

① Cf.Arthur Hyman and James J.Walsh ed.,*Philosophy in the Middle Ages*,p.321.
② Ibid.,p.314.
③ Ibid.,p.315.
④ Ibid.,p.321.
⑤ Ibid.

知道的有关事物的知识"也会"由于对象的毁灭而毁灭",但"如果某人就可理解的东西的绝对存在而言,而不是就某个个别人的存在而言,来考虑这些可理解的东西,它们确实可以被说成是永恒的。"①为了说明思辨理智的永恒性,阿维洛伊不惜援引柏拉图的共相理论。他说道:"柏拉图说,共相是既不能产生也不能毁灭的,而且它们存在于心灵之外。就内在于思辨理智之中的可理解的东西是不朽的意义来说,这种说法是真实的。"②最后,阿维洛伊在《〈论灵魂〉注》中还特别强调了理智的独一性。阿维洛伊认为,不仅外在于人类灵魂的能动理智对于全人类来说是独一的,而且即使物质理智和思辨理智对于整个人类来说也是独一的。他论证说,物质理智,尽管"按照被接受的形式(想象的形式)来说,它们是多",但是,"这些可理解的东西,若按照接受者(物质理智)来看,它们则是一"。因为物质理智所有的"自然本原",所具有的"第一命题和个体概念"都是"整个人类所共有的"。思辨理智也是如此。因为虽然就"被接受的形式(想象的形式)"而言,思辨理智是"多",但是,倘若从"被接受的内容"看,即从"可理解的东西",亦即从"全人类所共有的第一命题和个体概念"看,"思辨的理智在所有的人中则是'一'"。③

阿维洛伊的哲学思想在拉丁哲学中产生了巨大的反响。这种反响首先就表现在,至 13 世纪,在拉丁哲学的心脏地带,即巴黎大学,出现了拉丁阿维洛伊主义。拉丁阿维洛伊主义的代表人物有布拉邦的西格尔和达西亚的波爱修。布拉邦的西格尔(Sigerus de Brabant,1240—1284 年)是巴黎大学艺学院(人文学院)教授,其著作主要有《〈论灵魂〉第三卷问题集》、《论理性灵魂》、《论理智》和《论世界的永恒性》。达西亚的波爱修(Boethius Dacus)也是巴黎大学艺学院(人文学院)的教师,曾著有《论世界的永恒性》和《论至善》等。但在另一方面,阿维洛伊的哲学观点也遭

---

① Cf.Arthur Hyman and James J.Walsh ed.,*Philosophy in the Middle Ages*,p.321.

② Ibid.,p.322.

③ Ibid.,p.321.

到了许多拉丁哲学家的强烈反对。阿维洛伊和拉丁阿维洛伊主义不仅构成了 1270 年"大谴责"的主要对象,而且也成了波那文图拉和托马斯·阿奎那的批评对象。波那文图拉在 1268 年的一次神学演讲中特别地批判了阿维洛伊主张世界永恒的观点,并且宣布阿维洛伊主义者有败坏圣典、信仰和智慧三大罪状。① 而托马斯·阿奎那则在 1270 年发表了《论独一理智——驳阿维洛伊主义者》长文,对阿维洛伊的独一理智观点做了全面、系统的批评。②

小 结

本章的根本目标,一方面在于引导读者从阿拉伯哲学与拉丁哲学的相互关联中来理解和把握阿拉伯哲学的产生、发展和学术意义,另一方面在于引导读者历史地理解和把握阿拉伯哲学的民族特征及其产生、发展的内在逻辑和内在机制。哲学与神学、理性与信仰的关系问题、必然存在与可能存在的关系问题以及能动理智与被动理智的关系问题是本章各节的重点和难点所在,希望读者予以充分的注意。

拓 展 阅 读

一、必读书目

1. *Philosophy in the Middle Ages*, ed.by Arthur Hyman and James J.Walsh, Indianapolis:Hackett Publishing Company,1973.

2. [伊拉克]穆萨·穆萨威:《阿拉伯哲学》,张文建、王培文译,北京:商务印书馆 1997 年版。

---

① E.Gilson, *History of Christian Philosophy in the Middle Ages*, p.403.
② 参阅托马斯·阿奎那:《论独一理智——驳阿维洛伊主义者》,段德智译,北京:商务印书馆 2015 年版。

二、参考书目

1. *The Cambridge Campanion to Arabic Philosophy*, ed.by Peter Adamson and Richard C.Taylor, Cambridge：Cambridge University Press, 2005.

2. *Al-Fārābī*, *Fusūl al-Mandani*：*Aphorisms of the Statesman*, ed.and trans.by D.M.Dunlop, Camridge：Cambridge University Press, 1961.

3. A.J.Albery, *Avisenna on Theology*, London：J.Murray, 1951.

4. Averroes, *On the Harmony of Religion and Philosophy*, trans.by G.F.Hourani, London：Luzac, 1961.

5. ［意］托马斯·阿奎那：《论独一理智——驳阿维洛伊主义者》，段德智译，北京：商务印书馆 2015 年版。

6. ［英］约翰·马仁邦主编：《中世纪哲学》，孙毅、查常平、戴远方、杜丽燕、冯俊等译，冯俊审校，北京：中国人民大学出版社 2009 年版。

7. 赵敦华：《基督教哲学 1500 年》，北京：人民出版社 1994 年版。

13

托马斯·阿奎那和经院哲学

段 德 智

恩典成全自然。

——托马斯·阿奎那:《神学大全》,第 1 集,问题 1

存在表示某种活动。

——托马斯·阿奎那:《反异教大全》,第 1 卷,问题 22

如果社会的一切设施服从于统治者的私人利益而不是公共福利,这就是政治上的倒行逆施。

——托马斯·阿奎那:《论君主政治》,第 1 篇,第 1 章

————◆————

经院哲学,作为中世纪哲学的典型形态,与希腊哲学一样,是西方哲学发展史上的一个基本环节。托马斯·阿奎那,作为经院哲学的集大成者和中世纪哲学的最大代表,在果断引进和积极借鉴亚里士多德哲学的基础上,创造性地构建了中世纪经院哲学史乃至整个中世纪哲学史上最为全面、最具系统、最富革新精神的哲学体系。阿奎那的创造

精神和革新精神,不仅在于他提出和论证了既区别于希腊哲学也区别于奥古斯丁的新的哲学观(即"作为神学主妇的哲学"的哲学观),也不仅在于他在启示神学之外提出和系统论证了自然神学,而且还在于他在形而上学、人学、认识论、美学、道德哲学和政治哲学方面都提出了既区别于奥古斯丁也区别于早期经院哲学家的观点,从而不仅对经院哲学和整个中世纪哲学作出了无与伦比的贡献,而且对后世的哲学也具有深广的影响。例如,在形而上学方面,他的"存在者的形而上学",特别是他的"存在先于本质"的观念;在人学方面,他的身体哲学以及与此相关的他对人的个体性的强调和阐述;在认识论方面,他的"心像学说"、"抽象学说"以及与之相关的"理智学说";在美学方面,他对"感觉美"的强调;在道德哲学方面,他对人的自然欲望和自然本性的强调,他的"人类至善"思想和幸福论思想;在社会理论和政治哲学方面,他的公共幸福或公共福利的思想、法律正义的思想以及他的分配正义和公平价格理论;所有这些,都是极具创见和理论深度、在西方哲学史上具有深广影响、值得我们关注的思想。

我们应该注意如下四点:

首先,应特别注意把握阿奎那所代表的经院哲学与希腊哲学和教父哲学的关系的多重性,即一方面应充分注意到它们之间的关联性,另一方面又应特别留意它们之间的差异性,注意体悟和把握阿奎那所代表的经院哲学的创新性。

其次,应特别注意从方法论和元哲学的高度理解和把握阿奎那的哲学体系。例如,阿奎那的准存在主义的实存论原则即是其构建其哲学体系的一项基本原则,不仅使他的哲学从整体上既区别于具有本质主义理论倾向的希腊哲学又区别于奠基于柏拉图主义的奥古斯丁主义,而且也使他的哲学观、神学观(自然神学)、形而上学、人学、认识论、美学、道德哲学和政治哲学都打上了自己的烙印。

再次,应注意阿奎那哲学的系统性。阿奎那哲学体系的各个部分虽然各有自己的特殊内容,但是它们之间却是紧密联系在一起的。例如,他的自然神学与他的"存在者的形上学"在内容上就有密切的相关性,其所遵循的都是一条从"具体的存在者"到"在本身"(上帝)的致思路线。再如,他的人学思想(全整的人的概念)不仅与他的认识论和道德哲学密切相关,而且与他的政治哲学也密切相关。

最后,应注意全面领悟宗教(基督宗教)的哲学(经院哲学)功能的悖反性质,即一方面应看到宗教的负功能,即其束缚哲学发展的一面;另一方面又应看到宗教的正功能,即其催生哲学革新的一面。

经院哲学;托马斯·阿奎那;存在者;存在本质;自然神学;身体哲学;心像;能动理智;意志;自然欲望;德性;自然法;公共幸福;公平价格

一、经院哲学及其集大成者

经院哲学是中世纪哲学的主要形态和典型形态,其集大成者为托马斯·阿奎那。

1. 经院哲学的形成

经院哲学的拉丁文为"philosophia Scholastica"。其中,"philosophia"的意思为"哲学"。而"Scholastica"的词根"schol-"的基本意义为"教学"、"教材"、"教室"、"讲堂"或"学校",故而其基本意义为"学校(学院)中人",尤其意指"学校或学院中的教师或学者"。因此,"philosophia Scholastica"的原初意义和基本意义在于"学校或学院中的教师或学者的哲学"。在这个意义上,我们不妨将经院哲学称作"学院哲学"。① 这一点从经院哲学的理论队伍或学术阵容方面看,是相当清楚的。我们知道,古代的基督宗教哲学有两种基本形式,这就是教父哲学和经院哲学。"教父",拉丁文为"Patres Ecclesiae"。其中第二个词"Ecclesiae"的词根为"Ecclesia",其基本意义为"教会"。这就意味着教父哲学家通常为教会中人士,而非"学院中的学者"。第一个词"Patres"的词根为"pater",而"pater"的基本意涵虽然为"父亲",但却有"创始人"、"始祖"、"首领"、"组织者"、"筹备者"、"举办者"等延伸义,故而人们不仅用它来表示有社会地位的"贵族"、"元老"、"绅士",而且还用它来表示具有神职的"神父",后来它的一个同义词"papa"竟被人用来指称"教皇(教宗)"。正因为如此,教父哲学家都不仅是基督宗教的教会中人士,而且还是基督宗教教会的组织者和领导人,都具有比较重要的教职,也就是说,他们往往一身二任,一方面是基督宗教教义的解释者和传播者,另一方面又是基督宗教教会的组织者和领导者。我们知道,教父通常被区分为希腊教父和拉丁教父,他们中又各自具有四个最为著名的代表人物,史称"四大博士",他们分别是:希腊教父纳西盎的格列高利、大巴兹尔、约翰·克里索斯顿、亚大纳西,拉丁教父安布罗斯、哲罗姆、奥古斯丁、大格列高利。其中,纳西盎的格列高利先后担任过纳西盎的神父和主教;大巴兹尔曾担任过恺撒城的主教;"金口约翰"先是担任叙利亚安提阿的助祭,后又担任过君士坦丁堡的大主教;亚大纳西先是担任过亚历山大城的教会执事,后又升任亚历山大城的主教;安布罗斯不仅担任过米兰的主教(主持过奥古斯丁的洗礼),而且还担任过米兰城的总督以及罗马帝国皇帝瓦伦丁尼二世和狄奥多西一世的顾问;哲罗姆先是在安提阿任神父,后又担任罗马城主教达马苏一世的教务秘书;奥古斯丁,众所周知,先后担任过希波城教会的执事和主教;大格列高利不仅身为图尔城的主教,而且还兼任地方政

---

① 参阅段德智:《试论经院哲学的学院性质及其学术地位》,《基督教思想评论》2007年第 1 册,第 3—8 页。

府长官。然而,在经院哲学家中,虽然其中有些人也曾担任过圣职,例如安瑟尔谟就曾担任过坎特伯雷的大主教,但总体来说,他们中的大多数属于学者型的,其中有不少本身即为大学教师。中世纪辩证神学的重要代表人物阿伯拉尔的基本身份是神学教师,而且还是一个几乎毕生都遭受教会谴责的教师;黑尔斯的亚历山大的基本身份是巴黎大学的神学教授;阿奎那的老师大阿尔们特虽然也当过两年的主教,但他的基本身份却是巴黎大学的神学教授;至于托马斯·阿奎那这一中世纪哲学的最重要的代表人物,在 1256 年获得硕士学位后,差不多可以说是当了一辈子教师,先后在巴黎大学、罗马大学馆和那不勒斯大学教书,直至病重去世;阿奎那之后经院哲学的重要代表人物之一邓斯·司各脱的基本身份是巴黎大学的神学教授;另一个重要代表人物、著名的逻辑学家奥康这位牛津大学的高才生,虽然终生未能取得博士学位,却终究成为"奥康主义"学派的创始人。经院哲学家与教父哲学家在社会身份和社会地位方面的差异,深刻地影响了经院哲学与教父哲学学术取向方面的差异。一般而言,由于教父哲学家多为基督教会的组织者和领导者,故而教父哲学通常具有更为强烈的护教色彩。反之,由于经院哲学家多为学院中的学者和教师,故而经院哲学具有较为鲜明的理性色彩、论说风格、世俗品位和人文气质。这就是说,尽管经院哲学与教父哲学同为古代基督宗教哲学的基本形态,但是,相形之下,经院哲学更为注重对基督宗教教义的理论解说,更注重这种解说的理论性、科学性和系统性。黑格尔在谈到经院哲学的理论特征时,曾经强调指出:"只有能够科学地成体系地讲授神学的人才是经院哲学家",①即是谓此。

　　经院哲学虽然是中世纪哲学的典型形态,但却直到公元 8 世纪才逐步酝酿形成、直到 13 世纪才发展到其全盛阶段的。其所以如此不是偶然的,而是由种种文化因素和文化背景造成的。在这诸多因素中,自查理大

---

① 黑格尔:《哲学史讲演录》第 3 卷,贺麟、王太庆译,北京:商务印书馆 1981 年版,第 278 页。

帝开始兴起的养士之风无疑是一个比较直接的动因。查理大帝（742—814年）是欧洲中古历史上少有的几个极具雄才大略的历史人物之一。中古的法国之所以能够不仅成为称霸欧洲多个世纪的军事强国和政治强国，而且也逐步成为主导欧洲文化达多个世纪的"文化强国"，应该说都是与查理大帝的远见卓识和养士之风分不开的。按照查理大帝的见解，为了全面提升法兰西的民族地位，彻底摆脱"蛮族"的恶名，就必须采取养士和兴办学校等措施来实施"文化强国"的战略。查理及其后人开办的学校主要有三个类别或三个级别：第一类是宫廷学校，这在当时是最高等级的学校；第二类是主教座堂里的学校，旨在培养神父和教士；第三类是修道院里开办的学校，这是一种最为普及的学校。修道院学校的基础课程为"七艺"。它们分别是语法（含语言和文学）、逻辑（哲学问题及其论辩）、修辞（含散文、诗与法律知识）、几何（含地理和自然历史）、代数（含历法）、音乐（含声学）和天文学（含物理学与化学）。它们实际上是当时西方人所知的世俗知识的总汇。这一教育体制的建立构成了查理"文化强国"和卡罗林文化复兴的一项基础内容。

2. 爱留根纳

当时的欧洲，由于连年征战，文化凋零，唯有作为西北隅的爱尔兰还保存有一点文化气息。当时欧洲最好的学者和图书馆差不多都集中在爱尔兰。为了办好学校，查理亲自聘请著名的爱尔兰学者来主持他的宫廷学校。当时最为著名的爱尔兰学者之一约克的阿尔琴（Alcuin York，730—804年）就是782年应查理大帝的邀请到法国主持宫廷学校的。另一位著名的爱尔兰学者约翰·司各脱·爱留根纳（Johannes Scotus Erigena，810—877年）于843年也应秃头查理（823—877年）的邀请来到法兰西，担任宫廷学校的校长和语法教师。查理帝国对境外学术人才的引进，极大地催生了中古法兰西比较理性、比较自由地思考、探讨和论辩哲学问题和神学问题的学术氛围。阿尔琴的《论辩证法》不仅运用逻辑推理探讨了"存在"、"潜在"和"意念"等哲学范畴,而且还初步显示了经院哲学的"批判"和"论辩"的学术风格。据说查理大帝不仅提倡比较理性、比较自由的学术讨论,而且还曾提出一些哲学问题和神学问题要求学者自由讨论,例如,据说查理大帝就曾经要求学者们对是否应该崇拜圣像问题展开研讨和论辩。在这样一种学术氛围下,一些学者甚至将批判的锋芒直指基督宗教的权威人士。拉特拉姆诺(Ratramnus,830—868 年)曾用关于共相的逻辑理论和哲学理论批判地考察奥古斯丁的灵魂观,得出灵魂作为种属不能成为独立实体,只能作为心灵的概念与个人灵魂相分离的观点,从而激发了经院哲学的共相之争。

爱留根纳则进一步提出"两重真理"的观点,突出和强调哲学的权威。"他主张,独立于启示之外的哲学具有同等的权威,或甚至具有更高的权威。他争辩说理性和启示二者都是真理的来源,因此是不能互相矛盾的;但假如二者之间万一出现了类似矛盾的时候,那么,我们就应当采取理性。"①针对奥古斯丁基督宗教是"真正的哲学"的主张,他鲜明地提出了"真正的哲学也是真正的宗教"的观点。② 他在《论神的预定说》一文中,公然反对奥古斯丁的"人已经死了"的观点,公然支持奥古斯丁所批判的"自由意志"思想。他的议论中的"那种纯哲学的性格"立即招来了教会"对他的愤懑",他的著作在 855 年的宗教会议上被谴责为"司各脱杂粥",只是由于国王的支持,他本人才得以逃避"惩罚"。③ 爱留根纳在哲学方面所作的一项重要工作是他奉秃头查理之命,翻译了伪狄奥尼修斯的著作。这些著作主要包括《论神的名称》、《论奥秘神学》、《论天国等级》、《论教会等级》和《信件十扎》。据 19 世纪末德国学者斯蒂格尔玛雅(J.Stiglmayr)和考诃(H.Koch)的考证,这些著作明显地带有 5 世纪新

---

① 罗素:《西方哲学史》上卷,何兆武、李约瑟译,北京:商务印书馆 1981 年版,第493 页。

② 同上。他甚至援引马提安(Martian)的话说:"除了哲学之外,无人能进天堂。"

③ 同上。

柏拉图主义者普罗克鲁斯思想的痕迹,因此根本不可能为雅典法官狄奥尼修斯的作品,很可能为生活在叙利亚的隐修士所作。然而,虽然这些著作的作者的名字是伪的,但是,它们传达给法兰西和欧洲大陆的 5 世纪哲学的信息却是真的,一如整个经院哲学史所表明的,它们在催生经院哲学方面所发挥的作用是"巨大"的,甚至是经久不衰的。爱留根纳的哲学原创性工作主要在于他写出了中世纪第一部重要的哲学著作《自然的区分》,提出了中世纪第一个"完整的哲学体系"。与教父哲学家们通常反对用作为世俗学问的辩证法研究神学和哲学的立场不同,爱留根纳主张并坚持用辩证法研究神学和哲学,成为用辩证法系统研究神学的第一人,从而也就因此而享有经院哲学第一人的美誉。① 《自然的区分》将自然区分为四种:(1)"创造而非受造的自然"(Natura creans increala);(2)"创造而受造的自然"(Natura creans creala);(3)"受造而非创造的自然"(Natura creala nec creans);(4)"非受造亦非创造的自然"(Natura nec creala nec creans)。不难看出,其中第一种自然是作为创世主的上帝,第二种自然是存在于上帝之中的理念,第三种自然是有形事物,第四种自然是作为万物终极目的的上帝。上帝构成了万物的起点、中点和终点。其基督宗教神学的性质一目了然。但是,爱留根纳自然学说的哲学性质(或基督宗教哲学的性质)及哲学革新性质也同样是一目了然的。首先,在这一哲学体系中,爱留根纳不是将"存在"和"上帝",而是将"自然"(包含"存在"与"非存在")规定为哲学的最高概念,从而开创性地赋予"非存在"(即"有形事物")以实在性,从而不仅开了斯宾诺莎"自然即上帝"的先河,而且也为托马斯·阿奎那的自然神学和关于上帝存在的宇宙论证明作了铺垫。其次,与教父哲学家不同,在这一体系中,爱留根纳赋予理念(逻各斯)以"创造"功能,从而为后世学者持守理论化或理性化

① 参阅约翰·马仁邦主编:《中世纪哲学》,孙毅、查常平、戴远方、杜丽燕、冯俊等译,冯俊审校,北京:中国人民大学出版社 2009 年版,第 137 页;也请参阅赵敦华:《基督教哲学 1500 年》,北京:人民出版社 1994 年版,第 21 页。

的经院哲学路向作了铺垫。第三,在方法论上,与奥古斯丁"把逻辑学传统,以及把逻辑运用于神学的传统排除在外"的做法相反,爱留根纳坚持将逻辑用于哲学和神学体系的构建之中。不难看出,爱留根纳"自然的区分"实质上是一种"逻辑的区分"。从逻辑的观点,"自然"是最普遍的属概念,包括存在与非存在两个方面,其意义分别相当于"创造"与"非创造"。而"创造"的意义又可进一步解析为"能创造"或"被创造","非创造"的意义则可进一步解析为"不能创造"或"不被创造"。这四种意义两相组合,便可构成四种复合意义,它们既是"自然"范畴的全部可能的意义,同时也是他所谓的四种"自然"。其学说的逻辑严密性由此可见一斑。① 约翰·马仁邦曾从当代结构主义的立场上强调指出:"虽然爱留根纳避开了'结构'一词,但是,他却用与结构相同的要素建立了他的形而上学体系。"②他的这个说法虽然也有商榷之处,但是,无论如何也是包含一定真理的。最后,爱留根纳的自然学说不仅有一个逻辑学或认识论的问题,而且还有一个存在论或生成论的问题。如果说自然概念是他的自然学说的最高概念的话,创造概念则是他的自然学说的中心概念。爱留根纳对自然的区分一方面固然可以看作是对自然概念在逻辑层次上的一种区分,另一方面又可以看作是对自然生成和发展阶段的一种区分。因为第一种自然所讲的无非是作为起源的自然,第二种自然讲的无非是作为"原型世界"的自然,第三种自然讲的无非是作为"可感世界"的自然,第四种自然讲的无非是作为"归宿"的自然。这样,爱留根纳的自然学说,从总体上看,所讲的便是自然的一种生成和发展的过程,而且,如果说第二种自然和第三种自然是对第一种自然的否定的话,则第四种自然则是对第一种自然的否定之否定。因此,爱留根纳的自然学说的学术意义,如果从中世纪基督宗教哲学的视域看,则为后世的存在论和生成论学说

---

①　参阅赵敦华:《基督教哲学 1500 年》,北京:人民出版社 1994 年版,第 213 页。

②　约翰·马仁邦:《中世纪哲学》,孙毅、查常平、戴远方、杜丽燕、冯俊等译,冯俊审校,北京:中国人民大学出版社 2009 年版,第 138 页。

奠定了基础,如果从其对近现代西方哲学的影响的角度看,则可以视为主张辩证法、认识论和逻辑学相一致的黑格尔精神哲学的一种先兆。爱留根纳的这样一些哲学见解在他的母邦爱尔兰"可能是普遍的",①但是,经过他的教学活动和著译活动之传播到法兰西和欧洲大陆却对欧洲大陆的文化复兴和经院哲学的兴起起到了巨大的酵母作用。

3. 大学的诞生

如果说经院哲学的产生与查理大帝的养士之风密切相关的话,则经院哲学的兴盛则在很大程度上依赖于大学的诞生。西欧中古初期,罗马城市几乎全部没落。但是,从 10 世纪开始,随着生产力的发展、手工业与农业的分离和商业的逐渐活跃,作为手工业和商业中心的城市逐渐形成并且逐渐发展起来,行会制度也因此而逐渐盛行。在这种情况下,主教座堂和修道院的学校不仅数量有了明显的增多,而且规模也逐步大了起来。至 12 世纪,一些城市中已经开始出现了各色各样的学院,如艺学院(人文学院)、法学院(社会学院)、神学院和医学院。这些学院也都程度不同地具有行会的性质。至 12 世纪下半叶和 13 世纪初,这些学院之间开始出现了"大的合并",②从而形成了更大的由学生和教师组成的行会或公会(师生联合体),这也就是我们所说的"大学"。大学的拉丁文为"universus",由"uni"和"versus"合成,其中,"uni-"意指"集合"、"联合"或"结合",而"versus"意指"朝向"或"趋向"。因此,大学这个词的基本意义是"走向联合"或"趋向一体",也就是由若干个学院合并成一个更大的相互关联的行业公会。世界上最早的大学是巴黎大学,其他较早的比较著名的大学主要有牛津大学、博洛尼亚大学和萨莱诺大学等。大学的诞

---

① 参阅罗素:《西方哲学史》上卷,何兆武、李约瑟译,北京:商务印书馆 1981 年版,第497 页。

② 参阅约翰·马仁邦主编:《中世纪哲学》,孙毅、查常平、戴远方、杜丽燕、冯俊等译,冯俊审校,北京:中国人民大学出版社 2009 年版,第 209 页。

生对于经院哲学兴盛的意义是显而易见的。首先,大学的诞生推动了世俗文化或人文的研究。各个大学的招牌专业或招牌学院虽然各不相同,例如,巴黎大学和牛津大学以神学院闻名,博洛尼亚大学以法学院闻名,萨莱诺大学以医学院闻名,牛津大学以研究自然科学闻名,但是,它们在重视人文教育方面则是完全一致的。因为按照当时的大学体制和学位制度,只有在人文学院(或称文学院和艺学院)经过六年学习,修完人文七艺的所有课程,取得人文学院学士学位者,才能够进入神学院、法学院和医学院继续深造。这样,人文七艺就成了每一个大学生必修的大学教育的基础课程。① 其次,大学的诞生催生了人们研究大自然的兴趣和实验态度。按照波爱修(Boethius,480—524 年)的说法,人文七艺可细分为两类。其中一类被称作"三科"(trivium),这就是语法、修辞和逻辑,它们被认为是哲学的工具。而另一类则被称作"四艺"(quadrium),这就是几何、代数、天文学和音乐,拉丁文原意为"四条道路",被视为"通向智慧的四条途径"。大学既然以人文七艺为基础课程,便势必会激发学生和学者对大自然的兴趣。牛津大学第一任校长格罗塞特斯特(Robert Grosseteste,约 1168—1253 年)不仅以《论光》这一题目来称谓他的形而上学代表作,而且还在《后分析篇注释》中提出了"经验的普遍原则"理论。理查德·费夏克里(Richard Fishacre,约 1200—1248 年)在牛津大学的第一堂课上所发表的演讲中,即强调性地发出了读"自然之书"的呼吁。而且,与巴黎大学神学教授奥维尼的威廉(Guilelmus Auverrunus,1180—1249 年)将上帝本身理解为自然之书不同,他是直接将受造世界或自然界理解为自然之书的。罗吉尔·培根(Roger Bacon,1214—1292 年)在其代表作《大著作》中不仅像格罗塞特斯特那

① 一如《中世纪哲学史》一书所指出的,人文学院"是一种预备性的学院,为学生们进一步学习法律、医学特别是神学做准备"。参阅约翰·马仁邦主编:《中世纪哲学》,孙毅、查常平、戴远方、杜丽燕、冯俊等译,冯俊审校,北京:中国人民大学出版社2009 年版,第 210 页。

样将数学理解为全部科学的基础,宣称数学是"其他科学的大门和钥匙",而且还第一个使用"实验科学"(scientia experimentalis)这一范畴,强调"实验科学"乃最有用、最重要的科学。这些大学学者对自然科学和实验科学的重视和强调,无疑对托马斯·阿奎那的感觉论思想和自然神学思想(关于上帝存在的宇宙论证明)产生了积极的影响,并且成了17世纪弗兰西斯·培根经验主义认识论的先声。第三,大学的诞生酿造了一种理性思维和自由争鸣的学术空气。在中世纪的大学里,特别是在这些大学的人文学院和神学院里,普遍存在着一种程式化的教学方法。按照这种方法,大学的教学环节主要由两个环节组成,这就是"授课"和"争辩"。授课(lectio)的原意是阅读:由学生阅读指定教材,由教师对所读教材作出解释。争辩则区分为两种,这就是"问题争辩"和"自由争辩"。问题争辩是在课堂上进行的,其程序通常为:先由教师提出一个论点,并由他本人或由某个学生针对该论点进行反驳;然后由助教对该论点进行正面论证,并答复反驳意见;学生或教师也可以针对该助教的论证和答复提出新的反驳意见和问题;这种发问和回答、论证和反驳往往反复多次;最后,教师对他最初提出的论点作出是否成立的结论。自由争辩则是在公开场所进行的。实际上是一种辩论会,通常在新学期开学后数周内进行,也有在节日进行的。其程序通常为:首先由与会者提出一个或多个问题,然后由教师就其是否为"可解决的问题"表态;在教师给予认定后,即依照"问题争辩"程序展开争论。这样一种教学方法所贯穿的其实也就是经院哲学家们所使用的辩证法。经院哲学家们的许多重要著作,如托马斯·阿奎那的《神学大全》也就是依据这样的方法展开的。最后,新诞生的大学成了培植经院哲学家的摇篮和基地。按照1215年获准的巴黎大学条例,一个人要具有教授神学的资格,就需:(1)经过六年学习,获得人文学院的学士学位(baca-laureus);(2)进入神学院至少学习八年,获得圣经学士、神学学士和完全学士三个学位;(3)经过授课实习;(4)获得神学硕士。除早期少数几个经院哲学家外,著名的经院哲学家,如托马斯·阿奎那、波那文都(波纳文图拉)、格罗塞特斯特、大阿尔伯特、埃克哈特、约翰·邓斯·司各脱、威廉·奥康、罗吉尔·培根等,没有不受过大学系统而严格的学术训练的。

4. 共相之争——实在论和唯名论

构成经院哲学兴起和兴盛的文化要素和文化背景,除查理大帝的养士之风和大学的诞生外,还有一项重要内容,这就是自 11 世纪末开始的共相之争。共相问题最早是由 3 世纪的新柏拉图主义者波斐利(Porphyre,约 232—305 年)在《亚里士多德〈范畴篇〉导论》中提出来的。在波斐菲利看来,共相问题的实质主要在于:"种和属是否独立存在,抑或仅仅存在于理智之中? 如果它们是独立存在,它们究竟是有形的,抑或无形的? 如果它们是无形的,它们究竟与感性事物相分离,或者存在于感性事物之中,并与之相一致?"①波斐菲利虽然提出了问题,但是却没有给出任何答案或提示。然而,波斐利提出的共相问题在沉寂了近 8 个世纪之后,至 11 世纪末却忽然成了逻辑学或哲学的一个重大的热点问题。当时的著名学者差不多都卷入了这场争论。当时参与争论的学者分成了两派,这就是实在论和唯名论。实在论(realismus)强调共相即种相和属相的实在性,主张种相和属相不但先于个体事物而存在,而且还是个体事物得以存在的理据和原因。与此相反,唯名论(nominalismus)则强调个体事物的实在性,而根本否认共相即种相和属相的实在性,认为后者只不过是人们为了认知的方便而杜撰出来的"共名"而已。在参与早期共相之争的学者中,比较著名的有贝桑松的嘉兰度(Garlandus of Besançon,约 1080—1149 年)、贡比涅的罗色林(Roscelinus,约 1050—1125 年)和香蒲的威廉(Guillaume de Champeaux,1070—1120 年)。香蒲的威廉,作为实

---

① 参阅《西方哲学原著选读》上卷,北京:商务印书馆 1981 年版,第 227 页。

在论的领军人物,开始时主张"物质/本质二分的本质实在论",后来又倡导一种"中性理论"。按照他的"本质实在论",每一个属相和种相都有一种普遍本质,都是一种普遍实体,为属于该属相和种相的所有个体事物所分有,而所有这些个体事物则因其偶性而成为个别的。而按照他的"中性理论",则属于同一个属相的诸多个体事物同时是一,因为它们就其性质而言彼此"没有区别"。与此相反,贝桑松的嘉兰度则强调殊相的实在性,而仅仅把属相和种相理解成"语词"。罗色林比他更进一步,宣称属相和种相不仅是一种"语词",而且是一种"声响"(flatus vocis)。这样一来,他就进而把唯名论转换成了一种"唯声论"。鉴于上述学者的上述极端立场,后人将他们的观点分别称作极端实在论和极端唯名论。随着争论的深入,随着双方片面性的暴露之越来越充分,这两个派别在共相之争中的立场和观点逐渐出现了某种趋同的迹象。这一点在阿伯拉尔身上得到了相当鲜明的体现。阿伯拉尔(Petrus Abaelardus,1079—1142 年)曾于 1094 年拜师罗色林,后来因为不满意后者的极端唯名论立场而于1100 年师从香蒲的威廉学习,但香蒲的威廉的极端实在论立场也同样不能使他感到满意,于是阿伯拉尔提出了自己的新的共相理论,即"概念论"。按照阿伯拉尔的概念论,共相并非像香蒲的威廉所说的那样,是一种普遍实体,而是一种逻辑概念和心灵中的观念。从存在论的立场看问题,根本不存在极端实在论者所说的"普遍实体"和"普遍偶性",而只存在有"个别实体"和"个别偶性"。然而,共相也并不因此而成为罗色林所说的无意义的"声响"。凡共相都是一种有意义的"语词",总要"意指"一些什么。而共相所意指的东西不是别的,而是同类个别事物在情状(status)方面的相似性。换言之,共相虽然只是我们心中的观念和逻辑概念,但在个别事物中却也是有其存在论基础的;正因为如此,有学者称阿伯拉尔的共相为"在物共相"(universale in re)。① 阿伯拉尔的概念论不

---

① 参阅邬昆如、高凌霞:《士林哲学》,台北:五南图书出版公司 1996 年版,第 49—51 页。

仅扬弃了极端实在论,而且也扬弃了极端唯名论,使得中世纪的共相理论获得了一种较为中庸的形态。由于他取这样一种双向扬弃的态度和立场,故而有人因此将其概念论称作"温和的唯名论"(如马仁邦),也有人因此而将其称作"温和的实在论"(如邬昆如)。① 下面我们就会看到,阿伯拉尔的概念论对于后世的经院哲学,特别是对托马斯·阿奎那的存在论和认识论,有着相当重大的影响。

5. 亚里士多德著作的翻译

经院哲学的兴起和兴盛不仅与查理大帝的养士之风、大学的诞生和共相之争密切相关,而且也与亚里士多德著作的翻译密切相关。诚然,早在公元6世纪,波爱修就翻译过亚里士多德的著作,但是,当时波爱修只翻译出了亚里士多德的逻辑学著作《工具篇》,而且其中的《分析前篇》、《分析后篇》、《论辩篇》和《正位篇》等直至12世纪才被人发现。亚里士多德的著作绝大部分是在12世纪之后的100多年期间经人翻译才逐步重新进入欧洲学人的视野之中的。其所以能够如此,在很大程度上得益于自1095年开始一直绵延到1291年的十字军东征。十字军的东征,特别是1203年十字军攻陷君士坦丁堡,使得包括亚里士多德著作在内的相当一部分希腊典籍得以重新回到欧洲人的手中,从而极大地推动了欧洲学者对亚里士多德著作的翻译和研究。在所有这些翻译家中,最为重要的当数意大利的多米尼克僧侣莫尔伯克的威廉(Wihelm von Moerbeke,约1215—1286年)。他的译作的数量之大、质量之高都是无人能够比肩的。从数量上说,莫尔伯克的威廉不仅翻译了亚里士多德的《范畴篇》和《分析篇》等逻辑学著作,而且还翻译了亚里士多德的《物理学》、《论天》、《论生灭》、《气象学》、《论灵魂》、《论感觉》、《论记忆》、《论梦》、《论发

① 参阅约翰·马仁邦:《中世纪哲学》,孙毅、查常平、戴远方、杜丽燕、冯俊等译,冯俊审校,北京:中国人民大学出版社2009年版,第175—179页;也请参阅邬昆如、高凌霞:《士林哲学》,台北:五南图书出版公司1996年版,第51页。

明》、《论长短》、《论气息》、《论朽灭》、《动物志》、《形而上学》、《尼各马可伦理学》、《政治学》、《修辞学》和《诗学》等著作。从质量上说，他既不是像有些译者那样是从阿拉伯文译成拉丁文的，更不是像他的同胞冈萨里兹（Domingo Gonzalez）那样先由别人由阿拉伯文译成西班牙文、他再由西班牙文译成拉丁文，而是直接根据希腊文原本译成拉丁文。正因为他的译文的可信度高且数量又多，托马斯·阿奎那所采用的差不多都是莫尔伯克的威廉的译本。

中世纪经院哲学与大多数哲学形态一样，也经历了一个包含着酝酿期、兴盛期、鼎盛期和式微期在内的发展过程。我们可以把我们在前面讨论过的爱留根纳视为中世纪经院哲学酝酿时期的主要代表人物。爱留根纳对中世纪经院哲学的影响至今依然见仁见智，但是，他之在方法论上注重逻辑学和辩证法，注重寻求"最深奥的理性"，注重从"受造自然"向上帝的回溯，他之在本体论上注重"创造"这一基督宗教哲学的核心范畴等等，无论如何，都是与经院哲学的路向完全一致的。

6. 安瑟尔谟

中世纪经院哲学兴盛期的主要代表人物有安瑟尔谟和阿尔伯特。安瑟尔谟（Anselmus Canerbury，1033—1109 年）是基督宗教哲学史上"一个重要人物"，以关于上帝存在的本体论证明而著称于世。他常常被称作"主流思想家"，其实，他是一位革新家，至少对于他所在的时代来说，他不是以"主流思想家"的面貌出现的。安瑟尔谟的革新精神主要体现为一种比较彻底的理性精神。如果说爱留根纳的兴趣主要在于探求"最深奥的理性"的话，安瑟尔谟的兴趣则主要在于"理解信仰"，展现信仰的"合理性"。他的代表作《独白》（*Monologium*）的原来的标题即为《信仰合理性之沉思》。他的另一部代表作《宣讲》（*Proslogion*）的最初的标题为《信仰寻求理解》，同样旨在阐述信仰的合理性。他曾强调指出："在思考中不能靠经典权威来论辩，⋯⋯要简练地证明理性必然性，不管宣称什么样的研究结论,都要公开地显示出真理的明晰性。"①毫无疑问,安瑟尔谟的"仅仅凭借理性来思考和著述"的信念在当时是一种非常革命的思想,②而且此后一直构成了经院哲学的生命线。上帝存在乃基督宗教信仰的核心问题,而安瑟尔谟的哲学工作最著名的也正在于对上帝存在的理性证明。上帝存在作为基督宗教的一项基本信条是不容怀疑的,然而,我们仅仅凭借理性"能否找到一个独立的充足的关于上帝存在的证明"呢? 安瑟尔谟的回答是肯定的。其答案即是他的基于上帝概念的证明,亦即哲学史上所谓上帝存在的"本体论证明"。他给上帝概念所作的界定是:"上帝是人所能设想之至高至大者"(aliquid quo nihil majus cogitari possit)。③ 需要指出的是,将上帝定义为一至高至大者,并非安瑟尔谟的发明,公元 6 世纪的波爱修和 5 世纪的奥古斯丁便已经提出过类似的概念,甚至古罗马异教作家塞涅卡(Lucius Annaeus Seneca,约公元前 4 年—公元 65 年)也曾将神界定为"人所能设想之至大者"(qua nihil majus cogitari potest)。④ 但是,安瑟尔谟却是运用上帝这一概念理性论证上帝存在之第一人。在安瑟尔谟看来,既然上帝是"人所能设想之至高至大者",他就势必不仅存在于我们的观念(心智)中,而且也存在于现实中。安瑟尔谟的这一证明曾受到他同时代的马蒙其埃修道院的高尼罗的批评,至近代又受到康德的批评,但是,无论如何,安瑟尔谟是第一个将上帝存在与"人的设想"关联起来、用人的理性对上帝存在作出系统证明的思想家。至于这一证明是否有效,至今依然是个见仁见智的问题,这种状况或许还会持续下去。安瑟尔谟不仅在《宣讲》中作出了上帝存在的先天证明,而且还在《独白》中作出了上帝存在的后天证明。在安瑟尔谟看来,既然我们都能经验到"善的事物"、"所有事物的存在"以及"事物的完

---

① *Anselm of Canterbury*, ed.by J.Hopkins and H.Richardson,London:SCM,1974,p.3.
② 参阅约翰·马仁邦:《中世纪哲学》,孙毅、查常平、戴远方、杜丽燕、冯俊等译,冯俊审校,北京:中国人民大学出版社 2009 年版,第 146—147 页。
③ Anselm, *Prologion*, 2.
④ Seneca, *Naturales Quaestiones*, praef.13.

满性"这样一些事实,那我们便可以从中推证出"通过自身而为善"、"通过自身而存在"以及"通过自身而成为最高完满性"的东西,亦即上帝的存在。因为凡善的事物都是藉通过自身而为善的东西而成为善的事物的,凡存在的事物都是藉通过自身而存在的东西而获得其存在的,凡具有完满性的事物都是藉通过自身而成为最高完满性的东西而具有完满性的。安瑟尔谟的这些后天证明虽然还不能与托马斯·阿奎那的上帝存在的宇宙论证明相提并论,但是,至少在致思路向上还是有其一致之处的。

7. 阿伯拉尔

在安瑟尔谟时代,还有一个特别著名的经院哲学家,这就是阿伯拉尔。阿伯拉尔的名望虽然在很大程度上得益于他之为爱洛伊丝的丈夫以及他的坎坷经历,但是在很大程度上也得益于他之为"12 世纪最渊博、最富于创造性的西方哲学家"。① 阿伯拉尔的哲学创造性,不仅在于他在共相之争中提出的具有深广影响的"概念论",而且还在于他对辩证法的创造性理解和运用。如果说在安瑟尔谟那里,辩证法主要的是一种证明推理的话,那么在阿伯拉尔这里,辩证法则主要的是一种辩证推理;如果说安瑟尔谟的辩证法主要在于悬置权威的话,那么阿伯拉尔的辩证法则主要在于审视权威和批判权威。他在《是与否》的前言中郑重地告诫人们说,对一切未辨真伪的权威著作"都要有充分的自由进行批判,而没有不加怀疑的接受的义务,否则,一切研究的道路都要被堵塞,后人用以讨论语法和论述难题的优秀智慧就要被剥夺"。相对于安瑟尔谟,阿伯拉尔对人类理性和辩证法的理解有着更为积极和更为自由的内容:如果说安瑟尔谟在"信仰寻求理解"的口号下,使辩证法成为证明上帝存在的一种工具的话,那么安瑟尔谟则在"理解导致信仰"的旗帜下,使辩证法终于成为研究问题、审视权威、发现真理的根本途径。阿伯拉尔的辩证法使得

---

① 参阅约翰·马仁邦:《中世纪哲学》,孙毅、查常平、戴远方、杜丽燕、冯俊等译,冯俊审校,北京:中国人民大学出版社 2009 年版,第 172 页。

基督宗教哲学和基督宗教神学获得了"辩证神学"的新的理论形态,成为后世经院哲学家著述哲学著作和神学著作的样板。经院哲学的经典著作,如伦巴底(又译隆巴尔迪)的《箴言四书》和托马斯·阿奎那的《神学大全》等,都是大体沿用《是与否》以"论题"和"论辩"("是"与"否",亦即"正题"和"反题")的模式展开的。

8. 大阿尔伯特

鼎盛时期的中世纪经院哲学的主要代表人物,除阿奎那外,还另有大阿尔伯特和波那文都。大阿尔伯特(Albertus Magnus,1200—1280 年),按照罗吉尔·培根的说法,是一个破例"在世时就被奉为权威"的著名学者。他的哲学活动不仅在振兴当时相对滞后的德语区的经院哲学方面发挥了重要作用,而且对于整个欧洲的经院哲学事业也产生了巨大的影响。他的影响首先就表现在他之维护哲学的科学性和相对独立性。在经院哲学史上,大阿尔伯特第一个明确地区分了哲学和神学,强调哲学并非是神学的婢女,而是一种区别于并且独立于神学的认识途径和认识模式:哲学依靠自然之光(亦即理性),按照事物自身认识事物;而神学则依靠超自然之光(亦即启示),根据信仰认识事物。[1] 他指出:"启示有两种方式,一种通过和我们同样自然的光,这是向哲学家启示的方式。……另一种光朝向高于世界的实在的知觉,它高于我们,神学在这种光中被揭示。第一种光照耀在自身便可知的事物,第二种光照耀着信条里的事物。"[2]他的这样一种哲学观对中世纪经院哲学,特别是对阿奎那的经院哲学产生了深刻的影响。大阿尔伯特高人一筹的地方还在于他对自然研究的特殊兴趣及其研究自然的经验方法。他把自然哲学界定为以实际存在的事物为对象的"实在科学",强调经验观察和经验分析,无论是对脱离经验事实的逻辑推理还是对片面的数学方法都不感兴趣。他的自然哲学思想集

---

[1] 参阅赵敦华:《基督教哲学 1500 年》,北京:人民出版社 1994 年版,第 349 页。
[2] 大阿尔伯特:《神学大全》,第 1 部,第 1 篇,第 4 题。

中地体现在他的《被造物大全》一书中,该书以创世说为背景,将创世过程区分为四个阶段。它们分别是:(1)质料或作为有形实体的物质元素创造阶段;(2)时间和运动创造阶段;(3)作为上帝位置的太空创造阶段;(4)天使或无形实体创造阶段。不难看出,大阿尔伯特的自然体系与爱留根纳的自然体系在致思路向和理论旨趣方面是大不相同的。也许正因为如此,有近代“实验科学”先驱之称的罗吉尔·培根曾对大阿尔伯特的包括自然哲学在内的哲学思想给予高度的评价。

9. 波那文都

波那文都(又译作波纳文图拉,Bonaventura,1221—1274 年)是一个与托马斯·阿奎那同时代的经院哲学家。他于 1243 年在巴黎大学人文学院获得学士学位,于 1257 年秋季与托马斯·阿奎那一起获得神学硕士学位。与托马斯·阿奎那此后全身心致力于学术研究的人生路向不同,波那文都当年便被推选为弗兰西斯学会总会长,晚年还曾被任命为红衣主教,从而成了一位宗教事务活动家,尽管他也并未因此而完全放弃学术研究。或许正是出于人生路向方面的这样一种差异,在对待哲学和理性方面,波那文都表现出了与大阿尔伯特等学者迥然相异的态度和立场。波那文都的代表作主要有《论学艺回归神学》和《心向上帝的旅程》。在这些著作中,波那文都虽然也承认“被造物”世界和感性认识的作为认识起点的地位,但他始终强调的是神学和圣典,而不是哲学和世俗人文。他不仅视哲学家的“学艺”为最低等级的知识,而且还将哲学视为“永恒虚假性”的学问。如果说大阿尔伯特关注的主要是人的理性和感性(经验或观察)的话,波那文都关注的则主要是人的灵性。他曾经用“影子”、“足印”和“肖像”来刻画存在的三个层次和认识的三个阶段。他用影子来意指感性世界(感官认识),用足印来意指理念世界(理性认识),用肖像来意指我们的灵魂(灵性直观认识),断言,在感性认识阶段,我们认识到的只是上帝的影子,在理性认识阶段,我们认识到的只是上帝的足印,我们只有回归内心,藉灵性直观,才能在人的灵魂上,接受上帝的"光照",洞见到上帝本身。而他所谓从"学艺"回归"神学",所谓"心向上帝的旅程",说到底就是由感性认识上升到灵性直观知识、从见到上帝的影子到见到上帝的足印再到见到上帝的肖像或上帝本身的进程。① 不难看出,波那文都虽然也接纳了一些亚里士多德的观点和立场,但是总的来说却带有较为浓重的奥古斯丁主义和新柏拉图主义的理论色彩。

10. 邓斯·司各脱

从 13 世纪末开始,随着对阿维洛伊主义的大谴责、订正派与反订正派的大论战以及唯名论思潮的勃兴,中世纪经院哲学逐步步入了它的式微时期。这个时期的情况比较复杂,我们不妨将司各脱和埃克哈特视为其主要代表人物。司各脱(John Duns Scotus,1266—1308 年)是中世纪经院哲学中的一个重量级人物。他在世时虽然经历坎坷,但在其去世之后却赢得了许多追随者,而这些追随者在法兰西斯会的支持下,逐步形成了一个新的哲学派别,这就是所谓司各脱主义。在订正派与反订正派大论战的大背景下产生的司各脱主义,在经院哲学的后来发展中,扮演了相当重要的角色,逐步形成了与托马斯主义、波那文都主义鼎足而立的第三极。司各脱虽然年纪很轻的时候就加入了弗兰西斯会,但是,他的哲学却具有明显地区别于波那文都主义的理论特征。与波那文都力图抹煞哲学与神学、理性与信仰的差异不同,司各脱则强调哲学与神学、理性与信仰的区别,强调哲学和理性的认知功能,认定信仰虽然超乎理性,但理性却并未因此而失去其巨大的认知功能,凭借理性,我们不仅可以获得抽象知识(物理共相和形而上学共相),而且还可以获得关于个别事物的直观知识,甚至还可以通达信仰。就此而言,司各脱倒是比较接近托马斯主义。然而,作为弗兰西斯会成员,司各脱并未因此而走向托马斯主义。因为,

---

① 波那文都:《创世六天宣讲篇》,第 19 讲,第 12 节。

在司各脱看来,理性虽然具有巨大的认知功能,但理智认知活动毕竟还有个动因问题和动因的动因问题。在理智的动因问题上,司各脱既反对亚里士多德的"白板说",也反对奥古斯丁的"光照说",认为无论是外在的事物(白板说)还是我们的灵魂本身(光照说)都不可能单独地构成理性认知活动的动因,唯有"这两个因素在一起"才能构成"知识的完整原因"。① 然而,对于司各脱来说,理性的认知活动除动因外,还有一个终极动因问题或动因的动因问题,这就是他所谓的意志问题。因为推动理性去理解和实践的东西不是别的,正是意志。尽管司各脱的这样一种意志主义区别于现代哲学中的叔本华的意志主义,归根到底是一种理性主义的意志主义,但是,无论如何与托马斯·阿奎那的理性主义路向是大相径庭的。

11. 埃克哈特

大阿尔伯特特别著名的学生中,除托马斯·阿奎那外,还有另外一个,叫埃克哈特(Johannes Eckhart,1260—1327 年)。与司各脱的意志主义不同,埃克哈特则强调理智。他以《约翰福音》中的"太初有道"的说法为依据,断言上帝的本质既非托马斯·阿奎那所说的"存在",也非司各脱所说的"意志",而是"理智"。在埃克哈特看来,不仅上帝的本质在于理智,而且我们的灵魂的最高层面也在于理智,"上帝就在心灵之中",从而为我们在心灵中与上帝合一奠定了本体论根据。因此,人生和哲学的根本努力便在于通过"忘我",攻克"灵魂堡垒",在内心或灵魂中与上帝相会,让"基督在我里面生活"。② 埃克哈特可以说是中世纪神秘主义思潮的主要代表人物。在中世纪后期,还有几个比较重要的思想家,诸如阿维森纳、阿维洛伊、阿尔法拉比、威廉·奥康、罗吉尔·培根和苏亚雷斯等。但是,鉴于这些人物在本书的后面部分将有专门的阐述,这里就不予

① 司各脱:《牛津评注》,第 2 卷,第 3 部,第 7 题第 20 条。
② 参阅《新约·加拉太书》2:20。

赘述了。

12. 托马斯·阿奎那

尽管在中世纪经院哲学的发展过程中,涌现出了上述众多著名的哲学家,但是,无论如何,他们中最为著名的还是作为中世纪经院哲学集大成者托马斯·阿奎那(Thomas Aquinas,1224/1225—1274 年)。阿奎那生于当时的那不勒斯王国的一个贵族世家。他 5 岁时即入著名的卡西诺修道院当修童。1239 年在该修道院关闭之后,到那不勒斯大学学习,开始接触亚里士多德哲学。1243 年左右,阿奎那加入了多米尼克托钵僧会。随后摆脱执意要他攀升圣职的家庭的阻挠,到巴黎和科隆跟随大阿尔伯特学习。大阿尔伯特非常赏识托马斯。阿奎那由于沉默寡言而被同学戏称"西西里哑牛",但大阿尔伯特却预言道:"这只哑牛将来会吼叫的,他的吼声将传遍世界。"经大阿尔伯特推荐,1252 年阿奎那进入巴黎大学神学院学习,1256 年与波那文都同时获得神学硕士学位,正式开始了他的教学和著述生涯。当年,他受修会委托至罗马创办罗马大学馆。1268 年奉命重返巴黎大学,一方面反对当时人文学院盛行的阿维洛伊所代表的激进的亚里士多德主义,另一方面又反对当时神学院盛行的以弗兰西斯会学者为代表的保守的奥古斯丁主义。1272 年,阿奎那又被修会委以在那不勒斯建全修会的学术中心即全修会总学馆的重任,其后他同时在总学馆和那不勒斯大学任教。1973 年 12 月,阿奎那中风。1274 年 2 月健康状况急剧恶化。当年 3 月,在前往里昂参加主教会议的途中去世。阿奎那去世后,一方面,他的思想受到巴黎大学和牛津大学的谴责;另一方面,他作为一个思想家的地位却稳步上升。1323 年,他被教皇约翰二十二世追谥为圣徒;1567 年,教皇庇护五世又将其册封为"教会圣师"。阿奎那的思想虽然在宗教改革时期较为沉寂,但是,在 1879 年教皇利奥十三发出《永恒之父通谕》,号召重建托马斯主义之后,他的思想再次获得了较高的地位。

阿奎那卷帙浩繁。其总字数如果汉译过来,当在 1500 万字以上。他的全集出了四个版本,其中以 1570 年的庇护版和 1882 年的利奥版为权威版本。托马斯的著作可分为四大类:(1)注释类;(2)辩论类;(3)大全类,有《反异教大全》和《神学大全》两种;(4)小品类。其中,最为重要的有《论存在者与本质》(1254—1256 年)、《反异教大全》(1259—1264 年)和《神学大全》(1265—1273 年)。《论存在者与本质》虽然是阿奎那的早期作品,却也是阿奎那小品类作品中最见系统的形而上学著作,是我们了解和研究阿奎那哲学思想不能不读的著作。《反异教大全》也是阿奎那的一部早期著作。这部著作是阿奎那应多米尼克会总会会长圣莱芒德的要求而写作的。圣莱芒德希望阿奎那写作一部著作指导在西班牙摩尔人中间传道的修士,该著作因此而冠以《反异教大全》这个标题。但是,在托马斯看来,既然要反对异教,我们就不能运用异教所不承认的基督宗教的信仰及其《圣经》,而只能运用基督宗教和异教共同认可的理性、哲学和真理来证明基督宗教的信仰,故而该书又被称作《真理大全》和《哲学大全》。《神学大全》是托马斯的一部未竟的著作。这部书是为训练初学者而写的,因而是一部相当全面、相当系统的神学著作和哲学著作。全书分为三集。其中第 1 集论上帝,着重讲述上帝的存在、各种属性及其受造物(特别是人)。第 2 集论人的伦理行为,着重讲述人的最后目的、德性(信望爱“三圣德”和智义勇节“四枢德”)、自然法和恩典等。第 3 集及其补篇论耶稣基督,着重讲述道成肉身、圣事和肉身复活等。阿奎那生前只完成了该书第 1 集、第 2 集和第 3 集的前面 90 个问题的写作,该集的其余部分即所谓“补篇”则是由后人将他的一些早期相关作品集结而成的。

哲学史上有两类哲学家,一类是富于革新精神和批判精神的哲学家,另一类是善于构建严密思想体系的哲学家。阿奎那则兼而有之。阿奎那的哲学既是中世纪经院哲学的集大成者,也是西方哲学史上的一位革新家。① 他

---

① Cf.Etienne Gilson,*The Christian Philosophy of St. Thomas Aquinas*,New York:Random House,1961,p.7.

不仅在广泛吸收前人成果的基础上构建了一个博大、精深的经院哲学体系，而且无论是强调和论证理性和哲学的独立性方面，还是在提出和强调存在的先在性和非实体性、人的全整性和个体性等方面都有一定程度的开创之功。英国历史学家诺尔斯曾将 13 世纪称作西方哲学史上的"革命"时期，①阿奎那无疑是这场革命的主要代表人物或领袖人物。下面我们就依次介绍他的既富于革新精神又较为全面系统的哲学思想。

二、作为神学"主妇"的哲学

从西方哲学史的角度看，经院哲学所面临的首要问题是它的可能性或合法性问题。如前所述，经院哲学是基督宗教哲学的一种理论形态，是基督宗教信条和教义的理论化和系统化。这里就提出了一个问题：一个哲学形态何以可能既是哲学的又是宗教的？与此相关的另一个问题是：既然基督宗教神学和基督宗教哲学一样，都是基督宗教信条和教义的理论化和系统化，则基督宗教哲学与基督宗教神学之间的本质区别究竟何在？如果说第一个问题直接关涉的是理性和信仰的关系问题，第二个问题关涉的则主要是哲学（宗教哲学）与神学的关系问题。不难看出，这两个问题不仅是经院哲学的首要问题，而且也是它的一个基础性问题。经院哲学所有别的问题无不以这样那样的形式与这两个问题相关联。也许正因为如此，无论是在《神学大全》中还是在《反异教大全》中，阿奎那所首先面对并予以阐释的也正是这样两个问题。②

真正说来，这样两个问题也并非仅仅是经院哲学遭遇到的问题，而是所有形态的基督宗教哲学都要面对和都应面对的问题（广而言之，也是所有宗教哲学都要面对和都应面对的问题）。早在教父哲学时期，基督

---

① Cf.*The Cambridge Companion to Aquinas*，ed.by Norman Kretzmann and Eleonore Stump，Cambridge University Press，1993，p.20.

② Cf.Thomas Aquinas，*Summa Theologica*，Ia.Q.1.*Summa Contra Gentiles*，I，cap.1-9.

宗教哲学的可能性和合法性就遭遇到了来自两个方面的挑战：一方面来自极端理智主义的挑战，另一方面来自极端信仰主义的挑战。极端理智主义者，如《真逻各斯》的作者塞尔修斯（Celsus），用理性拒斥信仰，用纯粹的哲学拒斥基督宗教神学。极端信仰主义者，如主张"唯其不可能，我才相信"的德尔图良（Tertullian，145—220 年），用信仰拒斥理性，用基督宗教神学拒斥哲学。然而，无论是极端理智主义，还是极端信仰主义，都有可能对基督宗教哲学采取取消主义的立场。因为既然基督宗教哲学是基督宗教信条和教义的理论化和系统化，则无论对宗教信仰还是对理性证明采取根本否定的态度和立场，都会使基督宗教哲学的可能性和合法性受到挑战、遭到否定。正因为如此，教父哲学在其发展过程中既反对极端理智主义又反对极端信仰主义，而逐渐采取了一种较为中道的理性辩护主义立场。这种立场在奥古斯丁的"基督宗教学说"这一概念中得到了经典性的体现。在奥古斯丁看来，存在有两种哲学，一种是"真正的哲学"，一种是"现世的哲学"。他所谓"现世的哲学"指的是古希腊罗马哲学，而他所谓"真正的哲学"指的是那种直接为基督宗教信条和教义辩护的哲学，而且也正是在这个意义上，他径直将哲学称作基督宗教学说，或将基督宗教称作真正的哲学。不难看出，奥古斯丁所强调的是哲学与宗教信仰和神学的统一性，倡导的是一种与宗教信仰和神学融为一体的哲学。然而，奥古斯丁所倡导的与宗教信仰和神学融为一体的作为"基督宗教学说"的哲学实际上是一种神学扩张主义或僭越主义，而这样一种扩张或僭越也同样势必导致对哲学的取消和抛弃，至少是对哲学的画地为牢，从而从根本上危及了哲学的存在和发展，危及了基督宗教哲学的存在和发展。因为事情正如吉尔松所指出的，奥古斯丁派之接受"基督宗教哲学"的"条件"在于"抛弃哲学"和"唯存基督宗教"。① 奥古斯丁对基督宗教哲学的这样一种理解和界定虽然为教父哲学家们普遍接受，但是，

① Cf. Etienne Gilson, *The Spirit of Mediaeval Philosophy*, tr. by A. H. C. Downnes, New York: charles Scribner's sons, 1940, p. 9.

随着经院哲学的酝酿和兴起,开始遭到了越来越多的批评。11世纪的贝伦加尔(Berengar de Tours,1010—1088年)首先发出了用理性和辩证法审视宗教信仰和神学的呼吁,强调:"理性不知比权威高多少,它才是真正的主人和裁判。"①阿伯拉尔则明确拒绝奥古斯丁主义强加给他的"不加怀疑地接受""权威"的"义务"②。大阿尔伯特则针对奥古斯丁主义的融合说,进一步明确提出了哲学和神学的区分问题。然而,在经院哲学家中,从哲学的立场上,对哲学的相对独立性作出较为允分的肯定、对哲学与神学的区分作出较为全面、较为系统阐述的,则是阿奎那。

哲学的地位问题,或者说哲学与神学的关系问题一向是基督宗教哲学中一个争论不休的问题。"在中世纪,随着封建制度的发展,基督教成为一种同它相适应的、具有相应的封建等级制的宗教。……中世纪把意识形态的其他一切形式——哲学、政治、法学,都合并到神学中,使它们成为神学中的科目。"③因此,对于中世纪基督宗教哲学家来说,重要的并不在于要不要给基督宗教神学以主导地位的问题,而是要不要承认哲学的某种相对的独立性,要不要给予哲学以较高的学科地位问题。早在教父哲学的初期,克莱门特(Titus Flavius Clement,约153—217年)就模仿犹太哲学家斐洛,将哲学称作"主妇"。④ 稍后的奥利金(Origen Adamantinus,181—254年)甚至提出了"知识"高于"信仰"的观点。⑤ 但是,在基督宗教哲学的发展中,这样一种观点很快为"哲学乃神学的婢女"(philosophia ancilla theologiae)所取代。就哲学服务于基督宗教及其神学而言,无论将哲学称作"主妇"还是将哲学称作"婢女"都是没有重大区别的,但是,就哲学的学科地位而言,哲学的主妇地位与哲学的婢女地

① David Knowles, *The Evolution of Medieval Thought*, London: Longmans, 1962, p.37.
② 参阅赵敦华:《基督教哲学1500年》,北京:人民出版社1994年版,第257页。
③ 恩格斯:《路德维希·费尔巴哈和德国古典哲学的终结》,见《马克思恩格斯选集》第4卷,北京:人民出版社1995年版,第255页。
④ 参阅克莱门特:《杂文集》,第2卷,第4章。
⑤ 参阅奥利金:《反塞尔修斯》,第6卷,第14章。

位却是迥然相异的。当我们称哲学是神学的婢女时,这意味着哲学没有独立的学科地位,只不过是劝人接受基督宗教信条及其神学的一种工具而已。而当我们称哲学是神学的主妇时,我们强调的则是哲学与神学一样,也有其独立的学科地位,也有其独立的研究领域,尽管它在与基督宗教信仰及其神学相关的领域内需要与后者保持一致,从而它的学科地位的独立只具有相对的意义。阿奎那所阐释和捍卫的正是哲学的这样一种相对独立性。下面,我们就来看看阿奎那是如何阐释和捍卫哲学的这样一种相对独立性的。

1. 双重真理论

阿奎那用以阐释和捍卫哲学相对独立性的一个重要武器是他的双重真理论。按照奥古斯丁的"光照说",一切真理均来自"光照",来自上帝。"你们若不信,定然不能理解。"①从而对上帝的信仰便成了真理的唯一来源。与奥古斯丁的光照说和真理观不同,阿奎那虽然也承认信仰真理,但他却没有因此而将其视为唯一的真理,而是主张双重真理论。他曾在《反异教大全》中对他的双重真理论作出过较为详尽、较为系统的说明。在《反异教大全》的第 3 章,阿奎那首先批判了当时经院哲学界依然强势流行的唯一真理观,指出:"使真理得以认识的方式并不总是一样的"。他援引亚里士多德的话强调指出:"凡有教养者,都只是在事物本性所允许的范围内去寻求每一种事物的确定性。"②而这就意味着在"信仰真理"(veritas fidei)之外还另有一种真理,这就是"理性真理"(veritas rationis)。阿奎那解释说:"既然理性关于某物知觉到的所有知识的原则在于对该存在者实体本性的理解(因为按照亚里士多德的观点,"一件事物之

---

① 参阅奥古斯丁:《论三位一体》,上海:上海人民出版社 2006 年版,第 212—213 页;也请参阅周伟驰:《记忆与光照》,北京:社会科学文献出版社 2001 年版,第 68—69 页。
② 亚里士多德:《尼各马可伦理学》I,3,1094b24。

所是"乃推证的原则),①则我们借以理解一件事物的实体的那种方式也就必然决定着我们借以认识属于它的东西的那种方式。因此,如果人的理智理解某件事物的实体的话,例如,理解一块石头或一个三角形的实体的话,就没有任何属于该件事物的可理解的特征超出人类理智的把握。"②而且在阿奎那看来,这种理性真理范围很广,不仅涵盖自然哲学(物理学)、数学、本体论、认识论、美学和伦理学等,而且还涵盖一部分神学内容。所以,他接着指出:"在关于上帝我们所信仰的东西中,存在着真理的两种样式(duplex veritatis modus)。有些关于上帝的真理是超乎人的理性的整个能力之外的。上帝既为三个又为一个(trinum et unum),即是这种类型的真理。但是,也存在着一些真理,是人的理性所能企及的。上帝存在,上帝独一等等,即是这样类型的真理。事实上,关于上帝的这样一些真理,哲学家们藉推证已经证明过,而这种推证则是在自然之光的指导下进行的。"③阿奎那的这段话给我们透露了一个极其重要的信息,这就是:理性和哲学的适用范围并不仅限于受造世界,而且还可以进入信仰领域和神学领域,达到造物主,达到上帝。

阿奎那不仅承认信仰真理之外另有理性真理,而且还反复强调和论证了理性真理的可信性和实在性。在阿奎那看来,即使在信仰领域和神学领域,理性真理也与信仰真理一样,具有一定的可信性和真理性。针对一些教父哲学家和经院哲学家贬低理性、断言理性知识常常是错误的和荒谬的观点,阿奎那强调指出:"人类理性天赋的那些东西显然也是最真实的,从而我们是不能够设想这样的真理是错误的。"④他的结论是:"既然关于上帝这种神圣存在(divinorum)有两种真理,其中一种是理性的探究能够企及的,另一种是超乎人的理性的整个能力的,则这两种真理便都

---

① 亚里士多德:《分析后篇》II,3,90b31。
② Thomae De Aquino,*Summa Contra Gentiles*,I,cap.3,3.
③ Ibid.,I,cap.3,2.
④ Ibid.,I,cap.7,2.

是适合于指示给人予以相信的。"①阿奎那为了进一步论证理性真理的可信性、实在性和一定程度上的权威性,他还进一步强调指出,即使信仰真理也不能否认和消除掉理性真理的可信性、实在性和其所固有的一定程度的权威性。他指出:"虽然我们讨论的上述基督宗教的信仰真理(veritas fidei Christianae)超乎理性的能力,可是,人类理性(humanae rationis)自然禀赋的真理却并不与基督宗教的真理相对立。"②对此,阿奎那作了多方面的论证。首先,真理只能与错误相对立,而不可能与真理相对立。既然如上所述,理性真理真实无误,是真理,而信仰真理也真实无误,也是真理,"则信仰真理就不可能与人类理性自然认识到的那些原则相对立"。③ 其次,上帝既是我们的造主,也就是我们本性的造主。既然上帝是我们本性的造主,则我们依照我们本性(即人类理性)所认识到的诸多知识(即理性真理),实质上也是"由上帝灌输给我们的",从而归根到底也是"包含在上帝的智慧之中的",一如"那些由教师灌输进学生灵魂中的东西总是包含在教师的知识之中"。既然如此,"我们藉信仰所持守的由上帝所启示的东西,因此也就不可能是与我们的自然知识相对立的"。④

在阿奎那看来,人类理性不仅能够获得具有可信性、实在性和一定程度的权威性的理性真理,而且即使对于信仰真理也不是毫无作为的。在《反异教大全》第8章里,他甚至专门讨论了"人类理性是如何相关于信仰真理的"这个问题。按照阿奎那的观点,广义的人类理性包括感性认识和理性(狭义)认识两个部分,而且,人类的理性认识是依赖于感性认识,并且"是从感性事物(sensibiles)那里获得其知识的起源的"。⑤ 但是,

---

① Thomae De Aquino,*Summa Contra Gentiles*,I,cap.4,1.
② Ibid.,I,cap.7,1.
③ Cf.ibid.,I,cap.7,2.
④ Cf.ibid.,I,cap.7,3.
⑤ Cf.ibid.,I,cap.8,1.

感性事物本身却是上帝所创造的东西,因而是以上帝为其存在的原因的。凡活动主体所产生的东西都是它自身的类似物,就像我们人类所制造的任何东西总带有我们自身的烙印一样。因此,"结果在其自身之中,以它们自己的方式,具有其原因的类似性(similitudirum)"。这样一来,作为上帝造物的感性事物本身便势必"保留有类似于上帝的某种摹本(imita-tionis)"。① 既然如此,人类理性便可以通过认知感性事物而对上帝的属性有所猜测或有所了解,从而,凭借类比的方式,人类理性便能够"以获得信仰真理知识的一定类似性的方式相关于信仰真理的知识"。② 阿奎那承认,人类理性通过感性事物所获得的关于上帝的知识,是不可能藉直接看到上帝实体本身的人所获得的信仰真理那样"清楚明白的",从而人类理性与信仰真理的这样一种相关性便不足以"使信仰真理的知识像推证地得到理解的或藉自身得到理解的东西那样得到领悟"。然而,阿奎那强调说:"尽管如此,它对于人类理性在这样的证明中历练自身还是有用的:不管这样的作用是多么的弱小,只要不出现武断的领悟或推证,就总能起到一定的作用。因为能够看到最崇高的实在中的某些东西,不管看到的多么微乎其微,一如我们前面所指出的那样,都能成为最大欢乐的成因。"③

　　在讨论阿奎那的双重真理论时还有一点需要提及的是,双重真理论对于阿奎那来说不只是他的哲学和神学中的一个问题,而且还是一个贯穿于其整个哲学和神学体系各个环节的全局性问题。一如他自己在《反异教大全》第 1 卷第 9 章中所说,他在该书第 1—3 卷中所讨论的主要是"理性探究的真理"(veritatis quam ratio investigat),④即"理性真理",而在第 4 卷中着重探讨的则是信仰真理。在具体谈及第 1—3 卷的内容时,阿

---

① Cf.Thomae De Aquino,*Summa Contra Gentiles*,I,cap.8,1.
② Cf.ibid.
③ Cf.ibid.
④ Cf.ibid.,I,cap.9,3.

奎那指出:"我们的目标在于遵循理性的方式阐述和探究人类理性对于上帝所能研究的东西。根据这一目标,我们首先考察的将是属于上帝自身的东西。其次是考察上帝创造受造物的过程。第三是考察受造物达到作为其目的的秩序。"①这就是说,在阿奎那看来,关于神学问题的理性真理主要有三个方面的内容。首先是关于上帝自身的问题(上帝论)。这是《反异教大全》第 1 卷的主题内容。该卷主要阐述了上帝的存在、上帝的属性(诸如现实性、单纯性、完满性、善、独一性、无限性)、上帝的理智、上帝的知识、上帝的意志、上帝的德性和真福等。其次是创造问题(创造论)。这是《反异教大全》第 2 卷的主题内容。该卷主要阐述了创造的主体问题、创造的本质问题、宇宙永恒问题、万物区分问题、理智实体问题、人的复合结构问题、人的理智问题、人的灵魂问题、灵智实体(天使)问题等。第三是天道问题(天道论)。这是《反异教大全》第 3 卷的主题内容。该卷主要阐述了上帝自身乃万物的目的、上帝对万物的治理和上帝对理智受造物的治理等问题。第 4 卷则着重讨论信仰真理,亦即"超乎理性的真理"(veritatis rationem excedit)。② 该卷主要阐述了三位一体、道成肉身、圣事论、肉体复活、肉体荣光、末日审判和新天新地诸问题。构成其中心内容的则是一个救赎问题。阿奎那用来阐述理性真理和信仰真理的方法不同。用他自己的话说就是:在阐释理性真理时,"我们将既开展推证的证明,也开展盖然的证明。其中的一些证明我们将从哲学家们和圣徒们的著作中获得",但是,在阐释信仰真理时,"我们"将"尽可能地应用盖然的证明和权威作品"。③ 但是,这并不意味着在《反异教大全》中,对理性真理的阐释和对信仰真理的阐释是两个完全独立、绝对隔绝的系统。正相反,阿奎那从两个方面强调了他对这两条真理的阐释的相关性和对应性。首先,从宏观上讲,阿奎那强调了阐释理性真理的道路与阐释信仰

---

① Cf.Thomae De Aquino,*Summa Contra Gentiles*,I,cap.9,4.

② Ibid.,I,cap.9,3.

③ Ibid.

真理的道路的同一性。他指出："既然自然理性通过受造物能够攀升到关于上帝的知识，而信仰的知识也能够通过上帝的启示从上帝降临到我们身上，既然上升的道路和下降的道路是同一条道路，我们在受到信仰的超乎理性的事物上行进的道路与我们在前面用理性探究上帝时所行进的道路便必定是同一条道路。"①这就是说，《反异教大全》在阐释理性真理和阐释信仰真理时所遵循的完全是同一条道路，其差异只在于路向方面：阐释理性真理时所遵循的是一条上升的道路，一条从受造物到上帝的道路，阐释信仰真理时所遵循的则是一条下降的道路，一条从上帝到受造物（人）的道路。其次，从微观上讲，《反异教大全》前三卷阐释理性真理的基本环节与第四卷阐释信仰真理的基本环节也是一一对应的。例如，在《反异教大全》的第1卷，阿奎那讨论的是上帝本身，而在第4卷的第一部分，阿奎那讨论的是三位一体，也是上帝本身。再如，在《反异教大全》的第2卷中，阿奎那讨论的是创造问题，在第4卷第二部分中，阿奎那讨论的是道成肉身问题，两者都属于上帝的作为，所不同的只是，前者涉及的是万物的受造，后者涉及的是圣子的受生。最后，在《反异教大全》第3卷中，阿奎那讲的是上帝对万物和人的主宰和治理，而在第4卷第三部分，阿奎那讲的是肉体的复活和灵魂的永福等问题，虽然题材有别，但突出的却都是作为终极目的的上帝。② 因此，虽然逻辑地看，存在有理性真理和信仰真理这样两种真理，但是，在具体的阐释活动中，阿奎那却是紧密地将其结合在一起的。

毋庸讳言，阿奎那并非提出双重真理论的第一人。通常认为，在中世纪第一个提出双重真理论的是阿维洛伊（Averroes，1126—1198年）。③

---

① SCG,I,cap.9,3-5.
② Ibid.,4,ch.1,11。
③ 参阅马仁邦：《中世纪哲学》，孙毅、查常平、戴远方、杜丽燕、冯俊等译，冯俊审校，北京：中国人民大学出版社2009年版，第55页。在谈到阿维洛伊的双重真理论时，阿尔弗雷德·依弗里（Alfred Ivry）写道："尽管人们对'双重真理'的谴责是对他立场的曲解，'阿维洛伊主义'开始变为这些观点的代名词。"

但是,在阿奎那的双重真理论与阿维洛伊的双重真理论之间是存在有许多重大差别的。首先,在阿奎那这里,两种真理相当明确地是以理性和信仰划界的。这从他将两种真理分别称作"理性真理"和"信仰真理"这一点就可以清楚地看出来。其次,无论是阿维洛伊的双重真理论还是阿奎那的双重真理论都强调了两种真理之间的区分和哲学的独立性,但是,与阿维洛伊不同,阿奎那在肯认和强调两种真理区分的基础上又进一步强调了这两种真理之间的一定程度的统一性和兼容性。例如,如上所述,阿奎那断言即使"在对于上帝我们所信仰的东西中"也同样存在有理性真理。再如,即使对于那些超乎理性的信仰真理,我们的理性也能有所作为。这在事实上就等于宣布理性真理与信仰真理是一种部分重合的关系。而在阿维洛伊及其后继者西格尔(Sigerus de Brabant,1240—1284年)那里,更多强调的则是两种真理之间的平行关系。例如,西格尔就曾明确宣布:"不应该以理性研究高于理性的东西,也不要证明理性的错误。"①第三,与阿维洛伊为强调理性和哲学的独立性和崇高地位而将哲学称作"最高真理"不同,②阿奎那虽然也注重强调理性和理性真理的独立性和崇高地位,但他却并没有因此而否定和贬低信仰真理。诚然,阿奎那与阿维洛伊一样,也将其主要精力放在对理性真理的阐述上,但是,阿奎那的这些阐述始终是在两种真理并存的框架内进行的,是在强调信仰真理的"确定性"和"无误性"的前提下进行的。③ 不仅如此,阿奎那还特别强调了他的双重真理论的提法的相对性,断言:"我现在所讲的'关于上帝事物的两种真理'(duplicem veritatem),不是就上帝自身(ex parte ipsius Dei)而言的,因为上帝是唯一而单纯的真理,而是从我们的知识的观点出发(ex parte cognitionis nostrae)考虑问题的,我们的知识是以各种不

---

① Etienne Gilson, *History of Christian Philosophy in the Middle Ages*, New York: Random House, 1955, p.720.

② Cf.David Knowles, *The Evolution of Medieval Thought*, p.200.

③ Cf.Thomae de Aquino, *Summa Contra Gentiles*, I, cap.4,6.

同的方式相关于上帝事物的知识的。"①就一种抽象的理论看,阿维洛伊的双重真理论无疑具有远为彻底的理智主义色彩,在中世纪的哲学语境中也无疑具有更为激进的理论品格,但是,如果我们考虑中世纪经院哲学的生存环境,考虑到经院哲学之为基督宗教信仰及其教义的理论化和系统化这一基本规定性,则我们就不难看出:正是阿奎那双重真理论的这样一种中庸品格,才保证了中世纪经院哲学的可能性、合法性和可行性。在谈到阿维洛伊的哲学命运时,阿尔弗雷德·依弗里曾经凄婉地写道:"在日渐保守的穆斯林氛围中,阿维洛伊提倡的这种伊斯兰哲学随着他的去世而消亡。阿维洛伊没有重要的穆斯林门徒,他的书被阿拉伯读者遗忘了,……幸运的是,犹太人和基督宗教徒对阿维洛伊有着浓厚的兴趣;……基督教徒读拉丁语译本。从13世纪开始人们把阿维洛伊对亚里士多德的注释和原著放在一起读,这些注释本又产生注释;拉丁(更小的范围是希伯来)阿维洛伊主义出现了,它把阿维洛伊主义当作自己的先锋。"②毋庸讳言,阿维洛伊主义即使在当时欧洲经院哲学界也遭到过抵制,不仅波那文都主义者而且阿奎那主义者,甚至阿奎那本人也都曾对之作过相当激烈的批评。就阿维洛伊的双重真理论而言,阿奎那也是依据当时欧洲的社情对其有所接纳也有所摒弃的。而且也正是由于这样一种比较务实和比较清醒的治学态度,不仅使得阿奎那的双重真理论避免了阿维洛伊的双重真理论的厄运,而且还渐次成为经院哲学的主流理论,并对后世经院哲学的发展产生了深广影响。

2. 两种学科论

阿奎那不仅在《反异教大全》中提出和阐释了他的"双重真理论",而且还在《神学大全》中提出和阐释了他的"两种学科论"。按照阿奎那的

---

① Cf.Thomae de Aquino,*Summa Contra Gentiles*,I,cap.9,1.
② 参阅马仁邦:《中世纪哲学》,孙毅、查常平、戴远方、杜丽燕、冯俊等译,冯俊审校,北京:中国人民大学出版社2009年版,第57页。

看法,哲学和神学一样,也是一门独立的科学或学科。我们不仅需要神学学科,而且也需要哲学学科。值得特别注意的是,在《神学大全》中,当阿奎那讨论哲学与神学的关系问题时,他提出的第一个问题是:"除哲学学科外,是否需要任何进一步的学问(Utrum sit necessarium praeter philosophicas disciplinas aliam doctrineam haberi)?"① 如前所述,在《反异教大全》中,阿奎那提出双重真理论的方式是:存在有两种真理,有信仰真理,也有理性真理。② 然而,在《神学大全》中,问题的提法却变成这样:除哲学学科外,是否还需要神学学科? 这就意味着阿奎那对哲学和理性的独立性的强调在《神学大全》中更甚于在《反异教大全》中。因为在《反异教大全》中,当阿奎那讨论双重真理论时是以肯认信仰真理为前提的,反之,在《神学大全》中,当阿奎那讨论两种学科论时却是以肯认哲学学科为前提的。这就是说,在《反异教大全》中,视为当然的无可争辩的构成讨论前提的是信仰真理,在《神学大全》中,视为当然的无可争辩的构成讨论前提的则成了哲学。其所以如此,固然同这两部著作的话语对象有关,因为《反异教大全》旨在提升在异教徒中间开展工作的基督宗教修士或神父的理论素养和工作水平,而《神学大全》则旨在"教育"基督宗教神学的"初学者"(incipientium)。③ 但是,无论如何,这与阿奎那对哲学学科地位的进一步提升和强调不无关系。

尽管如此,阿奎那的两门学科论与他的两重真理论也依然是密切相关的。如前所述,在《反异教大全》中,理性真理和信仰真理的认知对象和认知范围并没有什么根本的区别,都是既关乎受造万物和人又关乎造物主上帝的。同样,在《神学大全》中,哲学和神学的研究对象也没有什么根本的区别,也都是既关乎受造万物和人又关乎上帝的。而它们之间的区别正在于"认识的方式",即我们究竟是依靠理性还是依靠信仰来获

---

①   Thomae de Aquino, *Summa Theologiae*, Ia, Q.1, 1.

②   Thomae de Aquino, *Summa Contra Gentiles*, I, cap.3, 2.

③   Cf. Thomae de Aquino, *Summa Theologiae*, Ia, prologus.

得科学知识的？在这个意义上，我们可以说，阿奎那的两门学科说归根到底是以他的两重真理论为基础的。阿奎那推证说："各门不同科学的区分是由其认识方式的不同决定的。"他举例说，天文学家和物理学家都能够以地球为研究对象，而且也都能够证明"地球是圆的"。但是，天文学家在探究地球时所运用的是数学的方法，也就是说他们根本不考虑物质，而物理学家运用的则是物理学的方法，他们考察的是物质本身。阿奎那由此得出的结论是："没有什么理由说，哲学学科藉自然理性之光所学得的，根本不可能由藉上帝的启示之光认知的另一门科学教给我们。因此，作为神圣学问的神学（theologia quae ad sacram doctrinam）同作为哲学之一部分的神学（theologia quae pars philosophiae）是分属不同种类的学问。"①在阿奎那的这个结论中，有下面四点比较重要：首先，阿奎那明确指出，哲学与神学"分属两种不同的学科"，这就极其鲜明地提出和强调了哲学学科的独立性。其次，阿奎那进而将神学区分为"作为神圣学问的神学"和"作为哲学之一部分的神学"两个部分。他之所以做出这样的区分，乃是因为在他看来，无论是前者还是后者都是以上帝为其研究对象的，故而在这个意义上它们都不妨被称作神学。但是，既然它们的研究进路和研究方式截然相反，则它们便分属于神学和哲学这样两门学科。第三，阿奎那所说的"作为神圣学问的神学"是一种狭义神学，亦即他所谓的"藉上帝的启示之光认知"的"神学"，其所意指的就是我们通常所说的"教理神学"。而他所说的"作为哲学之一部分的神学"其实属于广义的哲学，亦即他所谓的"藉自然理性之光所学得"的学问，其所意指的就是我们现在所说的"自然神学"。第四，由此不难看出，阿奎那在将神学狭义化的同时又将哲学广义化，其目的完全在于将哲学和神学的关系问题聚焦于理性与信仰问题，从而也就不仅进一步昭示了哲学的相对独立性和哲学对于神学的能动性，而且也昭示了他的双重真理论和他的两门学

---

① Thomae de Aquino, *Summa Theologiae*, Ia, Q.1, 1.

科说的内在相关性。

阿奎那的两门学科论不只是他的两重真理论的应用,而且也是他的两重真理论的深化。在《反异教大全》中,阿奎那在讨论理性真理与信仰真理的相关性时虽然也涉及了教理神学,但是就《反异教大全》的总体上看,其理论中心主要地还是放在了"作为哲学之一部分的神学"这个方面。但是,在《神学大全》第1集问题1里,当阿奎那在讨论两门学科论时,却将理性真理与信仰真理的相关性的讨论主要地放到了教理神学这个向度上。阿奎那是从下述几个层面来阐释这个问题的。阿奎那讨论的第一个问题是:"神圣学问是否为科学(scientia)?"在对这个问题的回应中,阿奎那所强调的主要在于,神圣学问(即教理神学)与哲学一样,都是一种理性演绎的学问。差别只在于其理性演绎的大前提或"出发点"不同:哲学"是从藉人的理智的自然之光所认知的原理出发的",神圣学问则是从"上帝启示给它的原理"出发的。① 但是,这样一种差别丝毫无碍于神圣学问之为科学;正像透视学和音乐虽然分别是从藉几何学和算术奠定的原理出发,丝毫无损它们成为科学一样。阿奎那讨论的第二个问题是:"神圣学问是否为一个证明问题(argumentativa)?"这个问题是第一个问题的继续和深入。神圣学问既然是一门理性演绎的学问,其中也就势必存在一个证明问题。因为按照亚里士多德的理解,"所谓证明"也就是"产生科学知识的三段式",从而也就是理性演绎。② 除证明外,亚里士多德的哲学方法论还包括"辩证法"和辩证推理。究竟应当如何恰当地理解和处理证明方法与辩证方法的关系,如何恰当地理解和处理亚里士多德的哲学方法论与基督宗教神学的关系,如前所述,成了经院哲学兴起阶段的一个热点问题。当时的"辩证法"与"反辩证法"之争就是围绕着这些问题展开的。阿奎那对这个问题的回应和思考,可以看作是对这一争论的一个总结。阿奎那的基本观点在于,科学问题本质上是一个证明

---

① Thomae de Aquino, *Summa Theologiae*, Ia, Q.1,2.
② 亚里士多德:《后分析篇》71b18—19。

问题或一个理性演绎问题,而不是一个论辩问题,哲学科学如此,神学科学亦复如此。阿奎那这样说并非意在完全否定哲学论辩和神学论辩的价值,而是在于强调哲学论辩和神学论辩的终极效用问题。就哲学科学而言,那些低级的科学既不能证实它们的原理,也不能同那些否定它们的人们进行论辩,而是把这些事情留给较高级的科学来处理。"但是,这些科学中最高级的科学,即形而上学,却能够同那些否定它的原理的人进行争辩,只要对手肯作出某种让步就行。不过,如果对手寸步不让,那就不可能同他进行任何论辩了,尽管它也可以回答他的一些反对意见。"①同样,神圣学问既然是一种从上帝的启示出发的理性演绎知识系统,则它就能够同任何否认它的原理的人进行论辩。"但是,倘若我们的对手根本不相信上帝的启示,那就不再有任何藉推理来证明信条的方法,而只能回答他的反对信仰的异议。"②这里值得注意的是,无论是在阐释证明的有效性方面,还是在阐释论辩的无效性方面,阿奎那都始终以同一个理性尺度予以审视。这样一种理性精神在中世纪是相当难得的。此外,阿奎那不仅阐释了神圣学问的理性演绎性质和证明性质,而且还进而探讨了作为神圣学问理性演绎和证明之前提的《圣经》问题,较为具体地讨论了《圣经》的语言问题,亦即"《圣经》是否应当使用比喻(metaphoris)?"这样一个问题。这个问题从表面上看讲的是《圣经》的语言问题,但是,从深层看,涉及的则是人的理性和哲学理解和领悟神圣科学的可能性问题以及人的理性和哲学对于神圣学问的功能性问题。首先,《圣经》语言的比喻性质涉及人的理性和哲学理解和领悟神圣科学的可能性问题。因为一如阿奎那所指出的,"使用比喻"就是"藉类比表达问题",而所谓类比也就是"藉有形事物"来"表现上帝的和属灵的事"。既然我们的所有知识都起源于感觉,则认识感性事物并且用感性事物来类比"上帝的和属灵的事"就是我们理性的分内之事,

---

① Thomae de Aquino, *Summa Theologiae*, Ⅰa, Q.1, 8.

② Ibid.

也是哲学科学的分内之事。① 其次,《圣经》语言的比喻性质还涉及人的理性和哲学对于神圣学问的功能性问题。神圣学问,作为一门相当尊贵的学问,是绝大多数人单凭自己的理性思考和理性推证难以企及的学问,如果《圣经》的语言缺乏比喻性质,人类的绝大多数便因此而不可能藉类比来理解《圣经》和上帝的启示,从而神圣学问也就势必因此而成了极个别人的学问。这显然有违于基督宗教的公教性质和世界宗教性质。而《圣经》的语言之所以必须具有比喻性质,其用意也恰恰在于"使那些即使头脑简单得不足以理解理性事物的人"也可以"藉有形事物的类比"来理解《圣经》、理解上帝的启示或任何"属灵的东西"。② 由此看来,哲学对于作为神圣学问的神学的功能实在是多方面的。阿奎那在《神学大全》中不厌其烦地强调神圣学问当利用"人的理性"(ratione humana)和"哲学家的权威"(auctoritatibus philosophorum)问题,③决不是偶然的。

综上所述,一如在两重真理论中,阿奎那既强调了理性真理对于信仰真理的相对独立性,又强调了理性真理对于信仰真理的相关性和能动性,在两种学科论中,阿奎那同样既强调了哲学对于神学的相对独立性,又强调了哲学对于神学的相关性和能动性。阿奎那对于理性真理与信仰真理、哲学与神学关系的这样一种中庸的或辩证的理解和阐释,虽然也受到"基督宗教教义外教化"的谴责,④但是,毕竟一方面为中世纪经院哲学的可能性和合法性提供了既有创新精神又合乎时代潮流的理论根据,另一方面又为他的既富于创新精神又合乎时代潮流的哲学体系的构建奠定了理论基础。

---

① Thomae de Aquino, *Summa Theologiae*, Ia, Q.1, 9.

② Ibid.

③ Cf.ibid., Ia, Q.1, 8.

④ Cf.Etienne Gilson, *The Spirit of Mediaeval Philosophy*, p.7.

三、存在者的形而上学

阿奎那对理性真理和信仰真理、哲学与神学相对相关关系的上述界定,不仅使得他的神学思想获得了超越前人的广度和深度,而且也使他的哲学思想获得了超越前人的广度和深度,从而使其不但成为中世纪最为博学也最为深刻的基督宗教神学家,而且也使其成为中世纪最为博学也最为深刻的经院哲学家。在谈到阿奎那的学术身份和学术地位时,戴维斯曾经指出:"如果阿奎那首要地来说是一个神学家的话,他也是一个值得哲学家们关注的哲学家的神学家。"①阿奎那的这样一种学术身份和理论品格在他的形而上学体系中获得了至为典型的表达。我们下面就会看到,阿奎那对作为哲学最高范畴的"存在"与作为基督宗教神学最高范畴的"上帝"的合一究竟在什么程度上拓宽了经院哲学的理论视野、加深了经院哲学的理论厚度。

阿奎那非常重视形而上学,曾将其称作哲学诸科学中"最高级的科学"(superiori scientiae),②不仅毕生致力于形而上学的体系构建,而且还毕生致力于从形而上学的高度来审视哲学的其他部门,努力将它们奠放在他所构建的形而上学的基础之上。阿奎那的形而上学虽然内容极其丰富,但是我们不妨将其区分为两个部分,这就是"本质论"和"存在论"。本质论和存在论这两个部分是密切相关的。从词源学的角度看,这一点很好理解。因为无论是存在(esse)和本质(essentia),作为拉丁词,都起源于其意义为"我是"的 sum。Esse 乃动词 sum 的不定式,它单纯地意指"去存在",一种存在活动。而本质 essenia 则是与存在活动相关的事物的可理解的和可限定的东西。从这个意义上看,本质问题实际上也是一个

---

① 马仁邦:《中世纪哲学》,孙毅、查常平、戴远方、杜丽燕、冯俊等译,冯俊审校,北京:中国人民大学出版社 2009 年版,第 269 页。

② Cf.Thomae de Aquino, *Summa Theologiae*, Ia, Q.1, a.8.

存在问题。正因为如此,波爱修将存在与本质即定义所表达的形式等同起来,①而奥维涅的威廉也曾使用 esse 这个词来表示人的存在和人的可理解的和可限定的实质或本质。② 与波爱修和奥维涅的威廉不同,阿奎那强调的是 esse 的"存在"或"存在活动"这一层意义。但是,阿奎那也并未因此而排除本质与存在的相关性。③ 事实上,强调存在与本质的区分和统一实乃阿奎那形而上学的真髓。本质论与存在论虽然在内容上因此而相互贯通,但它们的致思路线却正相反:本质论遵循的是一条从存在者至存在或存在本身的致思路线,一条向上的路线;而存在论遵循的却是一条从存在或存在本身至存在者的致思路线,一条向下的路线。

1. 本质论

阿奎那的本质论旨在摆脱传统本质论的束缚,发现事物的真正的本质。古希腊的本质论,从巴门尼德到柏拉图,由于受逻辑主义思维模式的影响,将本质和存在理解为一种普遍性最高的不可定义的逻辑概念,这种状况甚至在亚里士多德那里也没有得到根本的扭转。④ 为了克服传统本质论的这样一种肤浅性和狭隘性,我们就必须在实存论和逻辑学之间作出区分、划定界限,进而从实存论的立场来思考和理解本质问题。正因为如此,阿奎那在其早期最为重要的形而上学论著《论存在者与本质》中一开始就提出了区别实存论或形而上学概念和逻辑学概念的问题,明确地将本质界定为实存论或形而上学的概念,视为"理智的原初概念"(primo intellectu concipiuntur),而把属相(genus)、种相(speciem)与种差(differentiam)概念界定为"逻辑概念"(intentiones ligicas)。⑤ 按照阿奎那的理

① Cf.Boethius, *The Second Edition of the Commentaries on the ISAGOGE of Porphyry*, IV, 14.

② Cf.William of Auvergne, *De Trinitate*, 2, Paris, 1674, supplementum, p.2b.

③ Cf.Thomae de Aquino, *De Ente et Essentia*, cap.1, 3.

④ 参阅段德智:《试论阿奎那的本质特殊学说及其现时代意义》,《哲学动态》2006 年第 8 期,第 34—35 页。

⑤ Cf.Thomae de Aquino, *De Ente et Essentia*, prologus.

解,如果本质不是一种逻辑概念而是一种实存论概念,则我们为要认识事物的本质,最便当的方法即是从实际存在的存在者(ens)出发。但是,在西方哲学史上,人们却对存在者作出了两种不同的解释。一种解释是把存在者"区分为10类",例如亚里士多德在《形而上学》中就曾经将存在者区分为实体、数量、性质、关系、地点、时间、姿态、状况等10个范畴。[1]另一种解释是把存在者理解为"命题的真实性"(propositionum veritatem)。阿奎那认为,我们讨论本质问题是不应当从第二种存在者入手的,因为这一类存在者根本就不具有本质。按照第二种解释方式,任何事物,凡是能够对之形成一个肯定命题的,就可以被称作存在者,即使那命题没有肯定任何东西实际存在,亦复如此。这样一来,"缺乏"(privationes)和"否定"(negationes)也就可以算作存在者了。因此,我们可以说"肯定与否定是相对立的"以及"盲是存在于眼中的"。从实际存在的事物出发,以实存论为其本质论的前提和基础乃阿奎那本质论的一项根本特征。

然而,既然实际存在者,如上所述,被区分为10个范畴,而这10个范畴又可被划分为两大种类即实体和偶性,则阿奎那从实际存在者出发对本质的考察因此而自然地由两个部分组成,即一方面是对存在于实体中的本质的考察,另一方面是对存在于偶性中的本质的考察。但是,由于在存在者中实体的地位高于偶性的地位,"存在者这个词是绝对地和首先用来言说实体的,是随后并且是在次要的意义上用来言说偶性的,故而本质也就内在地和真实地存在于实体之中,而只是以一定的方式并且是在从属的意义上才存在于偶性之中的",阿奎那便特别注重对存在于实体中的本质的考察。

按照阿奎那的观点,存在有三种类型的实体。这就是"受造的物质实体"("复合的实体")、"受造的理智实体"("单纯的实体")和上帝。

---

[1] 参阅亚里士多德:《形而上学》V,7,1017a22—35。

与此相应,也就存在有三种类型的本质。这就是在受造的物质实体(复合实体)中所发现的本质、在受造的理智实体(单纯实体)中所发现的本质和上帝的本质。① 这三种类型的本质在内容上相互区别,构成了阿奎那本质学说体系的三个基本层面或基本环节。

阿奎那首先着力考察的是受造的物质实体(复合实体)的本质。在本质论中,受造的物质实体所意指的是那种由形式和质料组合而成的实体。因此,他也常将其称作复合实体。他曾经以人为例来解说复合实体或受造的物质实体的复合性质。因为人总是由身体和灵魂组合而成的,而人的身体即是人的质料,而人的灵魂即是人的形式。他的这种观点原本来自亚里士多德的"质型论",但他却赋予其新的内涵,从中引申出了新的结论。这就是,既然复合实体或受造的物质实体是由形式和质料组合而成的,则"我们便不能够说单单形式和质料中的任何一方都可以称作复合实体的本质"。② 针对传统本质观的逻辑主义倾向,阿奎那强调指出,单单一件事物的质料固然不能构成复合实体或受造的物质实体的本质,"单单形式也不能说成是复合实体的本质,即使有人极力主张这样"。③ 他论证说:"一件事物的本质显然就是该事物的定义所意指的东西。但是,自然实体的定义不仅蕴含有形式,而且还蕴含有质料;否则,自然实体的定义与数学定义就会毫无二致。"④他以味觉打比喻说:尽管味觉是由溶解含水分的事物的动物的发热的活动造成的,尽管热气在这种情况下是甜味的原因,但是,一件事物之被称作甜的,并不仅仅是由于它的温度,而是由于它的味道,而它的味道是整合了热气与含水分的东西的。

与在阐释复合实体或受造的物质实体的本质时强调其本质的复合性

---

① Cf.Thomae de Aquino,*De Ente et Essentia*,cap.5,1.
② Ibid.,cap.2,1.
③ Ibid.
④ Ibid.

不同,阿奎那在阐释受造的"理智实体"(substantia intelligente)的本质时所强调的则是其本质的单纯性。关于受造的理智实体,阿奎那最经常的提法是"脱离质料的实体或独立的实体"(substantiis separatis),①但他有时也将其称作"完全无形"(omnino incorporeus)的实体或"精神实体"。②其目的都在于强调理智实体及其本质的单纯性,都在于强调理智实体的本质仅仅在于形式而不涉及质料。他之所以称其为单纯实体,即是谓此。实际上,在阿奎那这里,单纯实体被说成"脱离质料的实体"也好,被说成"独立实体"、"理智实体"和"完全无形的实体"和"精神实体"也好,所主要意指的却都是基督宗教神学中的天使,尽管也关涉到人的灵魂。因此,阿奎那所强调的理智实体及其本质的单纯性所意指的其实主要的也就是天使的那样一种既区别于上帝又区别于人的那样一种单纯性。在阐释和强调理智实体及其本质的单纯性时,阿奎那首先着力批评了在当时经院哲学界依然颇有影响的以"普遍质型论"命名的"把形式和质料的结构引进理智(intelligentia)之中"的种种意图和观点。早在教父哲学时期,奥古斯丁就曾经提出过"无形的精神质料"问题,断言无论物质的"地"还是精神的"天"都包含着形式和质料。至中世纪,阿维斯布朗(Avicebron,约1021—约1058 年)在其代表作《生命之源》中更是将奥古斯丁的观点发挥成了较为系统的"普遍质型论"。按照阿维斯布朗的说法,所有的受造物,无论是受造的物质实体,还是受造的精神实体,都是由形式和质料组合而成的:物质实体是由形式与形体质料组合而成的,而精神实体则是由形式与精神质料组合而成的。它们之间的差别并不在于它们是否由质料构成,而是在于它们所具有的形式的等级有高有低而已。③ 阿奎那在批评普遍质型论时,将矛头集中指向阿维斯布朗。他对普遍质型论的批评主要是从下面两个方面着手的:首先,阿奎那从理智的功能及其理解活动

① Thomae de Aquino, *De Ente et Essentia*, cap.4,1.

② Cf.Thomae de Aquino, *Summa Theologiae*, Ia, Q.50, a.1.

③ Cf.Avicebron, *Fons Vitae*, III, 18.

入手来批评普遍质型论和精神质料说。他强调指出,我们看到,形式实际
上除非脱离质料及其条件就是不可理解的;而且,形式实际上除非凭借理
智实体的力量也是不可能成为可理解的。"因为正是理智将它们接受进
自身之中并且作用于它们的。"①既然如此,理智实体之具有质料就非但
是一件无益反而是一件有害的事情了。阿奎那由此得出的结论是:"因
此,在任何理智实体中,都应当是完全没有质料的,以至于这种实体既没
有作为其组成部分的质料,甚至也不同于那种印在质料上的形式(forma
impressa in matera)。"②阿奎那不仅从理智的功能的角度来批评普遍质型
论和精神质料说,而且还进一步从形式与质料之间的不对等关系的角度
批评普遍质型论和精神质料说。他指出,无论什么时候,只要两件事物相
互关联,其中一件事物是另一件事物的原因,则构成原因的那件事物便能
够在没有另一件事物的情况下具有存在,反之则不然。然而,我们发现,
形式与质料却是以下述的方式相互联系的:形式能够将存在赋予质料,从
而离开了形式,质料便不可能存在下去。但是,如果离开了质料,形式之
存在下去却并非是不可能的。诚然,在受造的物质实体的情况下,我们发
现形式除非在质料之中便不可能具有存在,这种情况之所以发生乃是因
为那样一种形式距离第一原则较远的缘故。因此,"并非所有种类的形
式都需要质料",像理智实体所具有的这种"最接近第一原则的形式""实
际上是无须质料而自行存在的"。③ 阿奎那由此得出的基本结论在于:复
合实体或受造的物质实体的本质与单纯实体或受造的理智实体的本质之
间的差别在于:前者的本质"不单是形式,而是包含形式与质料两个方
面",而后者的本质则"单单是形式"。④ 从这条基本的结论中又可以演
绎出下面两条次要的结论。首先,物质实体或复合实体的本质既然包含

① Thomae de Aquino, *De Ente et Essentia*, cap.4, 1.

② Ibid.

③ Ibid. cap.4, 3.

④ Ibid., cap.4, 4.

有质料,则它便既可以用来意指一个整体,也可以用来意指一个部分。也就是说,一个物质实体或复合实体的本质并不是在任何情况下都能够用来述说这个事物本身的。但是,理智实体的本质,作为它的形式,在任何情况下,却都只是能够用来述说这个理智实体本身而不能用来意指任何别的东西的。例如,一个天使的本质便只能用来述说这个天使本身。其次,物质实体或复合实体的本质,由于其可接纳进一定的质料之中,便依照其接纳进的质料的区分而增多。从而便出现了这样一种情况:某些事物虽然在种相方面同一,但是在号数方面(numero)却是有差别的。但是,既然理智实体的本质并不被接纳进质料之中,则它就不可能在号数方面有任何增加。从而,"在这样的实体中,我们就找不到属于同一个种相的许多个体,而是在它们之中有多少个体就有多少种相。"《神学大全》在谈到天使时说:"两个天使不可能属于一个种相;正如不可能存在有几个分开的白和几个人性一样",①即是谓此。

尽管从本质论的立场看问题,从理智实体的本质仅仅在于它的形式这个角度看问题,我们可以将理智实体称作单纯实体,但是,这却并不意味着它们"在任何方面都是单纯的"。② 如果我们跳出本质论,从存在论的立场看问题,我们就会发现,即使理智实体也是复合的,也是一种复合实体。因为尽管理智实体与物质实体不同,其本质不是由形式和质料组合而成的,而仅仅是由其形式构成的,但是,它却与物质实体一样,也是由本质和存在组合而成的。正因为如此,阿奎那虽然在讨论理智实体的本质时曾将其称作单纯实体,但是,当其从存在论的立场考察理智实体时便再三地强调指出:"在理智实体中,除形式外还必定有存在","理智实体是形式兼存在(forma et esse)"。③ 因此,倘若我们从存在论的立场看问题,真正单纯的实体只有一个,这就是上帝。因为对于上帝来说,"其本

① Thomae de Aquino, *Summa Theologiae*, Ia, Q.50, a.4.
② Thomae de Aquino, *De Ente et Essentia*, cap.4,6.
③ Ibid.

质即是他自身的存在"(cuius essentia est ipsummet suum esse)。① 一些哲学家,如阿维森纳和奥维涅的威廉等,因此而否认上帝具有本质或实质。但是,阿奎那却并没有因此而否认上帝具有他自己的本质,而只是强调上帝的本质即是他自己的存在,甚至即是他自己。而《反异教大全》第 1 集第 21 章和第 22 章的标题即分别为"上帝即是他自己的本质(Deus est sua essentia)"和"在上帝身上,存在与本质是一回事(In Deo idem est esse et essentia)"。

阿奎那不仅考察了各种类型的实体的本质,而且还考察了偶性的本质。偶性与实体虽然都可以看作是存在者,但却是两种不同的存在者:其中实体是"一种绝对意义上的存在者"(a being in an unqualified sense),是通过自身而存在的;反之,偶性却只是"一定意义上的存在者"(a being in a qualified sense),是凭借实体而存在的。② 从而,实体是"第一种类的存在者"(the primary kind of being),而偶性则只是一种附加的或寄生的存在者。③ 由于"所有偶性中没有一个能够依照本性适合靠自己存在",故而"在抽象的方式下表示出来的偶性"就像是一个非存在者一样。但实际上它们也是一种存在者,只不过是一种依赖于别的东西(实体)存在的存在者,是"属于一种存在者的存在者"(ens entis)。④ 例如,颜色总是某件事物的颜色。偶性虽然不可能独立存在,但是却可以存在于某件事物之中。例如,白色虽然不可能独立存在,但是,它却可以存在于白色的事物之中。⑤ 诚然,无论物质实体的形式还是质料,分别地看,"都不具有完全的本质",但是,无论如何它们也构成实体"本质的一部分"。但是,"一个偶性便既没有一个完全本质的形态,它也不构成本质的一个部分。

① Thomae de Aquino,*De Ente et Essentia*,cap.5,1.

② Thomas Aquinas,*Commentary on the Metaphysics of Aristotle*,tr.by John P.Rowan,Chicago:H.Regnery Co.,1961,VII,lect.1,§ 1248.

③ Ibid.

④ Ibid.,VII,lect.1,§ 1253.

⑤ Ibid.,XII,lect.1,§ 2419.

毋宁说,正如偶性只是在一定意义上才是一个存在者一样,它也只是在一定意义上才具有本质的。"①换言之,偶性只是在相对的或从属的意义上才具有本质的。这里,我们再次看到了阿奎那的本质论是完全奠基于他的实存论之上的:"因为存在者这个词是绝对地和首先用来言说实体的,是随后并且是在次要的意义上用来言说偶性的,故而本质也就内在地和真实地存在于实体之中,而只是以一定的方式并且是在从属的意义上才存在于偶性之中的。"②

2. 存在论

阿奎那的本质论是与他的存在论紧密地联系在一起的。既然阿奎那所说的本质,如上所述,并非一种逻辑概念,而总是存在者的本质,则他所说的本质也就总是要以存在者的现实存在为前提和基础的。因此,阿奎那的本质论归根到底要上溯到存在者的存在何以可能的问题,从而归根到底要上溯到他的存在论。

与本质主义哲学家从本质中推演出存在的立场不同,阿奎那坚持存在与本质的区分(就受造物而言)。在阿奎那看来,"凡不存在于本质或实质概念之中的都是来自本质之外的,都是同本质一起形成复合物的。"③这是因为本质虽然在没有作为其各个部分的诸多事物的情况下是根本不可能得到理解的,但却能够在对有关它的存在的任何事物缺乏了解的情况下得到理解。他举例说,我们能够理解一个人之所是以及一只不死鸟之所是,然而却不知道其究竟是否实际存在。阿奎那的结论是:"存在是某种并非本质或实质的东西(esse est aliud ab essentia uel quiditate)",无论是在受造的物质实体中还是在受造的理智实体中,"一件事

① Thomae de Aquino, _De Ente et Essentia_, cap.6,2.
② Ibid., cap.1,4.
③ Ibid., cap.4,6.

物的存在是一回事,而它的本质、本性、形式则是另外一回事"。① 既然一个存在者的存在与它的本质不是一回事,既然一个存在者的存在不可能从它的本质或实质中推演出来,则它的存在自然也就只能从它的外面获得,只能来自"更高级的实在"。② 正因为如此,无论是受造的物质实体还是受造的理智实体,其存在都不是绝对的,而是相对的和有限的。受造的理智实体与受造的物质实体一样,其存在也并不就是它们的本质,它们的存在同样不是绝对的而是从更高级的实在接受过来的。诚然,就其本质不包含质料而言,从较低的层面看,它们的存在由于其形式不受那种接受它们的质料的能力的限制而不是有限的,但是既然它们的存在是接受过来的,则它们所具有的存在就必定"是受到其接受本性的能力的限制的,从而是有限的"。③ 至于受造的物质实体,其存在的相对性和有限性就更其明显了。"在这些实体中,存在既是接受过来的又是受限制的。这既是因为这样的实体是由于别的事物而具有存在的,也是因为这样的实体的本性或实质是被接受进特指质料之中的。所以,它们无论从较高的层面还是从较低的层面看便都是有限的。"④然而,这样一来,就提出了存在者的存在的源头问题或存在者的存在何以可能的问题。

存在者的存在的源头问题,在阿奎那这里,其实是一个存在者的存在的"第一因"问题。作为存在者的存在的"第一因",从基督宗教神学的立场看,即为上帝,倘若从经院哲学的立场看,即是存在或存在本身。作为受造存在者的存在的第一因的上帝或存在,在一个意义上,也可以称作一个存在者。但是,上帝或存在这个存在者与所有别的存在者不同,他既不包含有质料,也不包含有形式,他甚至也不包含有本质和存在的区分和差

---

① Thomae de Aquino, *De Ente et Essentia*, cap.4,6.
② Ibid., cap.5,4.
③ Ibid., cap.5,4.
④ Ibid., cap.5,10.

异:他的本质也就是他的存在。① 也正是在这个意义上,阿奎那才说上帝或存在本身具有"绝对的单纯性"(in fine simplicitatis),并将之称作"纯粹存在"(esse tantum)。② 这种纯粹存在与古希腊哲学中的"普遍存在"(esse universale)或"公共存在"(esse commune)不是一回事:不仅与巴门尼德和柏拉图所说的存在迥然有别,而且与亚里士多德的"存在之为存在"也大异其趣。它们之间的差别主要在于:(1)公共存在或存在之为存在表示的是所有事物的共有存在,适用于一切事物,而纯粹存在所表示的只是上帝的独一存在。(2)公共存在或存在之为存在是多中之一、个别中的普遍,它存在于事物之中,犹如"月映万川"。但纯粹存在却是事物存在的外部原因,超越一切事物。第二,公共存在或存在之为存在,作为理智抽象的产物,不受相关事物数量多寡的影响。但纯粹存在,作为一种纯粹、简单的概念和一切事物存在的全体,其完善性与每一件事物的存在都息息相关。

这种纯粹存在不仅与公共存在或存在之为存在不同,而且也与别的存在者及其存在不同。这首先表现为,其他存在者都是"拥有"存在的,唯独上帝本身"即是"存在。阿奎那在谈到存在者的一般意义时,曾经将存在者界定为"拥有存在"的"一个东西"。③ 然而,说一个存在者"拥有"存在,这意味着存在原本不是这一存在者本身的内在规定性,而是从别处获得的。但是,这种情况并不适合于作为纯粹存在的上帝。因为上帝是自己存在,其存在不是从别处获得的,而是他自身所是的东西。《出埃及记》中耶和华对摩西讲"我是我所是"(Ego sum qui sum),④即是谓此。上帝是自己存在,其他所有的存在者都是一种自他存在,从自身之外获得

---

① Thomae de Aquino,*De Ente et Essentia*,cap.5,1;also Cf.*Summa Contra Gentiles*,I,cap. 21-22;*Summa Theologiae*,Ia,Q.3,a.3.

② Ibid.,cap.6,10;cap.5,2.

③ Cf.Thomas Aquinas,*On Spiritual Creatures*,tr.by M.G.Fitzpatrick and J.J.Wellmuth,Milwaukee:Marquette University Press,1949,p.52.

④ 《出埃及记》3:14。

其存在。因此,如果将上帝称作存在(现实存在)的话,则所有别的存在者事实上便都是一种潜在的存在。且不要说物质实体是一种潜在的存在,即使天使这样一种受造的理智实体,也依然是一种潜在的存在。因此,在谈到各种存在者的存在样式时,阿奎那写道:"事物存在的样式多种多样。有些事物之拥有存在仅仅是由于其寄寓于个体质料之中。所有的形体都是如此。但是,也有另外一些事物,其本身即是独立存在的本性,并不寓于任何质料之中,然而,其存在却不是它们自己的,而是接受过来的。这些无形的存在者,我们称之为天使。但是,还有一种方式只适合于上帝:上帝即是他自己的独立不依的存在。"①其次,这种纯粹存在与别的存在者及其存在间的差异,还表现为作为纯粹存在的上帝的存在与其他存在者及其存在的关系是一种单向度的主从关系。这就是说,如果没有纯粹存在,如果没有上帝,就不可能有其他存在者及其存在,但是,如果没有其他存在者及其存在,则纯粹存在或作为纯粹存在的上帝的存在便不会受到丝毫影响。换言之,尽管我们可以说所有受造物及其存在都实在地相关于纯粹存在或作为纯粹存在的上帝的存在,但是,我们却不能反过来说,纯粹存在或作为纯粹存在的上帝的存在实在地相关于各种受造的存在者及其存在。阿奎那在谈到这种不对等的关系时,曾经论证说:"既然上帝处于整个受造物系列之外,并且所有的受造物都是由他安排的,而不是相反。那就很显然:受造物是实实在在地相关于上帝的,然而,上帝同受造物却根本不存在任何实在的关联。"②这就极其鲜明地突出和强调了纯粹存在或作为纯粹存在的上帝的存在的绝对独立性和绝对自由:既有赋予和不赋予这个或那个存在者存在的自由,也有赋予和不赋予所有受造的存在者存在的自由。最后,纯粹存在或作为纯粹存在的上帝的存在与所有其他存在者及其存在的更进一步的区别和差异则是它们在实存论和本体论层次上的区别和差异。在纯粹存在与其他存在者的存在

① Thomae de Aquino, *Summa Theologiae*, Ia, Q.12, a.4.
② Ibid., Ia, Q.13, a.7.

的关系中,纯粹存在是因,其他存在者的存在是果,纯粹存在是活动主体,其他存在者及其存在则是"被存在活动作用"的客体。也正是在这个意义上,阿奎那强调指出:"存在者是存在活动产生的个体",①"存在是一个实体被称作存在者的依据(ipsum esse est quo substantia denominatur ens)。"②换言之,纯粹存在与其他存在者的存在的关系是一种创造和被创造的关系。

这样,我们就从存在者出发,终于进展到了阿奎那形而上学的核心层面,即存在层面。在阿奎那这里,所谓存在也就是我们所说的"纯粹存在"或作为纯粹存在的上帝的存在。"纯粹存在"这个词其实是一种同语反复。因为纯粹性或绝对单纯性正是存在的内在规定性。作为纯粹存在的上帝的存在则更是一种对同语反复的同语反复。因为上帝在阿奎那看来,不是别的,正是存在或存在本身。既然如此,上帝存在自然也就成了一种同语反复了。阿奎那在讨论上帝的单纯性和存在的意义时,曾经深刻地指出"'存在'(esse)可以意指下面两件事情中的任何一种。它既可以意指本质的现实,也可以意指藉心灵活动一个谓项连接到一个主项的命题的组合。如果从第一个意义上来理解'存在',则我们便既不可能理解上帝的存在,也不可能理解上帝的本质,所以,我们只能够从第二种意义上来理解。我们知道,当我们说'上帝存在'时关于上帝我们所形成的这个命题是真实的,而我们是从上帝所产生的结果知道这一点的。"③关于我们究竟是如何"从上帝产生的结果知道""上帝存在"的,我们将在后面予以讨论,就目前的话题而论,重要的是阿奎那在这里将存在的意义直接与上帝存在关联了起来。但是,一旦我们将存在的意义与上帝存在关联了起来,一旦将存在与上帝关联了起来,我们就必须对我们所知道的

① *Selections from Medieval Philosophers*, II, ed. by B. Mckeon, New York: Charles Scribner's Sons, 1929, p.164.
② Thomae de Aquino, *Summa Contra Gentiles*, II, cap.54, 6.
③ Thomae de Aquino, *Summa Theologiae*, Ia, Q.3, a.4.

"上帝存在"究竟是何意义作出一番解释。因为一旦我们在绝对的意义上肯认了我们知道"上帝存在",则紧接着的问题便是：既然上帝的本质与上帝的存在是一回事，则我们就势必也同时知道上帝的本质，从而我们也就因此而知道上帝。这显然不是阿奎那的意思。因此，真正说来，阿奎那在这里所讨论的存在，归根到底，就不是"以道观之"，而是"以物观之"，从通常存在者之存在的角度观之，从认识论的角度观之。阿奎那在对存在的意义作出界定时之所以使用"心灵活动"和"命题组合"的字眼，即是谓此。但是，在阿奎那的形而上学中，存在本身虽然是一种绝对超越从而不为我们所确知的东西，但也是我们不能不说的东西。《道德经》曾经将道描述为："道之为物，惟恍惟惚。惚兮恍兮，其中有象；恍兮惚兮，其中有物；窈兮冥兮，其中有精，其精甚真，其中有信，自今及古，其名不去，以阅众甫。"①看来，这些话用来描述作为万物开始和归宿的存在和上帝，也是大体适用的。既然存在或上帝既非质料，亦非形式，甚至也不是我们常识意义上的实体，不是任何现成的东西，我们便不能对它作出任何实质性的规定。因此，如果我们要对存在和上帝说些什么的话，我们就只能够说，存在或上帝是一种活动，一种生生不已的创造活动。根据拉丁文，"存在"（esse）一词是由"是"（sum）一词派生出来的。阿奎那据此解释说："'是'本身所意指的并不是一个事物的存在，……它首先表示的是被感知的现实性的绝对状态。因为'是'的纯粹意义是'在活动'，因而才表现出动词形态。"②他还强调说："存在所表示的无非是某种活动（esse actum quondam nominat）。因为一件事物之被说成存在，不是因为它之处于潜在状态，而是因为它之处于活动状态。"③这就是说，存在的最为基本的意义即是"活动"，而且是"在活动"，或者是"活动本身"。我们知道，在传统的西方哲学中，存在不是被理解为一个普遍的逻辑概念，就是被理

① 《道德经》，第 21 章。
② Thomas Aquinas, *On Spiritual Creatures*, pp.52-53.
③ Thomae de Aquino, *Summa Contra Gentiles*, I, cap.22, 7.

解为一种现成的东西或实体。阿奎那用"活动"来规定存在的做法显然是对传统逻辑主义和实体主义"存在观"的一种颠覆。

阿奎那用活动来规定存在的做法之对传统主义和实体主义存在观的颠覆还表现为他在将存在规定为活动的同时又将本质规定为一种"潜在"。我们知道,按照传统的观点,本质总是被视为某种现实的东西。这一点不仅就柏拉图的理念论看是件再明显不过的事情,而且即使在亚里士多德那里也没有得到根本的改变。因为亚里士多德是在将形式理解为事物的本质的同时又将其理解为事物的现实的。① 然而,在阿奎那这里,情况却发生了根本的变化。阿奎那曾强调指出:"实体的形式如果没有形式落实的事物,即质料,其本身是不可能具有绝对的存在的。"②这样一来,既然作为事物本质一部分的形式其本身的现实存在还有赖于质料,则将其说成现实的东西就显然不尽合理了。而且,既然如上所述,具有本质的任何一件事物,其存在都不可能由其本质推演出来,而只能从外面获得,则该件事物的本质便断然不可能成为现实的,而只能是潜在的。因为一如阿奎那所指出的:"凡是从他物接受某种东西的,都潜在地相关于它所接受的东西,而该事物所接受的东西即是它的现实性。"③由此看来,推动本质由潜在状态达到现实状态的东西不是本质自身,而是存在或存在活动。正因为如此,阿奎那得出结论说:"存在乃一切形式或本性的现实性",④"形式若无具体存在,将不能理解为任何现实的东西。"⑤这就意味着,在阿奎那这里,本质非但不是先于存在的东西,反而是后于本质的东西了。

值得注意的是,在阿奎那这里,"存在先于本质"不仅意味着存在

---

① 参阅亚里士多德:《形而上学》,1045a22—25。亚里士多德在其中谈到"以一项为质料另一项为形式,其一为潜在,另一为实现"。
② Thomae de Aquino, *De Ente et Essentia*, cap.6, 2.
③ Ibid., cap.4, 8.
④ Thomae de Aquino, *Summa Theologiae*, Ia, Q.3, a.7.
⑤ Thomae de Aquino, *De Potentia Dei*, Q.7, a.2.

是一种"使在",是所有其他存在者得以存在的东西,不仅意味着存在是所有其他存在者的本质由潜在状态达到现实状态的东西,而且还是所有其他存在者的属性得以完满的"最高的完满性"。在谈到上帝的完满性时,阿奎那曾经使用过"普遍完满"(universaliter perfectus)和"最完满"(perfectissimus)等字眼。① 诚然,他这样说无疑是在强调上帝的完满性与万物的完满性之间的差异。然而,其中却还内蕴有另外三个方面更深层的内涵。首先,说上帝是完满的、普遍完满的和最完满的,并不是在说,上帝具有完满性或具有普遍完满性,而是在说上帝即是完满性或普遍完满性,一如我们不能说上帝具有存在,而只能说上帝即是存在。其次,完满性的问题归根到底是一个存在问题。"凡存在于任何给定的事物之中的卓越都是就其存在而属于它的。因为就其智慧的结果而言,人是不具有任何卓越性的,除非他是由于其实际具有智慧而成为智慧的。其他种类的卓越,亦复如此。"②即使就上帝而言,也是如此。因为上帝之所以是普遍完满的,正在于他"不是任何别的东西而只是他的存在,是普遍完满的存在(universaliter ens perfectum)"。③ 第三,既然所有事物的存在都是源自上帝这种纯粹存在,都是上帝赋予它的,既然每一件事物之为完满的仅仅是"就其处于现实状态而言的",④则所有受造物的完满性也就因此都来自使其从潜在状态达到现实状态的存在本身或存在活动,都是来自作为纯粹存在的上帝的完满性。正因为如此,阿奎那强调指出:"我在这里把存在理解为最高的完满性,因为活动总比潜在更完满。……存在是一切活动的现实性,因此是一切完满的完满性。"⑤

---

① Thomae de Aquino,*Summa Contra Gentiles*,I,cap.28,a.3,5.

② Ibid.,I,cap.28,a.2.

③ Ibid.,I,cap.28,a.1.

④ Ibid.,I,cap.28,a.6.

⑤ Thomae de Aquino,*De Potentia Dei*,Q.7,a.2.

3. 本质论和存在论的革新性质

阿奎那的形而上学,无论是他的本质论还是他的存在论,都具有明显的革新性质。

阿奎那的本质论的革新性质首先表现为阿奎那藉他的本质论强调了本质的实存论意义。我们知道,在古希腊哲学里,本质(ousia)基本上只是一个普遍的逻辑概念或抽象概念。在西方哲学史上,我们虽然不能说阿奎那是从实存论上理解和规定本质的第一人,但无论如何我们却可以把他看作从实存论上系统阐释和规定本质的第一人。因为阿奎那,不仅如上所述,比较严格地将本质的讨论控制在"个体事物本身或具有偶性的实体"的范围之内,强调只有在这个范围内以这种方式解说的"存在者""才可以说是事物的本质",①而且还比较明确地区别了"形式"(forma)、"本性"(natura)、"实质"(quiditatis)和"本质"(essentia),宣称我们之所以将某个东西称作事物的本质,"乃是因为这存在者只有藉着它并且在它之中才具有存在的。"②阿奎那曾经以逻辑概念的"人"(natura hominis)与作为实存概念的"人"(homo)作比较,来解说人的本质的实存性。他强调指出:属相、种相和种差虽然分别对应于质料、形式及自然中的复合物的理由是很清楚的,但是它们同这些东西却并非一回事。因此,我们虽说人是理性的动物,但人却不是在人是由身体和灵魂组合而成的意义上由"动物"和"理性"组合而成的。"因为人被说成是由身体和灵魂组合而成,所说的是由这两样东西构成了第三样东西(res teria)。……但是,人在一定意义上被说成是由动物和理性组合而成的,这并不是在说人是由这两样东西组合而成第三样东西,而是在说人是由这两个概念组合而成为第三个概念(intellectus tertius)。"③其次,阿奎那藉他的本质论强

① Thomae de Aquino, *De Ente et Essentia*, cap.1,2.
② Ibid., cap.1,3.
③ Ibid., cap.2,9.

调了本质的特殊性。我们知道，亚里士多德虽然也曾强调过物质实体的实体性和个体性，但他却并未因此而肯定作为物质实体的本质的形式的个体性，相反，他所强调的是作为物质实体的本质的形式的普遍性。他曾经举例说：生父和嫡子虽然并非"同一个物体"，但他们的"形式"（品种）却"相同"。他还用加利亚和苏格拉底的例子加以说明："如此这般的一个形式体现于这些肌肉与骨骼之中，当我们已经得有此综合实体，这就是加利亚或苏格拉底；他们因物质各别亦遂各成为一'这个'，但其形式却相同；他们的形式是不可区分的。"① 与亚里士多德不同，阿奎那始终强调的是本质的特殊性或个体性。在阿奎那看来，不仅上帝的本质是特殊的，受造的理智实体的本质是特殊的，而且受造的物质实体的本质也同样是特殊的。在阿奎那的本质学说里，物质实体的本质的特殊性是同它的本质的合成性密切相关的。这是因为既然物质实体的本质不仅仅是形式，而是由形式与质料复合而成的东西，既然物质实体的"个体化原则"（individuationis principium）是质料，则"自身同时蕴含有质料和形式的本质就只能是特殊的（tsantum particularis），而不可能是普遍的（non universalis）"。② 阿奎那的物质实体的本质特殊说内蕴着两个基本概念，这就是"特指质料"和"个体化形式"。所谓"特指质料"（materia signata），是相对于"原初质料"（materia prima）和"泛指质料"（materia non signata）而言的。原初质料是指那种无任何规定性的具有最大普遍性的质料，真正说来，这种质料无非是一种"逻辑概念"。泛指质料与原初质料不同：如果说原初质料是一种与实存的个体事物无关的逻辑概念的话，泛指质料则是一种与实存的个体事物有所关联的东西。特指质料所意指的则是那种"有限定的维度（determinatis dimensionibus）的质料"。③ 例如，被安置在人的定义中的是一种泛指质料，是"绝对的骨和肉"（os et caro absolute），

① 亚里士多德：《形而上学》，1033b—1034a10。
② Thomae de Aquino, *De Ente et Essentia*, cap.2,4.
③ Ibid., cap.2,4.

被安置在苏格拉底定义中的则是一种特指质料,是"这根骨头和这块肌肉"(hoc os et haec caro)。① 与将质料区分为特指质料和泛指质料相呼应,阿奎那也将形式区分为"形式本身"和"个体化形式"。在物质实体中,所谓形式本身无非是物质实体的作为"物种原则"的"公共形式"(forma communi),属于该个体事物的"实质"或"本性"的范畴,但是,一旦这种公共形式由于与质料结合的缘故而被个体化,则这种"个体化形式"(formae individuantur)因此便转化成了该个体事物的特殊本质。按照阿奎那的解释,不仅物质实体有个体化形式的问题,而且,即使理智实体也有个体化形式的问题,区别仅仅在于:在物质实体中,形式的个体化是由于质料的缘故,而在理智实体中,形式的个体化则不是由于质料而是"藉其自身而个体化的"(ipsae formae per se individuantur)。②

阿奎那的存在论的革新性质也主要体现在下述两个方面。首先,如前所述,无论是在巴门尼德的存在论中,还是在柏拉图的通种论中,存在概念基本上只是一个"可以思维"和"可以言说"的"抽象概念"或"逻辑范畴";即使亚里士多德的"作为存在的存在"也依然是一个普遍的抽象概念或逻辑范畴。波爱修把"存在自身"解释为纯形式,非但没有超越亚里士多德,反而退回到了柏拉图。这种情况在早期经院哲学家那里也没有得到根本的改变。针对在存在概念的这样一种本质主义或逻辑主义传统,阿奎那不仅在中世纪经院哲学中第一个明确地用"活动"来界定存在或上帝,而且在中世纪经院哲学中第一个明确地用"力量"来界定存在或上帝,强调力量与存在的等义性。阿奎那明确指出:"力量有两种,一种是被动的,一种是主动的。被动的力量是绝不会存在于上帝之中的,但我们却必须把最高等级的能动的力量归于上帝。"③在阿奎那看来,就存在本身或上帝而言,力量与活动是一而二二而一的东西。针对人们关于活

① Thomae de Aquino, *De Ente et Essentia*, cap. 2, 4.
② Cf. Thomae de Aquino, *Summa Theologiae*, Ia, Q. 3, a. 3.
③ Ibid., Ia, Q. 25, a. 1.

动高于能动力量的说法,阿奎那强调指出:"上帝的活动同他的力量并没有什么区别。这两者都是上帝的神圣本质,因为上帝的存在同他的本质是没有什么区别的。因此,我们不能够得出结论说,在上帝之中有什么比他的力量更为高贵的东西。"①从这个意义上,我们不妨将存在或上帝理解为一种生生不已的创造力。由此看来,力量与活动的同一性原则实乃阿奎那存在论的一项基本原则,深刻地理解和把握这一原则不仅对于我们正确理解阿奎那哲学中存在与本质的同一性、理性与意志的同一性、知识论与伦理学的同一性具有重要的意义,而且对于我们深刻地理解和阐释存在的真谛也具有重要的意义。莱布尼茨在《单子论》中曾经说道:"在上帝之中有力量(la Puissance),力量是万物的源泉,又有知识,知识包含着观念的细节,最后更有意志,意志根据那最佳原则造成种种的变化或产物。"②从一个意义上,我们不妨将其看作是对阿奎那存在论的一个较为妥帖的注脚。其次,对受造事物中存在与本质的区分以及对与之相关的存在先于本质这一哲学公式的首次提出和初步论证不仅在中世纪经院哲学史上具有创新的意义和价值,而且在西方形而上学史上也具有创新的意义和价值。因为阿奎那提出和阐释的这些思想连同前面提到的各种思想原则上突破了传统形而上学的逻辑主义和本质主义的理论藩篱,从而为后代形而上学的发展开辟了新径。无论是我们在海德格尔的《存在与时间》中读到"在"、"能在"和"此在"的时候,还是在萨特的《存在与虚无》中读到"反思前的我思"和"存在先于本质"的时候,我们总能够隐隐约约地感受到阿奎那的形而上学给现当代西方哲学带来的震颤,总能够模模糊糊地看到阿奎那"存在活动"、"存在先于本质"等哲学概念的投影。吉尔松在谈到阿奎那的形而上学时曾经将其宣布为"形而上学历史

---

① Thomae de Aquino, *Summa Theologiae*, Ia, Q.25, a.1.

② Leibniz, *Monadologie*, §48, in*Gottfried Wilhelm Leibniz: Kleine Schriften zur Metaphysik*, hrsg. von Hans Hein Holz, Frankfurt: Insel Verlag, 1986, p.460.

上的一场革命",①威廉·巴雷特在谈到阿奎那的形而上学时,曾将其宣布为现当代存在主义的"理论先驱"。② 这些都是不无道理从而值得深思的。

四、"作为哲学一部分的神学"

本质论和存在论虽然是阿奎那形而上学的主体内容,但却不是它的唯一内容。"作为哲学一部分的神学"也是阿奎那形而上学体系中的一项极其重要的内容。

1. 自然神学

作为哲学一部分的神学,我们现在称其为自然神学。鉴于人们对自然神学这个概念存在有歧义性理解,我们在具体阐释阿奎那的自然神学之前有必要对阿奎那的"作为哲学一部分的神学"的自然神学的基本内涵先行作一下扼要的说明。阿奎那作为哲学一部分的神学的自然神学主要包含有下述三个层面的意涵:首先,阿奎那不是把自然神学规定为神学,而是规定为哲学,规定为"哲学之一部分"。许多研究者常常把阿奎那的自然神学理解为一种"神学",理解为基督宗教神学的一种形式,实在是对阿奎那自然神学思想的一种误解。诚然,阿奎那的自然神学是相对于启示神学而言的。但是,阿奎那却并未因此而将自然神学划归于基督宗教神学,而是将其明确地划归哲学。在《神学大全》中,阿奎那不仅明确地称自然神学为"哲学之一部分"(pars philosophiae),而且还明确地将其作为"哲学之一部分"而与"作为神圣学问的神学"对置起来,宣称"作为神圣学问的神学同作为哲学之一部分的神学分属不同种类(differt

---

① Etienne Gilson, *History of Christian Philosophy in the Middle Ages*, p.365.
② 参阅威廉·巴雷特:《非理性的人——存在主义哲学研究》,段德智译,陈修斋校,上海:上海译文出版社 2007 年版,第 110 页。

secundum genus)的学问"。① 究竟将自然神学划归基督宗教神学还是划归哲学至少从中世纪经院哲学史的角度看是意义特别巨大的。因为将自然神学划归为基督宗教神学所昭示的是哲学对于基督宗教神学的工具性,是基督宗教神学的至上地位,而将自然神学划归为哲学宣示的则是哲学对于基督宗教神学的独立性,是哲学向基督宗教启示神学垄断地位的一种挑战。其次,阿奎那将其"作为哲学之一部分的神学"的自然神学规定为"理性"神学。在一个意义上,自然神学也是神学,因为它与启示神学一样,也是以上帝为其对象的,也是一门关于上帝的学问。然而,阿奎那想要强调指出的是,自然神学虽然在对象方面与启示神学相一致,但是在具体"认识方式"方面却与启示神学迥然有别。因为"哲学学科是藉自然理性之光学得的",而启示神学或"作为神圣学问的神学"却是"藉上帝的启示之光认知的"。② 正因为如此,我们既然有理由将"作为神圣学问的神学"称作"启示"神学,我们也就同样有理由将"作为哲学之一部分的神学"即自然神学称作"理性"神学。1969 年在伦敦出版的《基督宗教神学词典》将自然神学界定为:"自然神学传统上指人类理性无须(超自然)启示的帮助便可获得关于上帝和神圣秩序的知识。"③其所突出和强调的也正是自然神学的这样一种理性性质。最后,阿奎那的"作为哲学之一部分的神学"的自然神学归根到底是一种"自然"神学。当我们将自然神学界定成理性神学时,我们并未因此而达到阿奎那的作为哲学之一部分的神学的自然神学本身。这是因为我们虽然将阿奎那视为自然神学的创始人和奠基人,但是用理性思考"上帝和神圣秩序"却并非始自阿奎那。且不要说此前的大阿尔伯特、阿伯拉尔和安瑟尔谟等中世纪经院哲学大家等都曾强调和论证过不藉权威而仅仅依靠理性来思考"上帝和神圣秩

---

① Thomae de Aquino, *Summa Theologiae*, Ia, Q.1, a.1.

② Ibid.

③ 转引自詹姆士·利奇蒙德:《神学与形而上学》,朱代强、孙善玲译,成都:四川人民出版社 1997 年版,第 1 页。

序",而且即使教父哲学家们,除其中极个别外,也都程度不同地在运用理性思考"上帝和神圣秩序"。因此,阿奎那自然神学的硬核或最后秘密并不在于它之属于理性神学,而是在于它究竟是怎样一种特殊类型的理性神学。对于此前在经院哲学传统中流行的本体论范式,阿奎那曾经做过相当认真的批评和清算。在《反异教大全》中,阿奎那针对安瑟尔谟从上帝是"人所能设想之至高至大者(aliquid quo nihil maijus cogitari possit)"的定义出发推证出上帝存在的做法做出了多层面的批评。他明确无误地指出:"我们根本不可能得出结论说,只要我们知道上帝这个名称(nominis Deus)的意义,上帝的存在(Deum esse)也就被认识到了。"①在阿奎那看来,安瑟尔谟的推证之所以不能成立,首先就在于安瑟尔谟推证的前提是上帝观念天赋论,以为我们每个人的心里都天赋有上帝观念。但在实际上却并不是每个人心中都有这样的上帝观念,都承认上帝存在。其次,即使一部分人心中有上帝观念,但也未必都是安瑟尔谟所陈述的这样一个上帝观念。譬如,"圣象哲学"的代表人物圣大马士革的约翰(Johannes Damascenus,约 675—约 749 年)的上帝观念就区别于安瑟尔谟的上帝观念(上帝的定义)。② 最后,也是最重要的,在阿奎那看来,安瑟尔谟本体论证明的最致命的弊端在于其混淆了现实存在和理智存在(用康德的话说就是,他混淆了口袋里的 100 块钱和头脑里的 100 块钱)。阿奎那论证说:"即使每一个人都把上帝这个名称理解成某个人们不可设想比其更伟大的东西,那也未必实际上就存在有某个不可设想的比其更伟大的东西。因为一件事物与一个名称的定义应当以同样的方式予以设想。然而,由于上帝这个名称所指谓的东西是有心灵设想出来的,那就不能够得出结论说,上帝现实地存在着,而只能说他仅仅存在于理智之中。由此看来,那不可设想的比其更伟大的东西也可能并不必然存在,而只能说他仅仅存在于理智之中。由此也就不能得出结论说,现实地存在有某

---

①　Thomae de Aquino, *Summa Contra Gentiles*, I, cap.11, 2.

②　参阅圣大马士革的约翰:《论正统信仰》,I,9;《希腊教父全集》,94,836B—837B。

个不可设想的更其伟大的东西。"①既然我们不可能遵循安瑟尔谟的本体论范式推证出上帝存在,获得关于上帝及其存在的知识,我们也就只能另辟途径了。这条新的认知上帝的途径也就阿奎那所说的"通过上帝的结果"认知上帝的途径,亦即通过对自然万物的感性经验出发达到上帝的途径,一种从存在者到存在、从受造物到造物主、从人到上帝的认知途径。② 可以说,阿奎那的自然神学正是在批判和扬弃安瑟尔谟所代表的理性神学本体论范式的基础上产生出来的。离开了这样一种思维范式的转换和进步,我们便无法对阿奎那自然神学的哲学意义作出恰当的理解和说明。当代著名的存在主义哲学家和神学家保罗·蒂利希曾经将阿奎那的这样一种从结果到原因、从存在者到存在、从受造物到造物主、从人到上帝的认知上帝的途径概括为"宗教哲学的宇宙论范式",并且高度称赞了它将一种全新的思维方式和表达类型引进到了基督宗教哲学研究中,"摧毁了本体论方法的基础以及和它一道的直接的宗教确定性",结束了至 13 世纪为止在基督宗教哲学研究中一直独步天下的由奥古斯丁和安瑟尔谟所代表的本体论范式的垄断地位,"用宗教哲学的第二种类型取代了第一种类型"。③ 当代著名的天主教思想家汉斯·昆(Hans Kung,1928—)从基督宗教思想范式转换史的高度称赞阿奎那"宇宙论范式"的提出对中世纪经院哲学研究的巨大解放作用,说阿奎那的自然神学实现了"整个神学的解放性转换——朝向被造物的和经验主义的转换"、"朝向科学探究的转换"。④《反异教大全》的译者之一、当代著名的阿奎那专家佩吉斯(Anton C.Pegis)也敏锐地觉察到了阿奎那自然神学的巨大的历史价值和划时代意义,将之视为"时代的象征",宣称:"当我们

---

① Thomae de Aquino,*Summa Contra Gentiles*,I,cap.11,2.
② Ibid.,I,cap.11,4.
③ 保罗·蒂利希:《文化神学》,陈新权、王平译,北京:工人出版社 1988 年版,第 19 页。
④ Hans Kung,*Great Christian Thinkers*,New York:The Continuum Publishing Company,1994,p.110.

从 12 世纪的圣贝纳尔来到 13 世纪的圣托马斯,我们遇到的是一个完全实在的世界,一个完全自然状态的理性……13 世纪开创了一个时代,一个基督宗教理性寻求发现和追踪从人到上帝的方式的时代。"①

阿奎那的作为哲学之一部分的神学,即他的自然神学,内容相当丰富,几乎涵盖他的哲学的所有方面:不仅关涉他的上帝论,而且也关乎他的宇宙论和人类学。然而,既然阿奎那的宇宙论和人类学所关涉的与其说是上帝本身的知识,毋宁说是上帝与宇宙和上帝与人的关系。故而,在考察阿奎那的自然神学时我们将集中考察关于上帝自身的知识途径问题,只是在非常必要时才涉猎到阿奎那的宇宙论和人类学。但是,鉴于阿奎那在其著作中,着重考察的是上帝存在、上帝的本质和上帝的属性的认知问题,下面我们就依次对阿奎那自然神学的这三个层面作出考察。

2. 关于上帝存在的宇宙论证明

现在,我们就来着手考察上帝存在的认知方式或认知途径问题。阿奎那认为,上帝存在的认识方式或认知途径问题在他的自然神学体系中享有优先地位。在《反异教大全》中,在谈到该书的"编排顺序"时,阿奎那曾强调指出:"在我们必须承担的关于上帝本身的探究中,我们必须从证明上帝存在的方式这个问题开始。此乃整部著作的不可或缺的基础。因为倘若我们推证不出上帝的存在,关于上帝事物的所有考察就势必缺乏力量。"②正是基于这样一种认识,阿奎那无论是在《反异教大全》中还是在《神学大全》中都是在其著作的开始部分即讨论上帝存在的认知问题或证明问题的。例如,在《反异教大全》的第 1 卷里,阿奎那在用了九章的篇幅对其写作意图和编排顺序作出交代之后,紧接着在第 10—13 章里便集中讨论了上帝存在及其证明问题。而在《神学大全》中,阿奎那则

---

① Cf.ST.Thomas Aquinas, *Basic Writings of Saint Thomas Aquinas*, Vol.I, Beijing: China Social Sciences Publishing House, 1999, p.xxxvii.

② Thomae de Aquino, *Summa Contra Gentiles*, I, cap.9, 5.

是在其第 1 集问题 2 中讨论上帝存在及其证明的。

在上帝存在及其证明的讨论中,阿奎那首先关心的是上帝存在证明的致思路线问题,亦即他的宇宙论范式或由果溯因的后天演绎论证。在《反异教大全》中,阿奎那用了整整三章的篇幅讨论了这个问题。阿奎那认为,上帝存在这样一个问题是不可能藉安瑟尔谟的本体论证明得到证明的。这是因为要使安瑟尔谟的本体论证明获得其合理性,我们就当对"上帝之所是"有一个真理性认识。一旦我们知道上帝之所是,知道上帝之所是即是他自己的存在,上帝存在这个命题便立即成了一个分析命题,一个"其谓词或者与主词相同,或者至少包括在主词的定义之中"的命题。① 换言之,"上帝之所是"与"上帝存在"实际上是同一个问题。然而,由于我们人之有限性,上帝之所是"相对于我们而言"便成了一个永恒的秘密。既然如此,则我们就根本无法依据上帝的概念对上帝的存在作出本体论证明。不过,上帝存在本体论证明的无效,并不意味着我们根本不可能对上帝存在作出任何证明。这是因为我们的理智虽然"不可能看到上帝本身",但是,"藉上帝所产生的结果"却还是能够认识到上帝的存在的。② 阿奎那的结论是:"由此我们可以清楚地看到,上帝虽然超越所有感性事物和感觉本身,但证明其存在的推证却是以他的结果为基础的,而他的结果却又是感性事物。这样一来,我们知识的感觉起源也就适合于那些超感觉的事物了。"③这就将阿奎那的证明上帝存在的由感性事物到超感性事物、由受造物到造物主、由结果到原因的后天演绎范式给我们大体勾勒出来了。在《神学大全》中,阿奎那进一步强调了他的宇宙论证明范式的后天性质。他指出:关于上帝存在,"可以以两种方式进行推证。其一是由原因出发,即所谓'先天'证明。这是从绝对在先的事物出发予以推证的。另一种是由结果出发,即所谓'后天'证明。这是由仅仅

---

① Thomae de Aquino, *Summa Contra Gentiles*, I, cap.10, 4.
② Ibid., I, cap.11, 3.
③ Ibid., I, cap.12, 9.

对于我们相对在先的事物出发予以推证的。当结果比其原因更为我们所知时,我们就从结果进展到关于原因的知识。"①针对那种认为人的理智在证明上帝存在方面不可能有所作为的消极立场,阿奎那满怀信心地指出:"从每一个结果中,都能够把它的原因的存在推证出来,只要我们对它的结果知道得更清楚些就行。因为既然每个结果都依赖于它的原因,则只要结果存在,它的原因也就必定先在。因此,上帝的存在,就其对我们不是自明的而言,是可以从我们所认知的他所产生的结果中推证出来的。"②

那么,阿奎那在《反异教大全》和《神学大全》中究竟是怎样遵循从存在者到存在、从感性事物到超感性事物、从受造物到造物主的由果溯因的后天演绎路线来具体证明上帝存在的呢? 在《反异教大全》中,阿奎那对上帝存在作了四路证明。这就是:从受造物运动的受动性出发的证明,从事物运动的动力因出发的证明,从受造物实在性程度出发的证明以及从受造世界管理出发的证明。所谓从受造物运动的受动性出发的证明是说,受到推动的每一件事物都是受到他物推动的。而这个推动者自身无非是两种情况:"它或者受到推动,或者不受到推动。"如果它不是受到推动的,我们就必须因此而"设定某个不被推动的推动者(movens immobile)","我们把这个不被推动的推动者称作上帝"。③ 如果它是受到推动的,则它就是为另一个推动者所推动的。这样,我们就必须或者进展到无限,或者达到某个不被推动的推动者。然而,要进展到无限是不可能的。"因此,我们必须设定一个不被推动的第一推动者(primum movens immobile)。"④所谓从事物运动的动力因出发的证明是说,既然受造事物在动力因方面也和在其受动性方面一样"不存在任何无限倒退的可能

---

① Thomae de Aquino, *Summa Theologiae*, Ia, Q.2, a.2.

② Ibid.

③ Thomae de Aquino, *Summa Contra Gentiles*, I, cap.13, 3.

④ Ibid.

性",则我们也就"必须设定存在有一个第一动力因(primam causam effi-cientem)。而这种动力因就是上帝。"①从受造物实在性程度出发的证明是说,我们所见到的受造事物的实在性程度总是有高有低的,但既然我们对受造事物实在性程度高低的比较"是以其与绝对地真的东西的接近程度为基础的",则我们就不妨进而推出,"存在有某个东西,他是至上的存在。而这种存在就是上帝。"②所谓从受造世界管理出发的证明是说,既然矛盾的或不一致的东西除非"处于某个管理者的治下",便不可能总是或大体成为一个秩序的诸多部分的,那就"必定存在有一个存在者,这个世界就是受其运筹管理的。我们把这个存在者称作上帝。"③需要指出的是,阿奎那在《反异教大全》中对上帝存在所作的四路证明中,用力最大的是第一路证明。这不仅是因为阿奎那在这一证明中对该路证明的两项预设的考察,即对"受到推动的每一件事物都是由他物所推动的"以及"在推动者和受到推动的事物中,任何一个人都不可能进展到无限"的考察原则上也适合于其他三路证明,更重要的还在于这一路证明能够更其充分展现阿奎那的作为纯粹存在的上帝的纯粹活动而非一抽象概念或逻辑概念的规定性,更典型地展现阿奎那由果溯因的后天演绎证明范式。

在《神学大全》中,阿奎那针对"上帝似乎不存在"的异议对上帝的存在作出了"五路"证明,即"从运动出发的证明","从动力因理据出发的证明","从可能性和必然性出发的证明","从事物中发现的等级出发的证明"以及"从上帝对事物的管理出发的证明"。这五路证明虽然与《反异教大全》中的四路证明在内容上有所因袭,但无论在提法上还是在论证上也还是有所变革和有所增益,故而我们还是需要对它们一一作出说明。

所谓"从运动出发的证明"是说,在这个世界上有些事物处于运动之中,凡运动的事物都为别的事物所推动,而"这另一个事物又必定为第二

①　Thomae de Aquino, *Summa Contra Gentiles*, I, cap.13, 33.
②　Ibid., I, cap.13, 34.
③　Ibid., I, cap.13, 35.

个另一个事物所推动"。但是,我们不可能这样无限地延续下去,所以,我们达到没有任何别的事物推动的第一推动者是非常必要的。"而这第一推动者正是我们人人了解的上帝。"①

所谓"从动力因理据出发的证明"是说,"在感性世界里,我们发现存在有一个动力因的序列"。但在这一序列中,没有一件事物是它自身的动力因的。"所以,承认第一动力因是非常必要的,而每个人也都是把这第一动力因称作上帝的。"②

所谓"从可能性和必然性出发的证明"是说,"我们发现,在自然界,诸多事物既可能存在也可能不存在。"然而,为要使这"既可能存在也可能不存在"的事物存在,"就必定存在某种事物,其存在是必然的"。"但是,每件必然的事物,其必然性要么是由另一件事物引起,要么不是。""然而,在其必然性来自他物的必然事物之间持续不断地推演下去,直至无限,是不可能的。"因此,我们必须承认某件事物的存在在其自身具有它自己的必然性。"所有的人都把这种其存在在其自身有它自己必然性的事物称作上帝。"③

所谓"从事物中发现的等级出发的证明"是说,"在各种存在者中,有一些具有较多的善、真和尊贵,而另一些则具有较少的善、真和尊贵。"但"多"或"少"之被断言为不同事物的属性,乃是就其以不同的方式同最大值的事物相类似的程度而言的。因此,必定存在有某件事物是最真的、最善的和最伟大的,以为所有别的事物的存在、善和所有其他完满性的原因。"而这个,我们称之为上帝。"④

所谓"从上帝对事物的管理出发的证明"是说,"我们看到缺乏知识的事物,如自然物体,也为一定的目的而活动。"它们之达到它们的目的,

---

① Thomae de Aquino, *Summa Theologiae*, Ia, Q.2, a.3.

② Ibid.

③ Ibid.

④ Ibid.

不是偶然的,而是设计出来的,受理智存在者的指导的。"所以,某个理智的存在者是存在的,而且正是由于它的存在,所有自然的事物才得以安排达到它们的目的。而这一存在者,也就是我们所谓的上帝。"①

《神学大全》中的五路证明与《反异教大全》的四路证明的差别,除明确地添加上"从可能性和必然性出发的证明"外,最显著的则在于阿奎那在五路证明中以更为有力的笔触强调了他的由果溯因的后天演绎的出发点并非抽象概念和逻辑范畴,而是感性事物和感性认识,用他自己的话说就是,那些"对于我们的感觉来说是确实的和明显的"东西。② 诚然,也有一些中世纪哲学专家将阿奎那上述五路证明中的前三项称作"宇宙论证明",而将第五项证明称作"目的论证明",甚至将第四项证明视为奥古斯丁—安瑟尔谟式的证明。这种说法虽说也有一定的理据,但总的来说却是有失偏颇的。例如,阿奎那的"从上帝对事物的管理出发的证明"虽然与目的论相关,但在这一证明中,阿奎那强调的是"我们看到"即使自然物体也为一定的目的而活动,"它们的活动显然始终,或者差不多始终以同样的方式,追求最好的结果"。③ 不难看出,在这里,如同我们在其他几个证明中所看到的一样,阿奎那力求贯彻的依然是他的从感性事物到超感性事物、从存在者到存在的宇宙论范式。至于阿奎那的"从事物中发现的等级出发的证明"虽然与奥古斯丁和安瑟尔谟的有关证明有些形似,但其致思路线却是大异其趣的。这一方面是因为阿奎那在这里依旧是从对"各种存在者"的比较出发的而不是从抽象理念出发的,另一方面则是它明确地是以亚里士多德在《形而上学》中的有关论述而不是以柏拉图的有关论述为其理论依据的。④

在思考和理解阿奎那的上帝存在的由果溯因的后天演绎证明时,有

---

① Thomae de Aquino, *Summa Theologiae*, Ia, Q.2, a.3.
② Ibid.
③ Ibid.
④ Ibid.

两点是需要努力避免的。首先,虽然在阿奎那的由果溯因的后天演绎证明中有明显的经验主义倾向,但我们却并不能因此而否定其中所内蕴的神学预设和神学背景。事实上,不仅"从可能性和必然性出发的证明"、"从事物中发现的等级出发的证明"以及"从上帝对事物的管理出发的证明"有明显的神学预设和神学背景,而且即使"从运动出发的证明"和"从动力因理据出发的证明"也都内蕴有明显的神学预设和神学背景。可以说,离开了上帝是"不动的推动者"、"第一因"、"必然存在"、"最完满者"和"至善",阿奎那的五路证明都是得不到合理解释的。而且,即使我们肯认了上述诸项神学预设,也依然有一个从受造物序列向超越上帝的"信仰的跳跃"问题。因为在阿奎那的存在论体系中,上帝并非受造物因果序列、等级序列之中的一项或其中的一个环节,而是完全处于这一序列之外的东西。既然如此,就有一个如何从经验的受造物因果序列或等级序列向上帝这一超验存在者跳跃的问题。在大多数情况下,阿奎那都是藉"我们不可能无限倒退"来实施这一信仰的跳跃的。但是,"我们不可能无限倒退"却是以人的有限性为前提和预设的,而人的有限性的预设显然又是以上帝的无限性为前提和预设的。从这些意义上,我们也可以说阿奎那上帝存在的由果溯因的后天演绎证明并非是绝对后天的和经验的,而是也内蕴有一些先天因素和独断成分的。克雷茨曼将作为终极实存的上帝称作阿奎那上帝存在证明的"工作假定"是不无理由的。[1] 但是,另一方面,我们也不能因此而像康德那样,不分青红皂白地将阿奎那的上帝存在的由果溯因的后天演绎证明与安瑟尔谟的上帝存在的本体论证明混为一谈,并且因此而将其归结为一种本体论证明。康德在《纯粹理性批判》中曾经比较恰当地将人们关于上帝存在的证明归结为"物理学—神学"(physikotheologisch)证明、"宇宙论"(kosmologisch)证明和"本体论"(ontologisch)证明。这一点无疑有其值得称道之处。但是,在后来

---

[1]　Cf.N.Kretzmann,*The Metaphysics of Theism*,Oxford:Clarendon Press,1997,pp.84–85.

的阐述中,康德却进而宣布:物理学—神学证明"建立在宇宙论证明的基础上,而宇宙论证明却建立在本体论证明的基础上"。① 康德的这种阐释虽然有其深刻之处,但其论证的可靠性和精确性却难免令人生疑。因为至少从中世纪经院哲学史的角度看,康德的这一表述是不够客观、不够精确的。

3. 上帝本质认知的排除法

如果说在上帝存在的认知方面,阿奎那采取的主要是一条由果溯因的后天演绎方法的话,那么在上帝本质的认知方面,阿奎那采取的则是一种排除方法(remotionis)。所谓排除方法是说,我们人类通过认识上帝不是什么而接近上帝本质的认识。那么,我们人类为什么在认识上帝的本质或上帝的实体时一定要采取排除法这样一种认知方法呢? 在《反异教大全》中,阿奎那解释说:"在考察上帝的实体时,我们应当特别地使用排除法。因为上帝的实体,由于其大而无外,便超出了我们理智所及的任何一个形式。从而,我们就不可能藉认识其所是(quid est)来认识它。然而,我们却能够藉认识不是其所是(quid non est)获得关于它的某种知识。"②在《神学大全》中,阿奎那重申了他的这一立场。他强调说:"当一件事物的存在确定了之后,依然还有一个它的存在方式这样一个进一步的问题。唯其如此,我们才有可能知道它是什么。由于我们不可能知道上帝是什么,而只能知道他不是什么,所以,我们就无法考察上帝是怎样的,而只能考察上帝不是怎样的。"③在阿奎那的这些解释中有三点值得特别注意。首先,我们之所以必须采取排除法从根本上说是因为我们理智认识能力的有限性所致,是因为我们的理智根本不可能直接认识上帝

---

① 参阅康德:《纯粹理性批判》第二部分,第二编,第二卷,第三章,第六节"物理学—神学证明的不可能性"。

② Thomae de Aquino, *Summa Contra Gentiles*, I, cap.14, 2.

③ Thomae de Aquino, *Summa Theologiae*, Ia, Q.3.

之所是,是不得已而为之的无奈之举。其次,阿奎那告诉我们,我们虽然不可能直接认知上帝之所是,但是我们却可以通过认识上帝之所不是来间接地获得关于上帝之所是的某些知识。最后,阿奎那在这里所说的上帝所不是的东西也就是我们理智在感性事物身上所获得的东西,从而阿奎那在上帝本质认知方面的排除法虽然异于其在上帝存在认知方面的由果溯因的后天演绎法,但他的排除法却与他的由果溯因的后天演绎法一样,坚持了从感性事物到超感性事物、从受造物到造物主的致思路线和宇宙论范式。

阿奎那对于他的排除法的效用是充满自信的。他写道:凭借排除法,"我们就能够根据我们的理智越来越多地从上帝身上一些事物而更加接近关于上帝的知识"。诚然,我们不可能像认识受造物那样,藉"肯定"上帝与万物的种种差别来获得上帝区别于各种事物的特征,但是却可以"借助于否定性差别(differentia negativa)来获得上帝区别于其他存在者的特征"。① 正如在肯定性的差别中,一个是限定另一个的一样,一个否定性的差别也是由使之区别于许多存在者的另一个事物限定的。阿奎那举例说,如果我们说上帝不是一个偶性,我们因此也就将上帝与所有的偶性区别开来了。如果我们再进一步说"上帝不是一个物体",我们就将进一步将上帝与一些实体区别开来了。这样依序进行下去,藉着一系列否定,上帝也就将与所有他所不是的东西区别开来了。"最后,当上帝被认为区别于所有事物时,我们因此也就有了对上帝实体的一个适当的考察。"②尽管即使到了此时,我们关于上帝本质的知识依然是"不完满"的,我们依然不能清楚地知道"上帝本身之所是",但是,我们毕竟对上帝之所是还是有了一定的知识。例如,当我们从受造物与上帝的比照中,逐步认识到在上帝身上不存在任何被动的潜能、没有任何质料、不存在任何复合物、不存在任何强制的和反乎本性的东西、不是一个物体,其存在不

① Thomae de Aquino, *Summa Contra Gentiles*, I, cap.14, 3.
② Ibid.

在其本质之外、没有任何偶性以及上帝并不存在于某个属相中、上帝并非万物的形式性存在、上帝并非任何物体的形式等,我们尽管对上帝的"绝对单纯性"依然缺乏确切的知识,但无论如何我们还是有了一定的知识的。① 同样,凭借排除法,我们对上帝的永恒性、完满性、至善性、独一性和无限性等也可以具有一定的知识。②

　　阿奎那的排除法也被人称作阿奎那为我们认识上帝本质所设计的一种"去障之路"。毋庸讳言,这种说法难免有些言过其实。因为在我们人的理智与上帝的本质自身之间的隔障单靠我们的理智活动无论如何是不可能从根本上排除掉的。但是,这种说法也并非毫无理据。因为借助排除法,我们毕竟可以跨越横陈在我们与上帝之间的某些障碍物,使得我们与上帝的距离有所拉近。因为有谁能说在我们借助排除法对上帝的单纯性、永恒性、完满性、至善性、独一性和无限性等有所了解的情况下,我们对上帝本质的知识毫无增益呢? 中世纪犹太哲学家迈蒙尼德(Maimonides,1135—1204 年)曾经以我们对"船"的否定性认识来解说他的否定神学。他说,当我们不仅确实知道有某种东西叫"船",而且还依次知道它不是一个偶性、不是矿物、不是地上的植物、不是像门那样平的东西、不是一个球、不是直的、不是圆形的、不是等边形的、不是实心的时候,我们就通过这样的否定过程而达到了"船"的正确观念,"仿佛他已经有了与想象船是木质的、空心的、长的、由许多木板组成的人——即通过肯定属性知道船的人——完全一样的观念"。迈蒙尼德的结论是:"同样的道理,通过否定,你就可以越来越接近于上帝的知识和对他的理解。"③相形之下,阿奎那对他的排除法虽然没有迈蒙尼德乐观,但就其对排除法效果的明确肯认而言,可以说他的排除法与迈蒙尼德的否定神学是异曲

①　Cf.Thomae de Aquino,*Summa Contra Gentiles*,I,cap.16-27;Thomae de Aquino,*Summa Theologiae*,Ia,Q.3;alsoThomae de Aquino,*De Ente et Essentia*,cap.6,10.

②　Cf.Ibid.,I,cap.28-43;also Thomae de Aquino,*Summa Theologiae*,Ia,Q.4-11.

③　Moses Maimonides,*The Guide of the Perplexed*,tr.by Shlomo Pines,Chicago:University of Chicago Press,1963,I,ch.60,1.

同工的。正因为如此,吉尔松在谈到阿奎那的排除法时,不无肯定地说道:"这样的认识是不完满的,但这要比纯粹的完全无知好。最重要的是,它消除了一种肯定性的伪知识,这种知识声称上帝是某种东西,而实际呈现出来的却不可能是这种东西。……用这种否定方法把上帝同其所有不是的东西区分开来,我们得到的他的实体的知识虽不是肯定的,但却是真实的。"①阿奎那的排除法在坚持从感性的受造物出发扩展哲学和理性的神学范围方面无疑是起到了非常积极的作用的。

4. 上帝属性认知的类比法

与在上帝存在的证明上取由果溯因的后天演绎法、在上帝本质的认知上取排除法相一致,阿奎那在上帝属性的认知上所采取的是一种类比的方法。在阿奎那看来,类比的问题实际上是一个我们如何言说上帝的问题。阿奎那认为,既然上帝是完满的和卓越的,我们便不可能"单义地"(univoce)言说上帝和别的事物的,就像我们不能单义地言说太阳本身的热和太阳产生出来的热、不能够单义地言说存在于建筑师心中的房子与现实的房子一样。但是,也不是所有的名称都能够用来以"一种纯粹多义的方式"(secundum puram aequivocationem)来言说上帝和受造物的。因为,"凡纯粹多义之处,在事物本身之间便没有任何类似性,而只有一个名称的统一性。"②但是,既然上帝与其他事物之间是一种创造和受造的关系,是一种因果关系,则它们之间便势必存在有这样那样的类似性。因此,阿奎那的结论是:我们只能类比地言说上帝及其属性。他非常肯定地写道:"事情只能是:言说上帝和受造物的名称既不是单义地也不是多义地称谓的,而是类比地(analogice)称谓的。"③

---

① Etienne Gilson, *The Christian Philosophy of ST. Thomas Aquinas*, Notre Dame: University of Notre Dame Press, 1994, pp.96-97.

② Thomae de Aquino, *Summa Contra Gentiles*, I, cap.33, 3.

③ Ibid., I, cap.34, 1.

　　阿奎那的这个表述中至少有两点是值得特别予以注意的。首先,阿奎那的这个说法表明,类比法实质上是一种由果至因、由作为上帝创造之果的受造物至作为造物主的上帝的类比推理,其运作方向与阿奎那在上帝存在证明中所运用的由果溯因的后天演绎推理和在上帝本质认知方面所运用的作为去障之路的排除法是完全一致的。因为在阿奎那看来,类比有两种,其中一种"是就许多事物关涉到某一件事物而言的",而另外一种则是"由两件事物的秩序和关系获得的"。他强调说:"用来言说上帝和事物的名称却不是就类比的第一种方式类比地说到的,……而是就第二种方式类比地说到的。"①他的意思是说,在我们用受造事物类比上帝的活动中,事实上涉及两种不同的秩序:一种是"实在的秩序",另一种是"认识的秩序"。就实在的秩序而言,作为造物主的上帝是先于我们所认识的感性事物的,或者说我们所认识的感性事物是后于上帝而存在的。但是,就认识的秩序而言,我们首先认识的是感性事物的属性,而后才对上帝的属性有所认识。从而,在这种类比活动中,"由于我们是从别的事物得到上帝的知识的,则用来言说上帝和别的事物的名称的实在性虽然就上帝的存在样式而言是在先地适合于上帝,但这种名称的意义则是在后地属于上帝的。这样,上帝就被说成是由他产生的结果加以命名的。"②

　　阿奎那关于类比法的上述界定还有一层意思,这就是受造物与上帝类比的非单义性和非同义性。在阿奎那看来,类比是以类比事物之间的类似为基础和前提的。但是,事物之间的类似与事物之间的等同不是一回事,因为凡事物之间的类似总是以它们之间的差异为基础和前提的。这就是说,类似的事物之间总是既存在有相似的一面又存在有不相似的一面。阿奎那有一种说法:我们不能说"上帝类似于受造物",而只能说

　① Thomae de Aquino, *Summa Contra Gentiles*, I, cap.34, 4.

　② Ibid. I, cap.34, 6.

"受造物类似于上帝"。① 这分明是在强调,上帝和受造物是分属本体论两个完全不同的层面的东西,是说上帝所具有的完满性是任何受造物都不可能完全具有的,是说"上帝与受造物之间的距离比任何受造物相互之间的距离都大"。② 诚然,每一件受造物都具有这样那样的完满性,但是,上帝不仅具有受造物的所有类型的完满性,而且这些完满性还都是"以另外一种更其卓越的方式(modum emonentiorem)"、"一种至上的样式"(supereminentiae modo)"存在于上帝身上的"。③ 例如,我们可以从我们具有知识而类比地推断出上帝也具有知识。但是,知识却是以"更其卓越"的方式存在于上帝身上的。例如,就认知方式而言,我们人类必须凭借身体感官和推理活动才能获得知识,而上帝则是既无须凭借身体感官也无须凭借推理活动就可以具有知识的。其次,就知识的范围而言,我们人类凭借我们的理智只可能具有部分受造物的知识,而根本不可能具有上帝自身的知识,而上帝则不仅具有他自身的知识,而且还具有所有受造物的知识;不仅具有所有现实事物的知识,而且还具有所有可能事物的知识,甚至对那些永远不存在的事物也具有知识。最后,就知识的性质和效能而言,我们的知识充其量不过是一些相对真理,而上帝所具有的则是绝对真理和永恒真理;我们的知识只具有认识论的意义,而上帝的知识则不仅具有认识论的意义,而且还具有本体论的意义,也就是说上帝的知识不仅是一种认识原则,而且也是一种生成原则和创造原则。正因为如此,在谈到类比法时,阿奎那反复叮咛我们的是不要因为使用类比法而把上帝降格为受造物,而是要充分考虑到上帝的超越性和卓越性。他曾经以上帝的"善"的属性为例提示我们:"当我们说'上帝是善的'时候,其含义并不在于说'上帝是善的原因',或者说'上帝不是恶的',而是在说:'凡我们归于受造物的善的东西都事先存在于上帝之中',并且是以一种更

---

① Thomae de Aquino, *Summa Contra Gentiles*, I, cap.29, 5, 6.

② Thomae de Aquino, *Summa Theologiae*, Ia, Q.13, a.5。

③ Thomae de Aquino, *Summa Contra Gentiles*, I, cap.30, 2.

为高级的方式存在于上帝之中的。因此,我们不能得出结论说:上帝之所以是善的,乃是因为他产生了善,而正相反,毋宁说是由于他是善的他便把善倾泻到事物之中。"①阿奎那由此得出的结论是:"凡是说到上帝和受造物的东西,就都是按照受造物同上帝的关系来言说的,其中,上帝乃它的原则和原因,事物的完满性都是事先卓越地(excellenter)存在于上帝之中的。"②人们在谈到阿奎那的类比法时之所以常常称之为"卓越之路",盖源于此。

至此,我们便差不多达到了阿奎那作为哲学之一部分的神学,亦即他的自然神学的一个相对整全的图景。我们不仅凭借他的由果溯因的后天演绎证明确知了上帝的存在,而且还凭借他的排除法和类比法对上帝的本质和属性也获得了一定的知识。这就使得哲学对有关神学问题的探求获得了前所未有的论域,在其力所能及的范围内差不多触及了基督宗教神学的各个主要领域,在基督宗教哲学史上第一次将启示神学真正驱逐到了它自己的固有疆域。而且,既然如上所述,不论是阿奎那的排除法还是他的类比法,都与他的由果溯因的后天演绎证明一样,所贯彻的都是一条由感性事物到超感性事物、由受造物到造物主、由存在者到存在的致思路线,所体现的都是一种宇宙论范式,都是阿奎那风格,则后世的自然神学及其种种变形,包括威廉·佩利、赫尔伯特、约翰·托兰德、马斯科尔、麦金托什等人的自然神学思想,无一不打上阿奎那宇宙论范式的烙印,就一点也不足怪了。

五、基于身体哲学的人学

如上所述,阿奎那在形而上学领域主张一条从存在者到存在的致思路线(存在者的形而上学),在自然神学领域主张一条从对受造物的感知到对

---

① Thomae De Aquino, *Summa Theologiae*, Ia, Q.13, a.2.
② Ibid., Ia, Q.13, a.5.

造物主的认知的致思路线(宇宙论范式)。与此相一致,在人学领域,阿奎那则比较注意着眼于身体哲学,把人学奠基于他的身体哲学之上。

依照古代西方人学传统,人学或人类学(anthripologia)亦被称作灵魂学(psychologia)。这一传统可谓源远流长。我们知道,苏格拉底在希腊哲学史上是一个扭转乾坤的人物,一个使古希腊哲学由自然哲学或宇宙论时期转向人类学或道德哲学时期的人物,一个西方人类学或道德哲学诞生的标志性人物。苏格拉底人学和道德哲学的中心口号"认识你自己",要求人们从认识自然转向认识人自己。但他呼吁人们认识的不是全整的人,不是人的身体,而是人的灵魂。① 他的学生柏拉图承袭他的人学思想,径直将人称作"使用身体的灵魂"(anima utens corporc)。② 这种将人学化约为魂学的哲学立场甚至在教父哲学和早期经院哲学中也未得到根本的扭转。奥古斯丁虽然对古希腊的魂学存有疑虑,但他还是将人定义为"一个使用可朽及世间肉体的理性灵魂",③终究未能完全跳出古希腊魂学的藩篱。奥古斯丁的这样一种人学观点长期以来一直主导着基督宗教神学和早期经院哲学,以至于阿奎那在谈到人的问题时抱怨说:"神学家考察人的本性时,虽然注意到了灵魂方面,但是却忽略掉了身体方面,除非在身体与灵魂相关的层面才考虑到身体。"④基于这样一种认识,阿奎那正本清源,努力将他的人学奠基于他的身体哲学的基础之上。下面,我们就从人的存在、本质和属性三个层面依次阐释他的基于身体哲学的人学思想。

1. 人的存在

人的存在问题,在阿奎那的人学中是一个人的受造问题。这是不难

---

① 参阅柏拉图:《游叙弗伦,苏格拉底的申辩,克力同》,严群译,北京:商务印书馆1983年版,第78页。
② 参阅柏拉图:《斐多篇》79C。
③ 参阅奥古斯丁:《论公教会之路》,第27章第52节。
④ Thomae de Aquino, *Summa Theologiae*, Ia, Q.75.

理解的。既然按照阿奎那的形而上学,唯有上帝即第一存在是自己存在,其他所有的事物都是一种自他存在,其存在都是由上帝赋予的,则人的存在自然也是由上帝赋予的,或者说人是由上帝"直接"造出来的。诚然,阿奎那也承认人的灵魂与人的身体一样,都是由上帝创造出来的,但是针对传统人学灵魂优越论和祛身体化的强势影响,阿奎那鲜明地强调了人的身体的尊贵性。首先,阿奎那指出,人的身体,与人的灵魂一样,也不是由天使造出来而是由上帝"直接"造出来的。① 为了更其充分地论证这一观点,阿奎那还对人的灵魂属于上帝的实体从而并非受造的观点作出了认真的批评。他指出,既然上帝的本性乃一"纯粹的现实",既然人的灵魂难免具有这样那样的潜在性,则人的灵魂之为上帝的实体就是一件根本不可能的事情,从而也就和人的身体一样,也是由上帝造出来的。② 第二,人的灵魂并不是先于人的身体与天使同时造出来的,而是与人的身体"同时"创造出来的,不是"独立"地而是"在身体中"创造出来的。③ 第三,人的身体"配置"的"合宜性"。阿奎那断言:"上帝是以最佳的安排生产人的身体的。"④阿奎那的意思并不在于强调人的身体是世界上"绝对最好"的,而是说人被上帝造成最适宜于与灵魂及其运作匹配的。例如,触觉"在人身上比在其他动物身上更完满些","人在内感觉的能力方面也超出了所有的动物"。特别是人的手,作为"器官的器官",不仅"能够知觉无限多的事物",而且也"为他自身制造无限多的工具"。再如,人的身体的直立也明显地具有巨大的优越性,不仅有助于其视野开阔、身体各个部分自由灵活、语言的形成和表达,而且也有助于审美享受。⑤ 这就是说,在阿奎那看来,人的身体非但不是人的灵魂及其运作的障碍,反而是其功能得以正常发挥的必要条件和基本手段。所有这些都表明,与古希

---

① Thomae de Aquino, *Summa Theologiae*, Ia, Q.91, a.2.
② Ibid., Ia, Q.90, a.1.
③ Ibid., Ia, Q.90, a.4.
④ Ibid., Ia, Q.91, a.3.
⑤ Ibid.

腊哲学家和教父哲学家持守褒扬灵魂、贬黜身体的魂学立场不同,阿奎那采取了一种"贵身"、"尊身"和"敬身"的人学立场。阿奎那的这些思想显然与我国《左传》中"君子贵其身"的观点相呼应的。① 而这在本质主义和逻各斯主义长期占统治地位的西方古代哲学中是相当难能的。

2. 人的本质

人的本质问题在阿奎那的人学思想中占有特别重要的地位。按照阿奎那的理解,人的本质既不同于上帝的本质也不同于天使的本质,上帝的本质即是他自己的存在,天使的本质则在于它的形式,而人的本质则在于其形式(灵魂)与其质料(身体)的合成。人的合成性乃人的本质的基本规定性。可以说,阿奎那毕生都在强调人的这样一种合成性。在《论存在者与本质》中,阿奎那就明确指出:"人是由身体和灵魂组合而成的"。② 在《反异教大全》第 1 卷第 68、70 和 71 章中,阿奎那依据亚里士多德的质型论,反复强调和论证了人是由人的灵魂与人的身体结合而成的,并且表明人的灵魂"不是作为任何心像而是作为身体的形式"与身体结合在一起的。③ 在《神学大全》中,阿奎那在批判"灵魂就是人"的传统观点的基础上,对人的本质的合成性作了更其充分的论证。阿奎那指出,虽然从逻辑主义的立场我们不妨将抽象的人视为一个灵魂,但是倘若从实存论的立场上看,我们就不能将现实的具体的人理解为一个灵魂。这是因为,倘若如此,"归因于人的所有的运作就将仅仅属于灵魂"了。然而,这显然是荒谬的,是不符合实际的。因为一个现实的和具体的人的运作并不都是由灵魂实施出来的。例如,感觉就"不仅仅是灵魂的运作"能够成就的。既然如此,我们就不能断言灵魂即是人了。而且,既然一只手

① 《左传·昭公二十五年》。
② Cf.Thomae de Aquino,*De Ente et Essentia*,cap.2,9.
③ Thomae de Aquino,*Summa Contra Gentiles*,Ⅱ,cap.70,6.

或一只脚不能称作一个人,则灵魂也就同样不能被称作一个人。①

3. 人的属性

值得注意的是,阿奎那不仅提出和论证了人的本质的合成性,而且还进而对这种合成性的实存性、统一性、直接性和全面性作出了较为详尽的论证。

首先,阿奎那断言人的灵魂既不是作为"实体"和"心像",也不是作为推动者,而只是作为人的身体的形式与人的身体结合在一起的。在《反异教大全》中,阿奎那不仅以一个整章的篇幅论证"能动理智不是一个独立实体,而只是灵魂的一部分",②而且还点名批判了柏拉图及其追随者关于人的灵魂或理智是以人的身体的推动者的身份与人的身体结合的,人的灵魂与人的身体的关系是水手与船的关系的观点,断言这样一来人的灵魂与人的身体的实体性关系就被肢解成了两种实体之间的关系,一种只有借助于外力的作用才能实现的关系。③ 在《神学大全》中,阿奎那又进一步批判说:"理智,除非通过欲望,是不可能推动身体的",④但欲望总是由灵魂与身体合成的人的欲望,所以,人的灵魂或理智就不是以人的身体的推动者而只是以人的身体的形式与人的身体结合在一起的。在《论独一理智》中,阿奎那对种种错误观点进行了清算,一方面批判了起源于阿维洛伊的断言"理智是一种实体,它脱离身体而独立存在,而不是作为身体的形式同身体结合在一起"的观点;另一方面又批判了"在水手是船的现实的意义上来说明灵魂是否是其身体的现实"的观点。⑤ 所有这些都是旨在强调人的灵魂与人的身体的合成的实存性或实体性。事实

① Cf.Thomae de Aquino,*Summa Theologiae*,Ia,Q.75,a.4.
② Cf.Thomae de Aquino,*Summa Contra Gentiles*,II,cap.76.
③ Ibid.,II,cap.56,10;cap.57,2.
④ Cf.Thomae De Aquino,*Summa Theologiae*,Ia,Q.76,a.1.
⑤ Cf.Thomae de Aquino,*De unitate intellectus contra Averroistas*,cap.I,1,5.

上,早在《论存在者与本质》中,阿奎那就是在阐述复合实体的语境下讨论和阐释人的灵魂与身体的合成性的。① 强调人的灵魂与人的身体的合成的实存性或实体性乃阿奎那的人的本质学说的一项根本特征。

其次,阿奎那还突出地强调了人的灵魂与人的身体合成的统一性。在阿奎那看来,人的灵魂与人的身体的合成的统一性最根本的就在于它是人的一个灵魂与人的一个身体的合成。为此,他非常认真地批判了多魂论。柏拉图在《蒂迈欧篇》里曾将人的灵魂区分为三个部分或三个种类,这就是理智灵魂、营养灵魂和感觉灵魂。与此相应,人的身体也存在有三个部分,这就是人的头部、人的腹部和人的四肢和感官。② 这就从根本上破坏了人的统一。阿奎那曾反复地批判了柏拉图的这一观点。在《反异教大全》第二卷其标题为"在人身上根本不存在三个灵魂:营养灵魂、感觉灵魂和理智灵魂"的第 58 章中,阿奎那论证说,在我们身上只有一个灵魂而不存在几个灵魂,柏拉图的观点是"根本不可能的"。③ 在《神学大全》中,阿奎那更其明确地批判了柏拉图的灵魂观。他强调指出:"在人身上,感觉灵魂、理智灵魂和营养灵魂从数值方面看只是一个灵魂。"④这是因为人不仅比植物完满,而且也比动物完满,故而人的理智灵魂就内蕴有作为植物灵魂的营养灵魂和作为动物灵魂的感觉灵魂,这就好像一个五边形总是超过并包含有四边形和三角形一样。但是,正如我们不能因此而将五边形说成是由五边形和四边形与三角形组成的一样,人的理智灵魂因此也就不能被说成是由理智灵魂、感觉灵魂和营养灵魂组成。因此,他的结论是:"在人身上,除理智灵魂外",根本不存在任何别的灵魂,"根本不存在有任何别的实体形式"。⑤

再次,阿奎那还特别地强调了人的灵魂与人的身体的合成的直接性。

---

① Cf.Thomae de Aquino,*De Ente et Essentia*,cap.2,1—9.
② 柏拉图:《蒂迈欧篇》,69C—71A。
③ Cf.Thomae de Aquino,*Summa Contra Gentiles*,II,cap.58,2,10.
④ Cf.Thomae de Aquino,*Summa Theologiae*,Ia,Q.76,a.3.
⑤ Ibid.,Ia,Q.76,a.4.

无论在《反异教大全》中还是在《神学大全》中,阿奎那都专门讨论这个问题。在《反异教大全》中,阿奎那就非常明确地指出"灵魂是直接地同身体结合在一起的,无须任何中介将灵魂与身体结合到一起,无论是阿维洛伊所主张的心像,还是一些人所主张的身体的能力,或另外一些人所主张的有形精神,都是如此。"①在《神学大全》中,阿奎那特别地对以偶性和形体为人的灵魂与人的身体结合的中介的说法作了更为具体更为深入的批判。他指出,既然偶性总是实体的偶性,它就不可能先于实体而存在从而成为实体结合的中介和原因。在谈到形体中介时,阿奎那指出,如果按照柏拉图的灵魂乃身体的推动者的说法,当灵魂与它推动的身体存在一定的距离时,灵魂与身体就有必要借助于别的形体了。然而,"如果灵魂是作为身体的形式而同身体结合在一起的,则它们藉另一个形体结合起来就是一件不可能的事情了。"②为了进一步解说人的灵魂与人的身体的结合是直接的,是根本无须任何中介的,阿奎那还批判了灵魂具有自己的质料即精神质料的说法。我们知道,波那文都(波纳文图那)曾从普遍质型论的立场出发,主张灵魂具有精神质料。但阿奎那却坚持认为:"灵魂不具有任何质料",既不具有形体质料,也不具有精神质料,无论从灵魂的一般概念看还是从人的灵魂的特殊概念看都是如此。从灵魂的一般概念看,灵魂只是一种形式。因为倘若灵魂具有质料,我们就将因此而只能理解处于潜在状态的事物。从人的灵魂的特殊概念看,事情就更其如此了。这是因为人的灵魂是理智灵魂,而理智灵魂区别于感觉的地方恰恰在于理智灵魂之认识一件事物是"绝对地就它的本性而言的"。③ 例如,它认识一块石头是绝对地作为一块石头予以认识的;故而,一块石头的形式,以至于它自己的形式的概念,也绝对地存在于理智灵魂之中。因此,这理智灵魂本身只能是一"绝对的形式"(forma absoluta),而不能成为由

① Thomae de Aquino, *Summa Contra Gentiles*, II, cap.71, 1.

② Thomae de Aquino, *Summa Theologiae*, Ia, Q.76, a.7.

③ Ibid., Ia, Q.75, a.5.

质料和形式组合而成的东西。倘若理智灵魂由质料和形式组合而成,它就因此就只能像感觉一样,只能认识个体事物而不能认识事物的本性了。① 但是,如果人的灵魂没有质料而只是一种形式,则它与作为纯粹形式的天使的关系又当如何呢? 也正是由于这样一层关系,阿奎那在宣布灵魂不具有任何质料之后,便讨论了"灵魂与天使是否属于同一个种相"的问题。阿奎那在讨论这个问题时指出:凡属于同一个种相的事物,其运作方式也大体相同。但是,人的灵魂的运作方式与天使的运作方式却大相径庭:天使本身即为"单纯的和神圣的理智",它根本无须借助于可见事物获得其关于上帝的知识,而人的灵魂则需要借助于身体或肉体感官才能认识事物,并且因此而需借助于可见事物的知识而获得其关于上帝的知识。因此,人的灵魂与天使是分属于不同的种相的。②

最后,阿奎那在对人的灵魂与人的身体的合成的实存性、统一性和直接性作出上述论证的基础上,还阐述了这种合成的全面性。在《反异教大全》中,阿奎那以一整章的篇幅论证了人的灵魂与人的身体合成的全面性,指出:"整个灵魂存在于整个身体之中,并且存在于身体的各个部分之中。"③在《神学大全》中,阿奎那也专门讨论了"整个灵魂是否存在于身体的每一部分"这个问题,并且强调指出:"如果灵魂仅仅是作为身体的推动者而同身体结合在一起的,那我们就可以说,它并非存在于身体的每个部分之中,而仅仅存在于一个它借以推动其他部分的部分之中。但是,既然灵魂是作为身体的形式而同身体结合在一起的,它就必定存在于整个身体之中,并且也存在于它的每一个部分之中。"④如果考虑到近代哲学家笛卡尔的松果腺理论,阿奎那的人的灵魂与人的身体的合成的全面性观点在一定意义上可以算得上有先见之明。

---

① Thomae de Aquino, *Summa Theologiae*, Ia, Q.75, a.5.

② Ibid., Ia, Q.75, a.7.

③ Thomae de Aquino, *Summa Contra Gentiles*, II, cap.72, 1.

④ Thomae de Aquino, *Summa Theologiae*, Ia, Q.76, a.8.

　　阿奎那的人的本质学说在凸显人的身体构成的基础上给我们刻画了一幅新的人的图像,在这幅图像中,不仅人的全整性得到了相当充分的展示,而且人的个体性和在世性也得到了相当充分的展示。在阿奎那的人的本质学说里,人的全整性是一个不言自明的问题。既然人不再仅仅是灵魂,而是由身体与灵魂合成的东西,则相对于希腊哲学中人的图像来说,人的这样一幅图像的全整性就是一件既非常自然又相当鲜明的事情了。人的个体性问题也是阿奎那人学思想中颇具特色的内容。在阿奎那这里,人的个体性是一个与人的全整性直接相关的问题,既然人的本质在于人的灵魂与人的身体的合成,则人的个体性也就是一个既与人的灵魂的个体性也与人的身体的个体性直接相关的问题。阿奎那既然强调人的身体是人的本质的一项不可或缺的内容,则他之强调人的身体的个体性就是一件非常自然的事情了。如前所述,当阿奎那说实存的和现实的人的身体是由骨和肉组合而成的时候,他的意思并不是说实存的和现实的人是由"绝对的骨和肉"组合而成的,而是在强调实存的和现实的人的身体是由诸多"这根骨头"和"这块肌肉"组合而成的。① 这就将人的身体的个体性极其鲜明地表达出来了。阿奎那不仅强调人的身体的个体性,而且还特别地强调人的灵魂的个体性。我们知道,在柏拉图那里,灵魂是一个类概念,这也是他所提倡的灵魂转世说的一项基本理据。但在阿奎那这里,实存的和现实的人的灵魂却由于与其作为质料的身体的结合而总是具有个体性。与古希腊哲学家泛谈形式、相或灵魂不同,阿奎那则将"形式本身"与"个体化形式"区别开来,将灵魂概念和现实的个体化了的灵魂区别开来。按照阿奎那的理解,无论是在精神实体中还是在物质实体中都有一个个体化形式的问题,区别仅仅在于:在精神实体(如天使)中,形式的个体化不是由于质料而是"藉其自身而个体化的",相反,在物质实体中,形式的个体化则是由于"质料"的缘故。② 因此,在精神实体

---

① Cf.Thomae de Aquino,*De Ente et Essentia*,cap.2,4.

② Cf.Thomae De Aquino,*Summa Theologiae*,Ia,Q.3,a.3.

中,形式本身与个体化形式就是一回事,相反,在物质实体中,形式本身则区别于个体化形式。因此,实存的和现实的人的灵魂就只能是一种个体化了的灵魂。特别值得注意的是,在讨论人的灵魂的个体性中,阿奎那还从质料乃物质实体的个体化原则的高度,强调了身体是人的灵魂的个体化原则。而且,也正是在这个意义上,阿奎那将灵魂宣布为"事物的三个维度得以标示的形式"。① 而他的这一说法显然也是适用于实存的和现实的人及其灵魂的。不仅如此,为了更其充分地论证人的灵魂的个体性,阿奎那对独一理智论展开了不懈的批判。我们知道,西部亚里士多德主义的最著名代表阿维洛伊曾依据我们人类认识的统一性强调指出,在所有现在、将来和过去的人身上,都只存在有 一个可能理智。② 在《反异教大全》中,阿奎那以一整章的篇幅批判了独一理智论,针锋相对地指出:"在所有现在、将来和过去的人中,并非像阿维洛伊所想象的那样,只存在有一个可能理智。"③在《神学大全》中,阿奎那针对阿维洛伊的独一理智论专题讨论了"理智原则是否会随着身体的数目而增加?"这个问题。阿奎那断言,既然身体是人及其灵魂的个体化原则,则有多少个人,有多少个身体,也就会因此而有多少个灵魂和理智原则,从而"一个理智属于所有的人是绝对不可能的。"④值得注意的是,在《神学大全》中,阿奎那不仅论证和强调了可能理智的复多性,而且也论证和强调了能动理智的复多性,指出:"有多少个灵魂也就有多少个能动理智,至于它们的数目,是随着人的数目的增加而增加的。"⑤最后,阿奎那在《论独一理智》中"以决定性地驳倒它的方式"对阿维洛伊及其追随者的"独一理智论"进行了清算。阿奎那批判阿维洛伊独一理智论的基本理据在于:灵魂是身体的实体性形式或现实,而理智并非是一种独立的实体而无非是灵魂的

① Cf.Thomae de Aquino,*De Ente et Essentia*,cap.2,7.

② Cf.Averroes,*Commentarium magnum in Aristotelis de Anima*,III,t.c.5.

③ Thomae de Aquino,*Summa Contra Gentiles*,II,cap.73,1.

④ Thomae de Aquino,*Summa Theologiae*,Ia,Q.76,a.2.

⑤ Ibid.,Ia,Q.79,a.5.

一种能力。① 既然如此,理智则势必是一种由人的个体性的身体和灵魂所决定或制约的东西,从而也就势必是一种个体性的东西。而阿维洛伊独一理智论的根本局限正在于它根本无法说明人的理智活动的个体性。也正是在这个意义上,阿奎强调指出:"根据阿维洛伊的意见,要说明这个人在理解(hic homo intelligeret)是不可能的。"②阿奎那还进而谴责道,阿维洛伊的这样一种观点不尽歪曲了亚里士多德本人的观点,而且还歪曲了德奥弗拉斯和德米斯提等逍遥学派学者的观点,因而,其观点不仅鲁莽和草率,而且他简直因此而成了亚里士多德和逍遥学派的叛徒。③ 由此看来,个体性原则实在是阿奎那人学的一项坚定不移的原则。阿奎那既然肯定了人的全整性和个体性,既然无论是人的全整性还是人的个体性都是以人之具有身体为前提和基础的,则人的在世性就是一件非常自然的事情了。这不仅是因为既然人的身体总具有三维性,它就势必要存在于现实世界之中,而且还因为离开了现实世界,无论是人的认知活动和意志活动都是不可能实现出来的。现代西方哲学家海德格尔曾将"在世"视为作为"此在"的人的一项本质规定性,可以说和阿奎那的在世思想如出一辙。

阿奎那在多数情况下,是通过讨论人的灵魂及其能力和运作来讨论和阐释他的人的属性观点的,尽管如此,我们还是从中可以看出身体问题始终是其人的属性学说的一个基础问题。一如我们在前面所指出的,上帝具有理智、意志和生命这些最为基本的属性。既然人是上帝的肖像,则人便同样具有理智、意志和生命这三个最为基本的属性。差别仅仅在于:上帝的理智、意志和生命都是不依赖物体或身体的,而人的理智、意志和生命总体上讲则都是依赖于人的身体的。首先,人的意志及其运作对人的身体总是有所依赖的。诚然,从宇宙学的观点看问题,理智能力和理智

---

①   Cf.Thomae de Aquino, *De Unitate intellectus contra Averroistas*, cap.1,12.

②   Ibid., cap.III,7.

③   Ibid., cap.V,23.

活动总是高于感觉能力和感觉活动，因为毕竟动物也不仅具有营养能力和营养活动，而且也具有感觉能力和感觉活动，但是倘若"按照产生和时间的秩序看"，人的感觉能力及其活动便总是先于人的理智能力及其活动的，一如人的营养能力和营养活动总是先于人的感觉能力及其活动的一样。① 这就是说，离开了人的营养能力及其活动以及人的感觉能力及其活动，任何现实的理智活动都是不可能实现出来的。然而，既然人的营养能力及其活动以及人的感觉能力及其活动都是以人的身体的存在为前提和基础的，则人的理智能力及其活动对于人的身体的依赖性也就可想而知了。正因为如此，阿奎那在具体地讨论他的灵魂及其运作时，首先阐释的便是灵魂的"通过身体器官实施"的运作，即灵魂的营养能力和感觉能力的运作。② 其次，人的意志及其运作对于人的身体也是有所依赖的。在一个意义上，人的意志对于人的身体的依赖要甚于人的理智对于人的身体的依赖。这是因为人的理智所关涉的是人的认识问题，而人的意志所关涉的则是人的运作问题或实践问题。"理智活动在于所理解的事物的观念存在于进行理解的人身上，而意志活动却在于意志倾向于作为自身存在的事物本身。"③因此，如果说人的理智运作的起始点在于与基于人的身体的感觉活动的话，则人的意志的实现的整个过程都离不开人的身体的运作或实践。同时，人的理智既然是一种理性欲望，它的运作便总是以从感觉出发的理智活动为基础和前提的，从而也就总是或是直接或是间接地与人的身体的存在及其活动为基础和前提的。最后，是人的生命问题。在谈到生命时，阿奎那曾援引过亚里士多德的一句名言："在有生命的事物中，生命就是存在(vivere viventibus est esse)。"④据此，阿奎那强调说："生命不是别的，无非是存在于这种或那种本性中的存在活

---

① Thomae de Aquino, *Summa Theologiae*, Ia, Q.77, a.4.
② Ibid., Ia, Q.78, a.1—3.
③ Ibid., Ia, Q.82, a.3.
④ 亚里士多德:《论灵魂》,II,4,425b13。

动。"①按照这样一个说法,既然如上所述,人不仅具有理智活动,而且还具有意志活动,则它就势必具有生命。而且,人的生命活动或存在活动总是以直接或间接的方式与人的身体密切相关的。人与上帝和天使的差别并不在于其是否具有生命活动和存在活动,而是在于其生命活动和存在活动是否依赖于身体或物体。也正是在生命即存在活动的理论框架下,阿奎那讨论了人的灵魂的五种能力:营养能力、感觉能力、欲望能力、运动能力和理智能力,指出其中营养能力、感觉能力、运动能力和理智能力等四种能力分别涉及四种"生命的样式"。他举例说,一些生物,如植物,只具有营养能力或营养灵魂;一些动物,如贝壳,则不仅具有营养能力或营养灵魂,而且还具有感觉能力或感觉灵魂;一些较为完满的动物,则不仅具有营养能力或营养灵魂、感觉能力或感觉灵魂,而且还具有运动能力或运动灵魂;而人作为最高等级的生物,则不仅具有营养能力、感觉能力和运动能力,而且还具有理智能力。阿奎那之所以没有把欲望能力列为生命的样式,并不是因为它并非生命的表征,而是在于"它并不构成生物的一个等级",而为所有具有感觉能力的生物所共有。正因为人的各种灵魂能力及其运作均为人的生命表征,所以,在讨论人的属性时,阿奎那不仅讨论了人的感觉能力、理智能力、意志能力及其活动,而且还比较详尽地讨论了人的营养能力及其运作。例如,他专门讨论了"在无罪状态下,人是否需要食物"的问题,并且指出:"在原始状态下理性灵魂把作为灵魂属于其自身的东西传达给了身体。所以,这身体即被称作动物,……然而,生命的第一原则在低级的生物中,就是植物灵魂,其运作在于食物的运用、繁殖和生长。这样的运作是适合于无罪状态下的人的。"他的结论是:"在无罪状态下,人所具有的是一种需要食物的动物生命。"②尽管阿奎那主张首生的人的身体和灵魂都是上帝直接创造的,但在谈到人的生

---

① Thomae de Aquino, *Summa Theologiae*, Ia, Q.18, a.2.

② Ibid., Ia, Q.97, a.3.

殖和种族保存时,他还是强调了生育和性交问题。他强调指出:即使在无罪状态下,人口的增长也是通过"生育后代"实现出来的。针对在无罪状态下根本不存在性交的说法,阿奎那强调说:在无罪状态下不存在的是"过度欲望的卑劣",而非"男性和女性的协同作用"或"性交"。① 很显然,所有这些都是与人的身体直接相关的。我国古代有"食色,性也"的说法,②看来东圣西圣其揆一也。

六、基于感觉经验的认识论与美学

认识论在阿奎那的哲学体系中占有特别突出的地位。有学者曾将中世纪经院哲学区分为主知主义、主情主义和主意主义;断言主知主义注重人的理性认知能力和认识论,主张透过理性进路,从形而下走向形而上,构建知性形而上学;主情主义注重人的灵性修炼和灵性生命,主张通过心灵情感和心灵体悟,进入神秘境界,与上帝直接相会;主意主义注重人的意志和道德实践,主张通过内心自觉洞达上帝的意志或意旨;并把阿奎那视为主知主义的主要代表。③ 阿奎那之特别重视认识论不仅与他的哲学观、自然神学和形而上学密切相关,而且与他的人学思想也密切相关。因为在阿奎那看来,人虽然不仅具有理智属性,而且还具有意志属性,但是,"如果理智和意志就其自身予以考察的话,理智便是一种更高的能力"。④正因为如此,在上述各种场合,阿奎那差不多都是从认识论的立场出发来思考和阐述他的哲学问题的。下面我们就从感觉论、理智论和真理论三个方面对阿奎那的认识论思想作出说明。

---

① Thomae de Aquino, *Summa Theologiae*, Ia, Q.98, a.1, 2.
② 《孟子》"告子章上"。
③ 参阅邬昆如、高凌霞:《士林哲学》,台北:五南图书出版公司1996年版,第141—162页。
④ Thomae de Aquino, *Summa Theologiae*, Ia, Q.82, a.3.

1. 基于感觉的认识论

如前所述,阿奎那在自然神学方面坚持从感性事物到超感性事物、从受造物到造物主的宇宙论范式,在形而上学方面坚持从存在者到存在、从形下到形上的致思路线,在人学方面特别注重身体的实体性质和生成性功能,与其相一致,在认识论上阿奎那则坚持一条从外物到概念、从感觉到理智的致思路线。因此,感觉论在阿奎那的认识论中占有特别重要的地位。阿奎那反对怀疑论,认为我们的理智能够获得有形事物的真理性知识。对于阿奎那来说,问题不在于我们的理智能否认识有形事物,而是在于我们的理智究竟是如何认识有形事物的。在西方传统哲学中,存在有两种根本对立的认知路线:一条是德谟克利特所代表的认知路线,另一条是柏拉图所代表的认知路线。德谟克利特主张"流射说",以为所有的知识都像感觉一样,都是"由感觉对象引起的一种生理变化",从而从根本上抹杀了理智与感觉的区别。① 柏拉图主张理智区别于感觉,强调理性知识"不是由影响理智的感性事物产生出来的,而是由理智所分有的独立的可理解的形式产生出来的"。② 他认为感觉的功能仅仅在于"唤醒理智进行理解活动",而且即使感觉本身也"不受感性事物的影响",感性知识也"不完全是从感性事物产生出来的"。③ 阿奎那既反对德谟克利特的流射说,也反对柏拉图的"回忆说",秉承亚里士多德的认知路线,一方面主张我们的知识不限于感觉,另一方面又主张我们的知识开始于感觉,强调"理智知识是由感觉所引起的",把我们的认识理解成一个从感觉到理性知识的生成过程。

如上所述,从宽泛的意义上讲,不仅我们人的灵魂具有感觉能力和感觉活动,而且所有的动物,甚至那些低级动物,也都具有感觉能力和感觉

---

① Thomae de Aquino, *Summa Theologiae*, Ia, Q.84, a.6.
② Ibid.
③ Ibid.

活动。人既然是一种比较完满的动物,则他所具有的便是一种比较高级的感觉能力和感觉活动。阿奎那将人的感觉能力和感觉活动区分为两种:外感觉和内感觉。在谈到外感觉的种类时,他又将其区分为视觉、听觉、嗅觉、味觉与触角五种。他为什么要将我们人的外感觉区分为上述五种呢?换言之,他将我们人的外感觉区分为上述五种的根据究竟何在呢?前此的哲学家或是将感官作为感觉区分的根据,或是将媒介(如水、气等)作为根据,或是将感觉对象的感觉性质作为根据。阿奎那则认为,"外感觉的数目和区别的根据必须是那些本身完全属于感觉的东西",从而也就只能是感觉器官和感觉对象。倘若从这样一个角度看问题,我们就会发现各种感觉之间的区别是相当明显的。"在一些感觉中,例如在视觉活动中,我们发现只有精神的变化,而在另一些感觉中,我们则不仅发现有精神的变化,而且也能发现有自然的变化,不仅在对象方面能够发现,而且在感觉器官方面也同样能够发现。"①就感觉对象方面而言,我们能够发现作为听觉对象的声音总是随着发声物体位置的变化而变化的,作为嗅觉对象的气味不仅与空气的温度有关,而且也总是与发散气味的形体对热的接受能力有关。就感觉器官方面而言,自然的变化在触觉和味觉中也发生。例如,一只手如果触摸发热的事物,则它也就会因此而发热,而我们的舌头也会为美味佳肴发生变化,使之变得湿润,甚至流出口水。但是,嗅觉和听觉器官在通常情况下是不会为任何自然变化所改变的。阿奎那的结论是:视觉,既然无论是其感觉器官还是其感觉对象在其感觉活动中都不发生任何变化,从而"便是最富有精神性、最完满,而且也是最普遍的";而"触觉和味觉在所有感觉中是最具物质性的,……另外三种感觉并不是像这两种感觉一样,是通过与之结合在一起的媒介来实施,来消除它们感觉器官方面的自然变化的。"②阿奎那还进一步指出:

---

① Thomae de Aquino,*Summa Theologiae*,Ia,Q.78,a.3.

② Ibid.

"味觉,……是一种仅只存在于舌头上的触觉。"①由此看来,阿奎那虽然从"精神性"的维度给视觉以高度的评价,但是,既然他宣布感觉是一种"身体活动",其认识对象为"由质料所限定的个体事物",②他就势必要突出和强调触觉在认识论中的特殊功能,把它视为最基本、最重要的外感觉。这首先是因为就感觉器官方面,唯有触觉器官关乎人的身体的全部,而其他感觉器官仅只关乎人的身体的一部。其次是因为就感觉对象而言,其他感觉所认识的只是个体事物的某些可感性质,唯有触觉认识的是可感事物的形体本身。最后,就感觉活动而言,其他感觉,如视觉等,感知有形个体事物,往往是间接的,是需要借助于水和气这样一些媒介的,而触觉感知有形个体事物则是直接的。阿奎那称其"最具物质性",即是谓此。阿奎那对触觉的突出和强调,显然意在突出和强调外物在认识中的作用以及感觉的客观实在性质,其锋芒所向无疑是形形色色唯心主义认识论。在西方哲学史上,长期以来流行着被称作视觉中心论的感觉论,将视觉视为各种外感觉的基础,即使那些理性主义哲学家,也常常使用"心灵的眼睛"和"太阳的光照"这样一些隐喻。阿奎那的触觉中心论无疑是对视觉中心论主流地位的一种挑战和颠覆,对后世的唯物主义感觉论(如洛克、孔狄亚克等人的感觉论)产生了深广的影响。

相对于其他动物,"触觉,作为其他感觉的基础,在人身上比在其他动物身上更完满些",但"人在一些外感觉方面却由于某种必然性而比不上其他动物。"③例如,在所有的动物中,人的嗅觉是最弱的;一些动物的视觉比人锐敏;一些动物的听力比人灵敏。然而,人在内感觉方面却明显地超过所有其他动物。这种状况特别有利于人类的生命维系。因为"一个完满的动物为了维系其生命,他就不仅在感觉活动的当下,而且在它阙

---

① Thomae de Aquino, *Summa Theologiae*, Ia, Q.78, a.3.
② Thomae de Aquino, *Summa Theologiae*, I-II, Q.2, a.6.
③ Thomae de Aquino, *Summa Theologiae*, Ia, Q.91, a.3.

如的情况下,也能够领悟一件事物。"①人的内感觉主要有四种,这就是通感、想象、估计和记忆。通感(sensus communis)是五种外感觉的综合,其功能在于将眼、耳、鼻、舌、身获得的五种外感觉集合成一个统一的印象,可以看作是"外感觉的公共根(communis radix)和原则"。② 通感与作为外感觉的专门感觉的功能不同。作为外感觉的专门感觉藉专门感觉得到的事物的性质与事物的同类性质辨别开来的方式来判断事物的感觉性质的。例如,视觉是藉把白的与黑的辨别开来来辨别一事物的颜色之为白的。但是,无论是视觉还是味觉都是不可能将白的与甜的辨别开来。因为"为要辨别这两样东西就必须同时认识这两样东西"。在这种情况下,就需要通感了。阿奎那的结论是:"对感觉的所有领会都必定关涉到通感,就像关涉到公共项一样,"而且,"感觉的所有内涵也都是通过通感而被知觉到的。"③例如,当有人看到他在看的时候,情况就是如此。想象(imaginato)是人的灵魂的更进一步的认知能力,不仅接受种种感觉印象和感觉形式,而且还进而对其进行初级抽象,一方面对感觉印象的可感性质或可感形式与可感质料区分开来,另一方面又将其在区分和分离的基础上重新组合起来,形成新的感觉印象,或曰"心像"(phantasmata)。阿维森纳在其《论灵魂》第1卷第5章中曾经将"幻想"和"想象"视为两种独立的内感觉能力,阿奎那则强调指出:"'幻想'与'想象'其实是一回事。因为它们似乎都可以说是通过感觉所接受的那些形式的一个仓库。"④估计是人的又一种比较重要的内感觉。人在估计活动中所领悟的概念并非直接来自外感觉,而是"那些并非藉外感觉接受过来的概念"。不仅人具有估计能力,而且一些动物也有估计能力。例如,一只小羊看到一只狼正向它靠近时,它就会立即跑开。其所以如此,并不仅仅是因为它

---

① Thomae de Aquino, *Summa Theologiae*, Ia, Q.78, a.4.

② Ibid.

③ Ibid.

④ Ibid., Ia, Q.78, a.4.

看见了这只狼的颜色和形状,而是它估计到了"生命危险"。我们人的内感觉的特殊性在于,我们不是藉各种自然本能知觉到这些概念的,而是"藉观念的结合或比较"知觉到它们的。从这个意义上,我们不妨将人的这种估计能力称作"特殊理性"(ratio particularis)。这主要是因为它所比较的是个体概念,而非普遍概念的缘故。① 最后,是记忆(memoria)。记忆的功能在于"保存",将通过外感觉和内感觉获得的意念(intentionum)储存起来,就像是这些"观念的仓库"一样,以便产生这些意念的当下感觉活动消失后,依然能够随时重新呈现于我们的心灵之中。尽管别的动物也有记忆能力,但人的记忆要比其他动物"更完满些"。这是因为"人不仅可以像其他动物那样突如其来地回忆起过去,而且还能够借助三段论进行回忆,借助个体意念来搜索关于过去的记忆。"②

阿奎那在讨论和阐述他的外感觉理论时,如上所述,突出和强调的是触觉,而在讨论和阐述他的内感觉理论时,突出和强调的则是想象。想象的优越性首先在于它为"第一感觉的受动性"(passions primi sensitivi),其活动总是以接受外感觉以及感性事物的可感质料和可感形式为前提和基础的,从而为我们关于有形事物的知识的可靠性或可信性提供了保证。针对奥古斯丁和柏拉图混淆想象知识与理智知识的错误立场,阿奎那遵照亚里士多德的教导,强调指出:想象并非一种"仅仅属于灵魂的运作",而是"一种依据感觉产生的运动",③即是谓此。想象的另一个优越性则在于它的一定程度的能动性,在于它借助于抽象活动,将有形事物的可感形式从可感质料剥离开来,为理智进一步从可感形式抽象出可理解的形式提供了必要的条件。在谈到我们想象的能动性时,阿奎那指出:"在人身上存在着一种运作,它藉分类和比较形成各种事物的影像,甚至是那些感官不曾知觉到的事物的影像",从这个意义上,我们可以说:"在想象中

---

① Thomae de Aquino, *Summa Theologiae*, Ia, Q.78, a.4.
② Ibid.
③ Ibid., Ia, Q.84, a.6.

不仅必须有一种被动能力,而且也必须有一种能动能力。"①正是由于想象具有这样一种两重性,它才得以成为人类认识从外感觉上升到理智知识的阶梯和中介。也许正因为如此,阿奎那才不仅将想象视为我们理智活动的"持久的基础",而且还将其视为"我们知识的一项原则"。②

值得注意的是,为了充分论证感觉在人的认知活动中的初始地位和基础作用,阿奎那还专题批判了柏拉图的天赋观念论。按照柏拉图的回忆说,我们的灵魂本身就具有各色各样的天赋观念(species sibi naturaliter inditas),我们就是藉这些天赋观念理解所有事物的;我们之所以需要回忆或学习,乃是因为我们的灵魂的理解活动由于其与身体的结合而遭遇了障碍的缘故。阿奎那批驳说,如果灵魂本身就具有各色各样的自然知识,则灵魂忘却这些自然知识以至于不知道它之具有这些知识,似乎就是一件不可能的事情了。这就和一个人之不知道整体大于部分是件不可能的事情一样。其次,既然如上所说,人既非天使也非自然物体,我们的灵魂与我们的身体的结合是一件非常自然的事情,则"一件事物的自然运作完全为自然地属于它的事物所阻挠显然是不合理的"。最后,如果我们人缺乏某种感觉,则藉那种感觉所认识的知识也就因此而缺乏。例如,一个生来即盲的人是不可能具有关于颜色的知识的。因此,柏拉图说我们无须借助于感觉就能够获取有形事物的知识的观点是荒谬的。阿奎那由此得出的结论是:"灵魂并不是藉天赋观念来认识有形事物的。"③如果我们没有天赋观念,那么,我们的知识和观念究竟来自何处呢?阿奎那给出了一个相当明确的答案。这就是:我们的理智是从感性事物以及我们的感觉像和心像获取知识的。

阿奎那虽然强调知识的感觉来源,但是却并没有因此而否认知识的其他来源。他追随亚里士多德而强调说:"我们心灵中的知识部分地源

---

① Thomae de Aquino, *Summa Theologiae*, Ia, Q.84, a.6.

② Cf.Thomae de Aquino, *Super Boetium De trinitate*, Q.6, a.2.

③ Thomae de Aquino, *Summa Theologiae*, Ia, Q.84, a.3.

于内在的影响,部分地源于外在的影响。"①这里,他所谓的外在影响,意指的是"感觉对象本身",而他所谓的内在影响,意指的显然是人的理智及其活动。那么,为了获得有形事物的知识,为什么必须有理智及其活动介入其中呢?这是因为,我们通过感觉所获得的只是感性事物的可感形式,尚不是感性事物的可理解的形式或纯粹形式。而感性事物的可感形式只是一种被个体化了的形式,只是一种偶然形式,尚不具有普遍性和必然性,尚不是普遍必然性的知识。唯有有形事物的可理解的形式或纯粹形式才具有普遍性和必然性,才是一种普遍必然性的知识。因此,为要获取有形事物的可理解的形式或普遍必然性知识,我们就必须从感觉出发,继续前进,开展理智活动。

在具体讨论和阐释人的理智活动时,阿奎那将人的理智区分为"被动理智"(intellectus passivus)和"能动理智"(intellectum agentem)。被动理智强调的是理智的被动性。在阿奎那看来,人的理智并非一种独立的实体,而是人的灵魂的一种能力。而人的理智能力从根本上讲,是一种"被动能力"(potentia passiva)。在这里,所谓被动或被动性,所意指的是事物的潜在性,"凡从潜在过渡到现实的东西都可以说成是被动的,甚至当它完满化的时候亦复如此"。②既然唯有上帝的理智是"纯粹的现实","没有什么受造的理智能够成为一种相关于整个普遍存在的现实",那就没有什么受造的理智能够没有被动性,"没有什么受造的理智能够由于它的存在而成为所有可理解的形式的现实,而是相对于这些可理解的事物来说是一种潜在和现实的关系"。③其实,人的理智及其活动即内蕴于人的感觉活动中。首先,人的感觉活动并不仅仅是人的肉体感官的活动,而是整个人的活动,是人的灵魂也参与其中的活动。人的感觉之所以能够超越动物,在很大程度上得益于人的灵魂或人的理智的参与。其

---

① St.Thomas Aquinas, *Truth*, II, tr.by R.W.Mulligan, Cambridge: Hackett, 1954, p.28.
② Thomae de Aquino, *Summa Theologiae*, Ia, Q.79, a.2.
③ Ibid.

次,我们的感觉观念不仅包含有可感质料,而且还包含有可感形式。我们的理智活动想要获取的有形事物的可理解的形式正是以这些可感形式为对象,从这些可感形式中抽象出来的。而且,有形事物的可理解的形式不是像柏拉图所说的那样是我们的灵魂所固有的,也不是像阿维森纳所说的那样来自外部的天使或天体理智,而是随着由感觉活动向理智活动的上升运动由潜在状态升华为现实状态的。从这个意义上,我们可以说,凡是在理智中的没有不先在感觉中的,只是其存在的样态有所区别罢了。阿奎那因此而特别强调说:"在生命的现存状态下,灵魂既然同被动的身体结合在一起,我们的理智如果不回到心像便不可能现实地理解任何事物。"①心像学说之所以在阿奎那的认识论中受到反复的强调,盖源于此。

然而,如果我们的理智只具有一种被动性,只是一种被动能力,我们何以能够从有形事物的具有个体性和偶然性的可感形式抽象出其具有普遍性和必然性的可理解的形式呢? 这就提出了能动理智的设定问题。换言之,我们之所以要设定能动理智,正是为了解决我们的认识从有形事物的可感形式到可理解的形式的飞跃这样一个难题。我们虽然可以通过感觉获得有形事物的可感形式,但是,既然有形事物,作为一种复合实体,总是由形式与质料组合而成,则其可感形式便总是与其可感质料结合在一起,因此也就只是一种寓于作为特指质料的可感质料之中的具有个体性和偶然性的形式,从而也就不仅始终与有形事物的可理解的形式有别,而且也就只能成为现实的感觉对象,而不可能成为现实的理智对象。此外,尽管如上所述,我们可以将有形事物的可感形式理解为其可理解形式的潜在样态,尽管我们设定有形事物的潜在样态可望达到其现实样态,但是,有形事物的潜在样态与其现实样态毕竟不是一回事。然而,"除非藉某种现实的东西,就没有什么东西能够从潜在转化为现实,正如感觉须藉现实的可感觉的有形事物而成为现实一样。"阿奎那由此得出的结论是:

---

① Thomae de Aquino, *Summa Theologiae*, Ia, Q.84, a.3.

"所以,我们必须在理智方面指派某种能力,通过从物质条件抽象出种相来使事物成为现实地可理解的。由此也就产生了设定能动理智的必要性。"①阿奎那批判了把人的能动理智理解为一种独立实体的观点。他承认,倘若从信仰的观点看问题,我们也可以承认存在有"这种独立的理智",然而这种独立的理智却并非人的能动理智,而只能是"上帝本身"。倘若从哲学上看问题,人的能动理智"只能是某种存在于灵魂中的东西",只能是人的灵魂的一种能力。② 人的能动理智与其说是人的灵魂的一种单独的能力,毋宁说是人的理智的一种属性,亦即人的理智的能动性。因此,在人的灵魂中,能动理智与被动理智并非人的灵魂的两种能力,而是人的灵魂的同一种能力的理智的两种属性,即能动性和被动性。其中,被动理智概念所侧重和强调的是人的理智的被动性,是人的理智对于感觉或心像的依赖性,而能动理智所侧重和强调的则是人的理智的能动性,是我们的认识从可感形式抽象出可理解的形式的可能性。也正因为如此,阿奎那将能动理智视为一种理论"设定"。

从认识论的角度看,阿奎那设定能动理智的根本目的在于解决长期以来一直困扰着西方哲学家的抽象问题。柏拉图既然主张观念天赋论和回忆说,他就因此而根本回避了人的认知过程中的抽象问题。亚里士多德虽然正视了抽象问题,但由于其将人类理智抽象化终究未能很好地解决这一难题。此后的哲学家,如奥古斯丁和阿维森纳等,大多将能动理智及其活动外在化,借用超自然的精神力量来解释人类的抽象活动,从而归根到底回避了现实的人类理智的抽象问题。与此不同,阿奎那将人类认识的抽象问题纳入在人的现实的认知过程之中予以考察,努力在理性层面和哲学层面来解决人类抽象这一难题。阿奎那用以解决人类抽象难题的根本手段在于将人类的抽象活动过程化和层次化。阿奎那指出:"有

---

① Thomae de Aquino, *Summa Theologiae*, Ia, Q.84, a.3.
② Ibid, Ia, Q.79, a.4.

两种抽象活动。"①其中一种是"组合与分解"。凭借着这样一种抽象,我们能够理解一件事物不存在于某个别的事物之中。另外一种是"单纯化和绝对化"。例如,当我们理解一件事物而根本不考虑别的事物的时候,就是这样一种情况。与这两种抽象活动或抽象活动方式相对应的是想象活动(感觉抽象活动)和理智抽象活动。感觉,特别是想象,把有形事物的感性性质或可感形式与具体的可感质料区别开来,这就已经是抽象活动了。因为在这种情况下,我们考察的只是有形事物的某种感性性质或可感形式,而不是那个由可感形式和可感质料组合而成的有形事物了。例如,一个苹果的颜色总是与有颜色的苹果结合在一起的。当我们说这个苹果是红的时候,我们关注的就只是这个苹果的红色而非具有这个红色的苹果了。倘若没有抽象活动显然是做不到这一步的。然而,感觉抽象或想象抽象毕竟是一种初级抽象。因为感觉抽象或想象抽象虽然能够将感觉性质或可感形式与具体的可感质料区分开来,但是却不能完全摆脱有形事物的感性形象。例如,当我们感觉或想象一个苹果的红色时,总不能完全摆脱苹果形状、大小等感性形象。也就是说,在感觉抽象或想象抽象中,我们所获取的尚只是有形事物的具有个体性和偶然性的可感形式。理智抽象的优越性正在于它能够完全排除有形事物的可感形式的诸如形状、大小的感性因素,达到完全无形的、普遍必然的形式,亦即纯粹形式的认识。例如,当我们借助理智抽象获得红之为红的颜色概念或人之为人的人性概念时,情况就是如此。阿奎那的两种抽象理论,通过对感觉抽象或想象抽象与理智抽象的区分和关联,一方面将我们的认识活动理解成一个从感觉到理智、从可感形式到可理解的形式、从被动理智(潜在理智)到能动理智(现实理智)的质变或飞跃的过程,另一方面又将其理解成一个从感觉到理智、从可感性形式到可理解的形式、从被动理智(潜在理智)到能动理智(现实理智)的具有连续性和渐进性的过程。其在西

---

① Thomae de Aquino, *Summa Theologiae*, Ia, Q.85, a.1.

方认识论史上的理论价值是不言而喻的。

阿奎那的抽象理论不仅在整个西方认识论史上具有重要的理论价值，而且在经院哲学发展史上也具有重要的理论价值和现实意义。因为由理智抽象得来的可理解的形式、纯粹形式或种相，其实也就是中世纪经院哲学家们所说的共相。而共相问题，如上所述，又是一个经院哲学家们长期以来一直争论不休的热点问题。针对极端唯名论和极端实在论割裂感性认识和理性认识的片面性，阿奎那则采取了一种比较健全的立场。在阿奎那看来，"人的理智""不是感官的活动，而是灵魂的一种能力，而灵魂则是身体的形式。……真正说来，感官所认识的是个体地存在于有形物质之中的形式，而非存在于这一个体物质之中的形式。但是，认知存在于个体物质中而非存在于有形物质中的形式，就是从个体物质中抽象出形式，而其中的个体物质则是由心像呈现出来的。所以，我们必须说，我们的理智是藉心像的抽象活动来理解物质事物的，而我们也正是藉受到这样考察的物质事物来获得非物质事物的某些知识的。"[1]这样，一方面阿奎那藉强调有形事物、心像或感觉像在共相形成中的必要性和实在性，而使他的抽象理论明显地区别于极端的实在论，另一方面又藉强调作为感觉抽象或想象抽象产物的可感形式的个体性和偶然性，强调作为理智抽象产物的共相的普遍性和必然性，又使他的抽象理论明显地区别于极端的唯名论，从而使之获得了一种崭新的共相立场，一种既可以称作温和的唯名论又可以称作温和的实在论的共相立场。而按照这样的立场，共相便获得了三种存在形式：存在于有形事物之先的共相，存在于有形事物之中的共相，以及存在于有形事物之后的共相。有形事物是由形式和质料组合而成的。而共相或可理解的形式则属于有形事物的公共形式。既然有形事物的形式总是一种由公共形式个体化了的个体形式，则作为公共形式的共相存在于有形事物之先就是一件非常自然的事情了。既然

---

① Thomae de Aquino, *Summa Theologiae*, Ia, Q.79, a.2.

存在于个体事物之中的形式是一种由公共形式个体化了的个体形式,则这种个体化形式便势必与公共形式具有某种相似性,从而便可以看做是一种变相的公共形式。从这个意义上,我们也可以说共相存在于有形事物之中。而既然我们是藉抽象从有形事物的心像或感觉像中获取有形事物的可理解的形式或共相的,则在这个意义上,我们完全有理由说,共相是存在于有形事物之后的。因此,阿奎那的共相理论并不仅仅是对先前共相理论的调和和整合,而是在新的理论基础上,从认识论与本体论的结合上,建构起来的一种新的更其合理也更见系统的认识理论。

对真理问题的讨论也是阿奎那认识论中的一项基本内容。在中世纪存在着两种根本的真理观。一种以奥古斯丁为代表,主张"真理即是存在"。另一种以波爱修为代表,主张"真理并非存在"。与奥古斯丁和波爱修不同,阿奎那虽然承认,我们可以以多种方式来界定真理,但他还是坚持主张从认知主体(能知)与认知对象(所知)的"关系"中来理解真理,主张由二者的"一致性"来界定真理。[1] 他强调说:"真理乃理智和事物的综合(adaequatio)",[2]"真理的定义在于理智与事物的一致(conformitatem),认识这种一致也就是在认识真理",[3]"就被现实理解的事物言,理智与被理解的东西是一回事"。[4] 阿奎那给出的解释是:"真理,就其最初的意义看,是存在于理智之中的。然而,既然每一件事物,就其具有其本性所特有的形式而言,都是真的,而作为在认识的理智,就其同所认识的事物具有类似性而言,也必定是真的,则就理智在认识言,这种类似物亦即它的形式。"[5]这就表明,阿奎那真理观的真正秘密在于他的本体论或存在论,在于认知主体与认知对象的同构性和类似性。既然无论是认识主体还是认知对象都是由形式和质料组合而成的,既然我们所认

---

①　Thomae de Aquino,*Questiones disputatae de veritate*,Q.1,a.1.

②　Ibid,Ia,Q.16,a.1.

③　Ibid,Ia,Q.16,a.2.

④　Ibid,Ia,Q.87,a.1.

⑤　Ibid.,Ia,Q.16,a.2.

知的有形事物的可理解的形式,即共相,也无非是存在于有形事物之中的普遍共性,则我们的理智,作为认知主体,就不但具有认知有形事物可感形式和可理解形式的可能性,而且也具有获得这样一种知识的应然性。这种从认知主体和认知对象的自然结构和自然属性出发来解释真理性认识的可能性和应然性的哲学立场,既与柏拉图主义者所追求的"狂迷"状态和"超脱"境界大相径庭,也与偏执于光照说的奥古斯丁主义者的致思路向大相径庭,而与近代认识论的致思路向倒是比较接近。

2. 基于感觉的美学

阿奎那也被一些学者称作中世纪美学的集大成者。① 他的美学思想与他的认识论思想是一致的,甚至可以被看作是他的认识论思想的一部分。阿奎那曾针对一些人混同美善的立场,突出地强调美与善的区别。在阿奎那看来,美与善虽然是常常联系在一起的,但是,它们之间却也是有分别的,而最根本的区别在于美是一种认知活动,它与认知能力有关。他辨析说:"在一事物中,美和善基本上是一回事。因为它们是以同一个东西,即形式,为基础的,从而善也就被赞赏为美。但是,从逻辑上看,它们却是有区别的,因为善本身是同意欲相关的(善即为所有事物所意欲的东西),所以,它具有目的的特性(因为所谓意欲即为趋向一件事物的运动)。然而,美却同认知能力相关。"②阿奎那对美与善的这样一种区分,不仅是对美的本质的一种规定(超功利性),而且,也把他的美学思想引向了理论深处,引向了他的基于感觉经验的认识论,引向了他的感觉论。他在对美何以与认知能力有关的解说中强调指出:其原因不是别的,正是"因为所谓美的事物即是那些当为人看到时让人感到愉悦的事物。因此,美即在于适当的比例。因为感官喜欢具有适当比例的事物,例如,

---

① 参阅凌继尧、徐恒醇:《西方美学史》第 1 卷,北京:中国社会科学出版社 2005 年版,第 613 页。

② Thomae de Aquino, *Summa Theologiae*, Ia, Q.5, a.4.

感官总是喜欢与它们自己种类相仿的东西。这也是因为即使感觉也是一种理性(官能),一如每一种认识能力都是一种认识能力一样。"①阿奎那的这段话对于我们理解他的美学思想是极其重要的。首先,阿奎那在这里将美界定为当人看到时让人感到"愉悦"的事物,这就进一步将美与善和真区别开来。其次,阿奎那既然将美界定为当人看到时让"人"感到愉悦的"事物",这就表明,美是一种"主客统一性":既与审美主体的感受相关也与审美客体的属性相关。最后,阿奎那既然将美界定为当人"看到"时让人"感到"愉悦的事物,则他就显而易见地将美奠基于他的感觉论。这与他的认识论的致思路向是完全一致的。阿奎那在其著作中反复地强调了他的最后一种观点。例如,他在强调人之感官与动物的感官的根本区别时,就曾强调指出:"感官之赋予人,不仅在于获得生活必需品,其他动物即是为此而获得这些感官的,而且也是为了认知。因此,其他动物仅仅以有关食物和性事的感觉对象为乐,而唯独人以感觉对象的美自身的缘故而乐。"②

美的感觉内涵不仅在阿奎那的美的概念或定义中有明确的表达,而且在他的美的要素说中也有明确的表达。美既然是当人看到时让人感到愉悦的事物,美就是以人所感到的事物的外观或可感形式让人感到愉悦的。那么,这种令人感到愉悦的事物的外观或可感形式具有哪些根本特征呢? 或者说构成美的要素主要有哪些呢? 阿奎那认为,这就是全整性、协调性和明晰性。他说:"美包含有三个条件:全整性(integritas)或完满性(perfectio),因为那些残缺的事物都是由于残缺而丑陋的;适当的比例(proportio)或和谐(consonantia);最后是光明或明晰(claritas),凡被称作美的事物都具有鲜明的色彩。"③诚然,在这里,阿奎那是从美与圣子的类似性的角度来谈论美的要素的,但是,他所说的这三个要素无一不与我们

①　Thomae de Aquino,*Summa Theologiae*,Ia,Q.5,a.4.

②　Ibid.,Ia,Q.91,a.3.

③　Thomae de Aquino,*Summa Theologiae*,Ia,Q.39,a.8.

的感觉活动或可感形式相关联。诚然，阿奎那在感觉美之外，也承认有所谓"理性的美"或"精神上的美"。例如，他曾经援引奥古斯丁的话来肯认"诚实"之为理性的美和精神上的美。但是，即使在这种场合下，他也并没有因此而否认感觉美，而是强调"美或者俊美都出自明晰而匀称的外表"，"一个身体美的人具有匀称的身体加上明晰的肤色"，"许多东西在肉眼看来是美的，然而却很难被恰当地称作诚实。"①这就表明，感觉美或者说基于肉眼的美是阿奎那美学思想中一个一以贯之的思想。

我们知道，自从柏拉图在《斐多篇》中提出唯有藉不受感觉干扰的纯粹思想本身才能获得永恒不变的美或美本身的美学思想之后，这种本质主义或逻辑主义的美学思想差不多一直制约着西方美学的发展。这种状况直到18世纪享誉"美学之父"的鲍姆嘉通(1714—1762年)提出了基于"感觉学"的"美学"概念之后，②才得到了根本的改变。然而，不难看出，鲍姆嘉通的这种美学概念与阿奎那的基于感觉的美学思想何等的类似。在这个意义上，我们完全有理由将阿奎那视为鲍姆嘉通的理论先驱。阿奎那不仅是中世纪美学思想的集大成者，而且也是西方美学史上的一位革新家。

七、基于人的自然欲望和自然本性的道德哲学

与其主张基于身体哲学的人学和基于感觉经验的认识论相一致和相呼应，与那些偏执于灵性修炼的经院哲学家不同，阿奎那在道德哲学方面基本上持守一条基于人的自然欲望和自然本性的致思路线。虽然宗教伦理也是阿奎那道德哲学的一个基本向度，但是，阿奎那并没有因此而将宗

---

① Thomae de Aquino, *Summa Theologiae*, II-II, Q.145, a.2.
② 鲍姆嘉通将美学命名为 Aesthetica，而 Aesthetica 这个词，照拉丁文词根 aesthesia 的原意看，就是"知觉"、"感觉"和"触觉"，照希腊字根 aisthēsis 的原意看，就是"原始的、最初的感觉"。因此，所谓美学，在鲍姆嘉通看来，其实就是感觉学。

教伦理与世俗伦理二元对置起来,而是对人的自然欲望和自然本性给了肯定性的评价,并将之视为其道德哲学的出发点和核心。因此,在阐述阿奎那的道德哲学时,我们首先阐述他的欲望论和自然法思想。

1. 欲望论

人的灵魂学说是阿奎那道德哲学的重要基础。他在《亚里士多德的〈论灵魂〉注》中,曾经强调说:"完全的道德科学要求心理学知识。"[①]其实,阿奎那所说的"心理学"(psychologia)也正是他的灵魂学说。按照阿奎那的灵魂学说,我们人的灵魂虽然具有多种能力,但就我们人的活动方式而言,最为基本的则是认知能力和欲望能力。其中,认知能力直接相关于我们的认知活动,而欲望能力则直接相关于我们的欲望活动或实践活动,特别是我们的道德实践活动,尽管这两种能力无论在动物还是在人的具体活动中都常常是结合在一起的。一如在讨论人的认知能力时将其区分为感觉和理智,在讨论人的欲望能力时,阿奎那也将其区分为感性欲望和理性欲望。感性欲望虽然是一种与人的感觉活动相关的欲望,但就其性质而言却明显地区别于人的感觉活动。诚然,在一个意义下,我们也可以说"感觉运动是由感觉认识产生的欲望",但是,"这种认知能力的活动并不是像欲望活动那样严格地被称作运动的。因为这种认知能力的运作是在被认知的事物存在于进行认知的主体中的情况下完成的,而欲望能力的运作则是在有欲望的人与生俱来地趋向所欲望的事物的情况下完成的。所以,认知能力的运作类似于静止,而欲望能力的运作则毋宁类似于运动。"[②]在这段引文中,有两点值得特别予以注意。首先,感觉活动,作为认知活动,是一种由外到内的活动,它虽然接受外部事物的印象,但却不改变外部事物而只在于获取外部事物的认识,它所引起的只是人的心灵内部的某种变化。而欲望活动,作为实践活动,却是一种由内到外的活

---

① Thomas Aquinas,*Commentary on Aristotle's De Anima*,vol.I,Lect.1.

② Thomae de Aquino,*Summa Theologiae*,Ia,Q.81,a.1.

动,它不仅以外部事物为目的,而且还将自己的力量施加到外部事物之上,它所引起的不是心灵内部的变化,而是心灵之外的外部事物的变化。阿奎那用"静止"和"运动"来解说感觉活动和欲望活动的区别是有一定道理的。其次,感性欲望是一种"与生俱来"的能力或运作,是一种"自然欲望"(appetitus naturalis)。

在对作为自然欲望的感性欲望的进一步考察中,阿奎那将人的感性欲望区分为情欲和愤怒两个部分。其中,"情欲能力既相关于合适的事物也相关于不合适的事物",也就是既"倾向于获得合适的事物"又相关于"避免有害的事物"。而"愤怒能力的目标则在于抵制不合适事物的攻击",也就是"倾向于抵制那些障碍其获得与之适合的事物以及那些对之产生伤害的事物"。① 因此,无论是情欲还是愤怒所关涉的都是一个趋利避害的问题。而从另一个角度讲,我们又可以将人的感性欲望区分为食欲、性欲和生存欲等等,其中食欲和性欲关涉的是人的情欲,而生存欲关涉的则是人的愤怒。所有这些感性欲望,虽然其他动物身上也有,也支配着其他动物的种种活动,但是,却也同样与人的理性一样支配着人的各种行为。阿奎那在谈到种种自然欲望对人的行为的影响时,曾经指出:"在改变人的因素之中,有些是生理的,有些是心理的,心理的因素或是感性的,或是理性的,理性的因素或是实践的,或是理论的。在生理因素中最强烈的是酒,最强烈的感性因素是女人,最强烈的实践因素是政权,最强烈的理论因素是真理。"②在制约和决定人的行为的诸因素中,酒和女人,甚至政权,都属于感性欲望或与感性欲望相关的范畴。诚然,除感性欲望外,阿奎那还承认和强调理性欲望,并且认为理性欲望是一种高于人的自然欲望的东西,它之对于人的感性欲望一如理智知识对于感性知识一样。阿奎那将人的理性欲望称作意志,明确断言:"意志乃理性欲望的称谓

① Thomae de Aquino, *Summa Theologiae*, Ia, Q.81, a.2.
② 转引自赵敦华:《基督教哲学1500年》,北京:人民出版社1994年版,第400页。

（voluntas nominat rationalem appetitum）。"①尽管如此，阿奎那也没有因此而排拒感性欲望，相反，他明确地强调意志与感性欲望或自然欲望的兼容性。阿奎那甚至提出了"意志本身即是一种自然"的论点。他解释说："自然和意志处于这样一种秩序之中：意志本身即是一种自然。因为凡是在自然中发现的东西都可以被称作一种自然。"②他由此得出的结论是："因此，在意志中就必定不仅存在有意志所固有的东西，而且也存在有自然所固有的东西。……因此，即使在意志中，也存在有某种自然欲望，以便获取与之相应的善。"③阿奎那还进一步推论说："正如自然与意志之间存在有一定的秩序一样，在意志自然意欲的事物与那些自行决定而非被自然决定的事物之间也存在有一种平行的秩序。正如自然是意志的基础，自然欲望的对象也就同样是其他欲望对象的原则和基础。"④这就把自然欲望在人的意志活动中的地位明显不过地昭示出来了。

2. 自然法

需要特别指出的是，阿奎那在这里所说的"自然"实质上所意指的正是人的"与生俱来"的"本性"。因此，阿奎那的欲望学说的最后基础在于他所谓的自然法。既然阿奎那所说的自然意指人的与生俱来的本性，则他所谓的自然法所意指的自然也就不是我们在常识意义上所说的自然界的规律，而是一种关于人的与生俱来的本性的法则。阿奎那认为，自然法有如下几个基本特征：首先是它的永恒性。阿奎那认为，自然法与包括民法、教规和神法在内的成文法的一项根本区别即在于它之具有永恒性。阿奎那曾将自然法界定为"理性生物对永恒法的分有"。⑤ 永恒法，作为

---

① Thomae de Aquino, *Summa Theologiae*, I-II, Q.6, a.2.
② Thomae de Aquino, *De veritate*, Q22, 5.
③ Ibid.
④ Ibid.
⑤ Thomae de Aquino, *Summa Theologiae*, I-II, Q.91, a.2.

上帝"支配万物的理念",是永恒不变的。但是,由于上帝在创造万物时,就以自然的方式将永恒法铭刻在万物之上,从而万物也就都或多或少地"分有永恒法",具有依据其固有本性活动的自然倾向。自然法就是以自然的方式铭刻在人的灵魂中和意志中的"永恒法",从而具有不可更易的性质。诚然,阿奎那也没有将自然法的这种永恒性质和不可更易性质完全绝对化。例如,他指出,一些超出自然法的"有益于人类生活的事物"也可以"增加"到自然法上面。再如,在一些次要原则和"被细化的结论"方面,自然法也往往需要随着情况的变化而变化。但是,阿奎那强调说:"自然法在其第一原则方面是完全不变的。"①

　　自然法的另一项基本特征在于它的本源性。阿奎那认为,自然法并非人的某种行为习性或美德,而是"人类行为的第一原则",是人的行为习性或美德得以形成的东西。阿奎那有时将自然法称作"实践理性的第一原则",断言:"自然法的规诫对于实践理性,一如推证的第一原则对于思辨理性。"②自然法之所以能够成为实践理性的"第一原则",逻辑地看,最根本的就在于它是一种"自明的原则"。阿奎那认为,自然法就其自身而言就是自明的。例如,人应当做善事这条自然法规则就其本身而言就是自明的,其自明性就和"整体大于部分"一样。既然自然法是人类行为的第一原则,它就规范和制约人类所有德性的行为。正是从这个意义上,阿奎那强调说:"如果我们说到具有德性的行为时把它看做是道德的,则所有道德的行为就都属于自然法。"这是因为既然自然法是关于人的本性的法,是铭刻在人的灵魂和意志上的东西,则"凡人依据其本性所做的一切便都属于自然法。"每件事物都自然地倾向于那种根据其形式而适合于它的活动,例如,火就倾向于发热。"既然理性灵魂是人所特有的形式,则每个人便都有依据理性行事的自然倾向,而这也就是依据德性行事。如此看来,凡具有德性的行为便都被自然法所规定:因为每个人的

---

① Thomae de Aquino,*Summa Theologiae*,I-II,Q.94,a.5.
② Ibid.,I-II,Q.94,a.2.

理性都自然地要求他道德地行动。"

自然法的第三项基本特征在于它的普遍适用性,在于它原则上适用于所有的人。自然法,作为实践理性的第一原则,其普遍适用性并不完全等同于思辨理性及其真理。因为思辨理性处理的是"必然的事物",是那些"只能是其所是而不能成为别样的事物",从而思辨真理"在所有人中便都是一样的,无论就原则而言,还是就具体结论而言,都是如此"。但实践理性处理的则是与人的行为相关的"偶然的事物",因此,虽然就"一般的原则"而言存在有必然性,则就"具体的细节"而言,并非对所有的人都是相同的。例如,在通常情况下,别人委托的物品应当物归原主,但当这样一种归还可能对人类的生命财产带来危害时,就成了一件"不合理"或不正当的事情了。但是,这是就具体的特殊情况而言的,而不是就自然法的一般原则而言的。"自然法,就其共同的第一原则而言,对一切人都是相同的,无论是有关正义还是就有关知识而言,都是如此。"所谓爱人如己,所谓己所不欲、勿施于人,这样一种黄金律信条,所体现的正是自然法的普遍适用性。为了更其充分地论证自然法的普遍适用性,阿奎那还专门讨论了"自然法能否从人心中废除"这个问题。阿奎那断言:既然自然法是"写在人心中的法",它就是不可能被废除的。① 在一些特殊情况下,由自然法派生出来的一些次要的戒律也可能从人心中抹掉,但是,即使犯罪活动也不至于将作为"普遍法则"的自然法从一些人的心中抹掉。在犯罪的情况下,从罪犯心中抹掉的只是一些从自然法派生出来的次要的戒律。阿奎那甚至认为即使恩典法也不能将自然法从一些人的心中抹掉。他强调说:"虽然恩典比自然更有效力,但自然对人更本质些,从而更持久些。"②阿奎那的结论是:"自然法,在它的普遍特征方面,绝不可能从人心中抹掉。"③

---

① Thomae de Aquino, *Summa Theologiae*, I–II, Q.94, a.6.
② Ibid., I–II, Q.94, a.6.
③ Ibid.

　　自然法的第四项基本特征在于它对自然欲望的突出和强调。毋庸讳言,自然法既然如上所说是对永恒法的分有,则它便势必有其超自然的大背景,但是,阿奎那在阐述自然法的具体内容时,却特别地突出和强调了它的世俗的自然的内容。人既然是理性的动物,他就势必应当以善为自己一切行为的基准和目的。阿奎那强调说:"实践理性的第一原则基于善的概念,也就是说,行善和追求善以及避免恶乃自然法的第一规诫。自然法的所有别的规诫都基于这条规诫的内容。凡被实践理性自然地认定为人的善(或恶)的东西,便都作为某种应当去做或应当避免的事情而属于自然法的规诫性。"①然而,问题在于究竟何为善何为恶。正是在对善恶的基准和内容的阐述中阿奎那特别地突出和强调了自然法内容的自然性质。"既然善具有目的的本性(自然),而恶具有与之相反的本性(自然),则人所自然倾向的一切便都被理性自然地认定为善,从而成为追求的对象,而其反面则被认定为恶,从而成为避免的对象。所以,自然法的规诫的秩序当以自然倾向的秩序为依据。"②既然如此,则自然法的首要内容便当是"自我保存"。这是因为,"人身上首先存在的是与其本性相一致的向善的倾向,而这种倾向是人与其他实体所共同具有的。也就是说,每个实体都根据其本性追求自我保存。由于这种倾向,凡作为保存人的生命的手段以及消除障碍自我保存的东西的手段,都属于自然法的范畴。"③自然法的第二项内容在于人的动物欲望和种族保存。如果说自然法的首要内容在于人的实体性,而自然法的第二项内容则在于人的"动物性"。"人身上存在有一种更其特别地属于他的东西的倾向,这就是他与其他动物所共同具有的本性。由于这种倾向,那些'自然曾教给所有动物的东西',诸如性交、教育后代等等,也就都该被说成属于自然法。"④

---

① Thomae de Aquino, *Summa Theologiae*, I-II, Q.94, a.2。

② Ibid.

③ Ibid.

④ Ibid.

第三种则是那些更进一步属于人的自然法。人既然是"理性"的动物,则人的这种自然法就特别地与人的理性相关。"人身上存在有一种向善的倾向,所依据的是其理性的本性,而这种本性是人所特有的。"正因为如此,"人不仅具有认知有关上帝的真理的自然倾向,而且也有其在社会中生活的自然倾向。就此而言,凡是属于这种倾向的也就都属于自然法。例如,避免无知,避免伤害那些他不能不与其生活在一起的人们。以及与上述倾向有关的诸如此类的事情。"①既然不仅人的社会生活而且人对于上帝真理的认知也都被划入人的"自然倾向"的范围,则自然法的"自然"性质,自然法之为"自然"法就是一件再明显不过的事情了。

3. 人的幸福

与自然法的自然性质相一致,阿奎那非常注重人的幸福问题。他明确宣布:"人的终极目的就叫作幸福(ultimus autum finis vocatur beatitudo)。"②诚然,阿奎那也认为如果从成因的角度来审视人的终极目的的话,我们自然会把"非受造的善"即上帝称作人的终极目的,但是倘若我们从人或人类本身的角度来看问题的话,我们就当将幸福称作人的终极目的。阿奎那不仅将幸福规定为人的终极目的,而且还进一步明确地将其规定为"某种受造物"。他写道:"人的终极目的是某种受造的事物,存在于人的身上,不是别的东西,而只是终极目的的获得和享用。而这终极的目的即被称作幸福。倘若我们从其原因和目标的角度来审视人的幸福的话,它就是某种非受造的事物。但是,倘若我们就幸福的本质本身予以考察的话,则它就是某种受造的事物。"③不仅如此,阿奎那还将幸福规定为"人的终极的完满性",明确断言"幸福即是人的终极的完满性

①　Thomae de Aquino, *Summa Theologiae*, I–II, Q.94, a.2.
②　Ibid., I–II, Q.3, a.1.
③　Ibid.

（beatitudo ultima hominis perfectio）"。① 更为难得的是，阿奎那明确地将"快乐"作为人的幸福的标志和"伴生物"，强调快乐对于幸福的绝对必要性，声称"快乐为幸福所必需"，一如热为火所必需。他虽然更多地强调的是人的灵魂的快乐，但他却并没有因此而完全排拒人的身体的快乐。他认为："身体的快乐主要指食色（cibis et venereis）两个方面的快乐。"②而且，这样的快乐也是大多数人所"寻求"的。③ 阿奎那将人的快乐区分为"理智的精神的快乐"和"感性的身体的快乐"。虽然就质的规定性而言，理智的精神的快乐大于感性的身体的快乐，但是，就我们通常的感受而言，"身体的快乐则更为强烈"。④ 这主要是由于下面三点原因造成的。首先是因为"我们对感性事物比对理智事物更熟悉"。其次是因为"作为感性欲望的情感的感性快乐伴随有某种身体的变化，而精神快乐中则没有这种变化发生，除非高级欲望对低级欲望作出某种反应"。第三是因为"身体的快乐往往是为了寻求对身体缺陷和烦恼的补偿，各种痛苦便都是由其产生出来的。既然身体的快乐是由于这种痛苦产生出来的，从而这种感觉就更其强烈，且比精神的快乐更受欢迎。"⑤而这些也正是大多数人寻求身体快乐的主要根由。

与大多数经院哲学家相一致，阿奎那也承认"上帝的善"、"上帝的至善"和"上帝的幸福"，但阿奎那却有明显地区别于他们的地方。这就是，阿奎那不仅承认"上帝的善"、"上帝的至善"和"上帝的幸福"，而且也承认有"人类的善"、"人类的至善"和"人类的幸福"，认为它们之间的差别只是在于前者具有"绝对"的性质而后者则只具有相对的性质和意义。⑥

---

① Thomae de Aquino, *Summa Theologiae*, I–II, Q.3, a.2.
② Thomae de Aquino, *Summa Contra Gentiles*, III, cap.27, 1.
③ Thomae de Aquino, *Summa Theologiae*, I–II, Q.31, a.5.
④ Ibid.
⑤ Ibid.
⑥ Cf.ibid., Ia, Q.6, a.2; Ia, Q.26, a.3.

正是从这个意义上，阿奎那将上帝称作"万善之善"（omnis boni bonum），①并且论证说："每件事物的善即是它的完满性。但是，既然上帝绝对完满，则一如我们已经证明了的，在他的完满性中也就包含了万物的完满性。所以，他的善也就包含了万善。因此，他即是万善之善。"②从这个意义上讲，无论人们追求什么样的善，归根结底，都是在自觉不自觉地追求作为万善之善的上帝。然而，这只是从应然的或理论上的角度讲的。如果从实践层面看问题，事情就不完全是那么一回事了。这首先是因为人的行为的终极目的与次终极目的之间存在的是一种间接的"无穷后退"的关系，人们在追求自己当下的次终极目的的行为中一方面很难在当下追求的次终极目的与当追求的终极目的之间建立起一种直接的和必然的联系，另一方面甚至也无须或不必建立这方面的联系。例如，"就玩笑给人带来快乐和轻松而言，开玩笑的行为并不指向任何外在的目的，而只指向开玩笑者的善。"③再如，"当一个人沿路向前走时，他是不必考虑每一步的目的的。"④因此，"一个人在思考某件事情或者在做某件事情时，是无须总是想到终极目的的。"⑤其次，人是具有自由意志的。而人的理智的自由首先即表现在它对理智的必然判断的拒绝。阿奎那指出："自由即意味着不服从一个固定的对象，依据心灵对普遍的善的理解，意欲以一个理智实体为对象，但不限于一个固定的善。"⑥即使理智能够告诉我们作为次终极目的具体的善与作为终极目的的终极的善之间的必然联系，理智也依然能够不依据该具体目标与终极的善的关系，而仅仅依据受造善之间的关系或仅仅依据其为"公共善"的体现而选择该具体目标。

---

① Thomae de Aquino, *Summa Contra Gentiles*, I, cap.40, 1.

② Ibid., I, cap.40, 2.

③ Thomae de Aquino, *Summa Theologiae*, I-II, Q.1, a.6.

④ Ibid.

⑤ Ibid.

⑥ Saint Thomas Aquinas, *Philosophical Texts*, ed. By T. Gilby, Oxford: Oxford University Press, 1960, p.259.

这就是说,人的道德伦理行为并不总是具有宗教性,指向上帝,而是可以具有世俗内容,指向世上万物的。因此,在通常情况下或在大多数情况下,人类的道德伦理行为所要服从的是作为"人类至善"的人类的幸福,而并非上帝或上帝的至善。也正是在这个意义上,阿奎那强调说:"幸福是人类的至善,是其他目的都要服从的目的。"①这就在宗教伦理之外,给世俗伦理留下了相当开阔的领域。

阿奎那认为,幸福对于人并非现成的,而是需要通过努力实现出来的,"幸福即是一种实现活动"。② 因此,他在《神学大全》中还专题讨论了"幸福的获得"问题。既然在阿奎那看来,作为人类至善的人类的幸福关涉到人的身体和人的灵魂两个方面,则作为人类至善的人类幸福的获得自然也就包含人的身体和人的灵魂两个方面。在阿奎那看来,人的身体及其完满性是我们获得人类幸福的一项重要条件。他强调说:"身体对于现世的幸福来说是必需的。因为现世的幸福既存在于思辨理智的实现活动中,也存在于实践理智的实现活动中。"③而无论是思辨理智的实现活动还是实践理智的实现活动都是离不开人的身体的,都是需要一个"良好配置"的身体的。因为很明显,身体不好就会障碍人的德性活动的实现,而配置良好的身体则有助于这些活动的实现和完成。

4. 人的德性

然而,在阿奎那看来,如果说人的身体及其完满是人类幸福的一项必要条件的话,则人的德性及其活动则是人类幸福的一项基本条件。他说:"意志的正直为幸福所必需。"④他还援引亚里士多德的话强调说:"幸福

---

① Thomas Aquinas, *Commentary on Aristotle's Nicomachean Ethics*, I, Lect.14.
② Thomae de Aquino, *Summa Theologiae*, I–II, Q.3, a.1.
③ Ibid., I–II, Q.4, a.5.
④ Ibid., I–II, Q.5, a.7.亚里士多德:《伦理学》I,9,1099b16。

是德性活动的奖赏。"①那么,所谓德性究竟是什么意思呢? 阿奎那从两个层面对德性作出界定。首先,德性并非只是一种能力,而是一种习性。当我们说一个人能挑一百磅时,我们所意指的并不是他的德性,而是他的能力。我们不能因此而说这个人的德性是一百磅,而不是六十磅。诚然,人的德性也与人的能力有关,但它所意指的是"能力的某种完满性",而且这里所说的完满性主要是就"它与它的目的的关系"而言的,是就人的行为而言的,是由人的行为习性决定的。正是在这个意义上,阿奎那断言:"人的德性是习性(vertutes humanae habitus sunt)。"②然而,德性也并不仅仅是一种习性,而且还,必定是一种"好的习性"(habitus bonus)。这是因为既然德性意指的是"能力的一种完满性",从而一件事物的完满性便是由"它的最高等级的能力"决定的,则"任何最高等级的能力便必定是好的"。③ 而且,既然恶在阿奎那看来不是别的,只是一种缺乏,则人的德性也就因此而必定被视为与好相关。

如果从德性主体的立场看问题,我们不妨将人的作为好的习性的德性区分为三个类型。这就是:理智德性、道德德性和神学德性。理智德性是理智的好习性。"依靠这种德性,我们永远说真话,永远不犯错误。"④理智德性,作为理智的好习性,既包含智慧、科学和理解,也包含技艺。智慧其实也是一种科学,不过由于它考察的是事物的"最高的原因",它"公正地判断一切事物,并把它们安排进一定的秩序之中",从而它对所有的科学作出判断,"不仅对它们的结论而且对它们的第一原理作出判断",它也就因此而高于所有别的科学。⑤ 技艺与智慧、科学和理解都有所不同,因为真正说来,技艺是一种"运作的习性"。但技艺这种运作的习性

---

① Thomae de Aquino, *Summa Theologiae*, I-II, Q.5, a.7.也请参阅亚里士多德:《伦理学》I,9,1099b16。

② Ibid., I-II, Q.55, a.1.

③ Ibid., I-II, Q.55, a.3.

④ Ibid., I-II, Q.57, a.2.

⑤ Ibid.

毕竟与"思辨的习性"有某种共同的东西。一个几何学家一旦论证了某个真理，他的欲望和情绪对此便无任何关系。同样，一个工匠一旦发明了某项技艺，他的欲望和情绪对此也没有任何关系。"因此，技艺作为思辨的习性，以同样的方式具有德性的本性，也就是说，就习性与运用来说，没有思辨的习性，技艺是成就不了好的作品的，就此而言，它恰恰是一种完善欲望的德性。"①

道德德性与理智德性不同，它关涉的不是人的理智、理智能力和理智活动，而是人的欲望、欲望能力和欲望活动。意为欲望、意志、风俗、道德、伦理的拉丁词 Mos 有两个基本含义。它有时用来意指习性，有时又用来意指"做某种特定行为的自然的或准自然的倾向"。在后一种情况下，它也被用于不会说话的动物。阿奎那也将体现"欲望正直"的道德德性称作"基本德性"（virtutes cardinales）或"主要德性"（virtutes principales）。②与其将理智德性区分为智慧、科学、理解和技艺四种一样，阿奎那也将基本德性区分为明智、正义、节制和刚毅四种。倘若就基本德性的"共同的形式原则"来看，"任何在理性的思考行为中产生善的德性即可以称作明智（prudentia）；每一种在行为中产生正当的和应得的善的德性即被称作正义；每一种抑制或压制情感的德性即被称作节制；每一种增强心灵反对任何情感的力量的德性即被称作刚毅。"③从这些意义上讲，我们不妨将明智称作"存在于理性思考中的善"，将正义称作"为理性所定义的置入我们行为中的善"，将节制称作"束缚情感的善"；将刚毅称作"坚定地坚持理性、反对情感冲动的善"。④ 但是，倘若就其各自的主要事务和职能而言，我们则不妨将明智视为"发布命令的德性"；将正义视为"地位相等者之间应有行为的德性"；将明智视为"抑制对触觉快感的渴望的德性"；

① Thomae de Aquino, *Summa Theologiae*, I–II, Q.57, a.3.
② Ibid., I–II, Q.61, a.1.
③ Ibid., I–II, Q.61, a.3.
④ Ibid.

将刚毅视为"增强反抗死亡危险的力量的德性"。①

在阿奎那看来,人不仅具有自然的本性,而且也具有超自然的本性。因此,"人的幸福是双重的":"一种是与人的自然相当的幸福,也就是说,人能够借助他的自然的原则得到他的幸福。另一种是超越人的自然的幸福,人只有借上帝的力量,借对神性的分有才能得到这种幸福。"②正因为如此,阿奎那在理智德性和道德德性之外,另提出了神学德性。如果我们把理智德性和道德德性称作人的自然幸福的原则的话,则神学德性即为人的超自然的幸福的原则。神学德性有信(信仰)、望(希望)和爱(仁爱)三种。在中世纪,相当一部分经院哲学家,特别是那些神秘主义思想家,往往从禁欲主义的立场出发,来理解和阐释神学德性,将神学德性与理智德性和道德德性(基本德性)完全对立起来。与这些中世纪思想家不同,阿奎那虽然也强调了神学德性与理智德性和道德德性的区别,但他却并没有因此而完全否认它们之间的关联,也没有因此而完全否认理智德性和道德德性的必要性和正当性,相反,即使他在讨论和阐释神学德性时也对理智德性和道德德性给予了相当的注意。例如,阿奎那在讨论和阐释爱德时便不仅强调对上帝的爱,而且也强调对邻人的爱和对自己的爱。爱德作为神学德性,固然要强调爱上帝,但是,爱德还有一个扩展问题,有一个向我们的邻人的扩展问题。阿奎那强调说:"我们爱邻人的行为是经由上帝扩展来的;因为我们对邻人应当爱的,恰恰在于邻人即在上帝之中这一点。因此,很清楚,我们爱邻人的行为与我们爱上帝的行为是属于同一种类的。所以,爱德的习性不仅应当扩展到爱上帝,而且还应当进而扩展到爱邻人。"把爱邻人与爱上帝视为同一种类,诚然,就阿奎那的本意来看,是想以此来充实爱上帝的内涵的,意在从爱上帝的高度来审视爱邻人,以宗教道德来神圣化世俗道德,但倘若从另一个角度看,他的

---

① Thomae de Aquino, *Summa Theologiae*, I-II, Q.61, a.3.
② Ibid., I-II, Q.62, a.1.

这样一种做法也有以此来升华爱邻人意涵的积极效用。阿奎那认为爱德不仅要求我们爱邻人,而且还要求我们爱自己。对此,阿奎那从"爱德是一种友谊"的角度作了两个方面的论证。首先,倘若从友谊的一般概念看,一个人是不可能成为他自己的朋友的,但"一个人就是他自己","一个人用来爱自己的那种爱,其实也就是友谊的形式和根基。这是因为,如果我们与其他人保持友谊,那只是因为我们对待他们就像对待我们自己一样。"①其次,爱上帝所意指的是人与上帝之间的友谊,是人与其所属的上帝的友谊,而在这种友谊中自然也就包括具有爱德的那个人自己。因此,"当一个人由于爱德而爱那些属于上帝的事物的时候,他也就由于爱德而爱自己。"②更加值得注意的是,在阿奎那看来,爱自己不仅意味着爱自己的灵魂,而且也意味着爱自己的身体。这是因为,"我们的身体的本性是上帝创造出来的,而不是像摩尼教所声称的那样,是由某个恶的原理创造出来的。"③而且,"虽然我们的身体不能通过认知上帝和爱上帝而享受上帝之中的喜乐,但通过我们身体所做的工作,我们却能够达到在上帝之中的完满喜乐。因此,从这种灵魂的喜乐中,也会流溢出一些幸福进入身体",而"身体也就能够因此以某种方式分享幸福,故而我们也就可以以爱德之爱去爱身体。"④

5. 中道

亚里士多德非常重视"中道",将其称作"那些具有实践智慧的人用来规定德性的原则"。⑤ 与亚里士多德一样,阿奎那也非常重视"中道"。既然阿奎那将德性区分为道德德性、理智德性和神学德性,他在《神学大全》中也就分别讨论了这三种德性与中道的关系。阿奎那认为,道德德

---

① Thomae de Aquino, *Summa Theologiae*, II-II, Q.23, a.4.
② Ibid.
③ Ibid., II-II, Q.23, a.5.
④ Ibid.
⑤ 参阅亚里士多德:《尼各马可伦理学》II,6,1107a1—2。

性是遵循中道的。他论证说:"德性的本性是命令人向善。……那种被衡量或被规范的东西的善在于它们与其规则的一致性。……恶就在于它与其规则或尺度的不一致。这种不一致要么是由于它们超出了尺度,要么是由于它们达不到尺度。……因此,很显然,道德德性的善在于与理性规则的一致性。"①不仅道德德性遵守中道,而且理智德性也同样遵守中道。这是因为既然任何事物的善都在于通过与规则和尺度的一致而遵守中道,既然理智德性与道德德性一样,都在于令人向善,则"理智德性的善,就其从属于某一尺度而言,就在于遵守中道"。②"理智德性的善即是真。"不过,既然理智德性有思辨理智德性与实践理智德性之分,理智德性的真也就有两种形态:"在思辨德性的情况下,它就是被绝对理解的真。而在实践德性的情况下,它就是与正当欲求一致的真。"③在谈到神学德性时,阿奎那区别了两种情况:一种情况是就"德性的意向"而言的,另一种情况则是就"我们"而论的,或者说是就"神学德性的规则和尺度是通过与我们的比较"而言的。倘若就德性的意向而言,"神学德性的规则和尺度就是上帝本身"。④ 在这种情况下,神学德性的善是不在于遵守中道的。这是因为"我们的信仰是根据神的真理规定的,我们的爱是根据神的善规定的,我们的希望则是根据上帝的无限全能和充满爱的善意规定的"。⑤ 而所有这些尺度都是超出人的所有能力,以至于我们永远不可能像上帝那样地去爱他,永远不可能像我们应该信仰和希望上帝那样去信仰他和希望他。而在这些情况下,绝不可能存在有"过"的问题。因此,神学德性的善"并不在于中道,而是在于我们越来越接近最高处"。⑥然而,倘若就我们而论,神学德性也有遵守中道的问题。这是因为我们既

① Thomae de Aquino,*Summa Theologiae*,I-II,Q.64,a.1.
② Ibid.,I-II,Q.64,a.3.
③ Ibid.
④ Ibid.,I-II,Q.64,a.4.
⑤ Ibid.
⑥ Ibid.

然不能为了上帝而生，像我们应该的那样，我们就应该根据我们的条件的尺度，通过信、望和爱去接近上帝。而在这种情况下，也就出现了遵守中道的问题。例如，就望德而论，倘若一个人"希望得到来自上帝的超出他自身条件的善"，或者是"没有根据他的条件去希望得到他能够得到的东西"，这就出现了"臆想"和"失望"的问题，出现了过与不及的问题，从而也就出现了"中道"的问题。① 再如，就爱德而论，如果我们为了爱上帝而不去爱邻人和爱自己，这就同样出现了过犹不及的问题。最后，即使持守神学道德信条也有一个以正当方式持守的问题。一个人可以以正当的方式，为了永恒生命的缘故，因为童贞而戒掉所有性事，因为贫穷而戒绝所有的财富，但是，倘若"以一种不正当的方式，也就是说，以一种非法的邪教异端，或者是为了虚荣心"，则这样做就是一种"过度"。②

八、基于人性论和正义观的政治
法律思想和经济思想

阿奎那的社会政治思想比较丰富，从大的方面看，我们不妨将其区分为政治思想、法律思想和经济思想三个部分。

1. 政治思想

阿奎那认为，社会和国家对于人类生活是必不可少的。不过，他之对社会和国家对于人类及其生活的必要性主要的不是从宗教的和神的立场出发的，而是从人的本性和立场出发的。在《论君主政治》中，阿奎那在阐述政治制度的必要性时曾强调指出，人与其他动物的区别正在于他的社会性，而政治制度的必要性也正在于人的这种与生俱来的本性。他说："如果人宜于按照其他许多动物的方式过一种孤独的生活，他就不需要

① Thomae de Aquino, *Summa Theologiae*, I-II, Q.64, a.4.
② Ibid.

别的指导者,而是每一个人在上帝即万王之王的管辖下,将成为他自己的君主,并且对于自己的行动,有依靠上帝所赋予的理性的启发而充分加以指挥的自由。然而,当我们考虑到人生的一切必不可少的事项时,我们就显然看出,人天然是个社会的和政治的动物,注定比其他一切动物过更多的合群生活。"①阿奎那解释说,大自然为其他的动物准备了许多食物,为它们准备了一身皮毛,还赋予它们许多自卫的手段,如坚硬的牙齿、角、爪等。而人却没有这样的装备。尽管人有推理能力,但也不足以使一个人将"所有必需的东西"提供给自己。"由于这个缘故,人就自然需要和他的同类住在一起。"正因为如此,人也就比其他动物更需要也更善于"和他的同类互相沟通,甚至比那些似乎最爱群居的动物如鹤、蚂蚁或蜜蜂都强。"②强调人的社会性并由人的社会性来论证人类社会和国家产生和存在的必要性和必然性是阿奎那的一个基本思想。他在其他著作中也不厌其烦地阐述和强调了这一思想。例如,他在《神学大全》中指出:"人总是社会的一部分,每个人,就其所是和所有的一切而言,都属于社会;一如每个部分,就其所是的一切而言都属于整体一样。"③在《亚里士多德〈尼各马可伦理学〉注》中,阿奎那也指出:"人天生是个过社会生活的动物。这是因为由于他有许多需要不能单靠自己的力量求得满足,他就不得不过社会生活。这一事实必然导致另一个事实,这就是:人天生注定要构成一个使他得以享受完满生活的社会的一部分。"④

如上所述,在讨论和阐述人的社会性以及人类社会及其制度的必要性时,阿奎那将之归结为人的"享受完满生活"的欲望,归结为"公共幸福"。他还强调说:"私人利益和公共幸福并不是同一回事。我们的私人

---

① 阿奎那:《论君主政治》,见《阿奎那政治著作选》,马清槐译,北京:商务印书馆1982年版,第43—44页。

② 同上书,第44—45页。

③ Thomae de Aquino, *Summa Theologiae*, I—II, Q.96, a.4.

④ 《阿奎那政治著作选》,马清槐译,北京:商务印书馆1982年版,第155页。

利益各有不同,把社会团结在一起的是公共幸福。"①那么,这种公共幸福究竟有些什么样的具体意涵呢?首先,是向社会成员"提供那些为维持生活所必需的东西"。因此,就有我们每个人都构成其中一个成员的"家庭团体"。从而,"我们大家都从我们的父母获得生命、食物和教育,并且一个家庭的各个成员都是这样地用生活所需的东西互相支援的。"②其次,社会成员从社会获得的帮助并不限于家庭团体,也不限于生存方面的内容,还有更多方面和更多层次的内容。"社会生活却能进一步使人达到人生的最高峰;不但能够生存,而且日子过得很圆满,幸福生活所必需的东西样样俱全。"例如,人成为其中一员的政治社会就必须帮助他"取得由一个国家的许多不同工业生产的这样一些物质福利"。③第三,人生的最高峰和人生的完满性并不限于人的物质福利,还应当包含"精神上的幸福"。④鉴于这样一些理由,社会哲学便应当分成三个部分。第一部分研究"作为若干人注定要达到某种目的的人们",被称作"僧侣"的部分。第二部分涉及"家庭团体",被称作"经济"的部分。第三部分研究"公民社会的行动",被称作"政治"的部分。阿奎那认为,社会哲学的这三个部分是相互关联而形成一个整体的,但是它们之间的统一只是一种"体系上的统一",而非那种"无条件的统一"或"绝对的统一"。这就是说,它们相互之间也是具有一定的相对的独立性的。教会与国家的职能因此便既有相互关联的一面,也有相互独立的一面。

政治学在阿奎那的社会思想中占有特别重要的地位。这是因为"政治社会"在诸多社会形态和等级中是"最高等"的社会,"它在安排上以满足人生的一切需要为目的,因而它是最完善的社会"。⑤需要注意的是,

---

① 《阿奎那政治著作选》,马清槐译,北京:商务印书馆1982年版,第45页。
② 同上书,第155—156页。
③ 同上书,第156页。
④ 同上。
⑤ 阿奎那:《亚里士多德〈政治学〉注》,见《阿奎那政治著作选》,马清槐译,北京:商务印书馆1982年版,第159页。

在阿奎那时代,西欧手工业和商业已经有了相当程度的发展,西欧的工商业城市已经具有了相当的规模。而阿奎那在这里所说的"政治社会"所意指的首先是西欧城市社会,他的政治学首先也就是这样一种创建和治理城市的学问。政治社会的优越性在他那里其实也就是城市社会的优越性。既然"满足人生一切需要"乃政治社会的目的,"既然目的比那达到目的的手段更为重要",则"我们称之为城市的这个统一体就比人类的理性所能理解和构成的其他一切较小的统一体占据更优越的地位"。① 正是在这个意义上,阿奎那进而将政治学宣布为"一门研究城市的学科"。他强调说:"为了哲学的完整起见,我们有必要设立一门研究城市的学科;这样的学科就称为政治学或治世之学。"②在谈到政治学的学科性质时,阿奎那强调指出:作为"研究城市的学科"的政治学并非一门纯粹思辨科学,而是一门"实践科学"或"实用科学"。"理论科学与实用科学的不同之处,在于理论科学仅以认识真理为目的,而实用科学则与行动有关。所以我们这个学问是实用科学;因为理智不仅了解城市而且创建城市。"③阿奎那不仅将作为研究城市的学科的政治学称作实用科学,而且还进而突出地强调了这门学问的"崇高地位",把它视为"一切实用科学中最重要的科学"。他强调说:"与其他一切学科相比,我们可以特别提到政治学的崇高地位和价值"。④ 至于他特别提升政治学的崇高地位的具体理由,阿奎那主要谈到了两点。首先在于政治学的研究对象的特别重要性。"事实上,城市是人类的理性所构成的最重要的东西。因为它是一切比较小的社会的模仿对象和终极目的。"⑤其次,是就政治学的目标而言的,是就其为"满足人生的一切需要为目的"而言。既然政治学以此为目的,那就没有任何一门实用科学能够高于政治学而不能不从属于

---

① 《阿奎那政治著作选》,马清槐译,北京:商务印书馆1982年版,第159页。
② 同上书,第159—160页。
③ 同上书,第160页。
④ 同上。
⑤ 同上。

政治学了。正是在这个意义上,阿奎那指出:"由机械工艺用与人有益的东西制成的所有那些成品,就它们的目的来说都是给人安排的,因此,如果最重要的学问乃是研讨最高尚、最完美的东西的学问,我们当然由此可以推断,政治学是一切实用科学最重要的科学,并且是所有那些科学的枢纽;因为它所论述的是人类事务中最崇高的和十全十美的东西。"①

政治正义是阿奎那政治学中的首要问题。既然政治社会的根本目标在于"公共幸福",则公共幸福自然也就成了政治社会正义与否的根本标杆:一个政治社会如果造福于公众,它就是正义的,如果只追求统治者的私人利益,则它就是非正义的。也正是从这样一个高度,阿奎那强调说:"如果一个自由人的社会是在为公众谋幸福的统治者的治理之下,这种政治就是正义的,是适合的。相反地,如果那个社会的一切设施服从于统治者的私人利益而不是服从于公共福利,这就是政治上的倒行逆施,也就不再是正义的了。"②阿奎那还援引《圣经》上的话说,这些统治者"牧养"的"只是自己"而不是"群羊",应当受到上帝的惩罚。阿奎那还进而从政治正义的高度考察了各类统治者。所谓暴君就是那种用暴力压迫人民,而不是按正义的原则对社会进行治理的统治者,换言之,也就是那种"力求靠他的地位获得私利而置其所管辖的社会的幸福于不顾"的统治者。而正义的统治者则是那种专心致志地造福于公共福利的人。正义的政治也有各种类型。如果行政管理是由"社会上的大部分人"来执行的,这就叫做"平民政治"。如果行政管理归"人数较少但有德性的人"来承担,这就叫做"贵族政治"。如果正义的政治"只有一个人"掌握,则这个人就被称作"君主"。而王权的根本特征在于:"应当有一个人进行治理,他治理的时候应当念念不忘公共的幸福,而不去追求个人的私利。"③

既然政治社会的根本目标在于谋求公共幸福,那么究竟什么样的政

① 《阿奎那政治著作选》,马清槐译,北京:商务印书馆1982年版,第160页。
② 同上书,第46页。
③ 同上书,第47页。

体才最适合于谋求公共幸福呢？阿奎那的答案是："君主制是最好的政体。"其理由是："任何统治者都应当以谋求他所治理的区域的幸福为目的；……但是，一个社会的幸福和繁荣在于保全它的团结一致；或者说得更简单些，在于和平。因为如果没有和平，社会生活就会失去它的一切好处；并且由于纷扰，反而会成为一种负担。所以，任何社会的统治者的首要任务是建立和平的团结一致。"①然而，"由一个人掌握的政府比那种由许多人掌握的政府"更容易获得"和平的团结一致"。这是因为"凡是本身是个统一体的事物，总能比多样体更容易产生统一；正如本身是热的东西，最能适应热的东西一样。"②

　　然而，君主政治是一种具有两面性的政治：它既可能产生最好的政体，也可能导致最坏的政体。"有一个国王执掌政权的政体是最好的政体，同样地，由一个暴君执掌政权的政体是最坏的统治形式。"③既然"统一的政权比分散的政权更为有效"，则以最求私人利益为目的的暴君政治对公共利益的损害就不仅大于贵族政治，而且也大于寡头政治。因此，如何预防君主政治蜕化为暴君政治就成了君主制面临的首要问题。君王的德性问题是一个必须首先予以考虑的问题。既然政治社会的根本目标在于公共利益或公共幸福，则明君与暴君的根本区别便在于做君为公还是做君为私。一个明君"必须特别专心致志地领导他所支配的社会走向幸福生活"。④ 具体地说，他必须尽力承担下述三项任务："他必须首先确立他所统治的社会的安宁；第二，他必须保证不让任何事情来破坏这样建立起来的安宁；第三，他必须费尽心机继续扩大社会福利。"⑤诚然，尽职的国王也有酬报，但他的酬报不应当是私人的利益，而应当是"荣誉和荣

---

①　《阿奎那政治著作选》，马清槐译，北京：商务印书馆 1982 年版，第 48 页。

②　同上。

③　同上书，第 50 页。

④　同上书，第 87 页。

⑤　同上。

耀",首先是"天国的最高幸福"。① 既然如此,在推荐君王人选时也就必须坚持这样的德性标准。"在可能的候选人中,无论谁被宣布接任王位,都应具有那种使他不致成为暴君的德性,这是十分必要的。"②

其次,预防君主制度蜕化的问题并不仅仅是一个君王人选的个人品质问题,还有一个制度方面和体制方面或组织方面的问题。"君主制度在组织上应作这样的规定,使国王一旦当政时没有机会成为暴君。"③例如,"应该适当地限制王权,使他不能很容易地转向暴政方面去。"④至于如何适当地限制王权,阿奎那提出了一种以君主制度为基础的混合的政治制度:一种包含君主制、贵族制和民主制在内的混合政体。阿奎那断言:"在一个国家或民族之中,关于统治者的正当安排",首先就在于"所有人都应当参与到政体之中承担某项工作。因为唯有这种形式的政体才能保证民众内部的和平,所有人都命令他们自己,所有人都保护这种政体。"⑤更为难得的是,阿奎那在此基础上还进一步提出了普遍的选举权和被选举权的问题。他满怀信心地憧憬道:"最好的政体形式是:在一个国家中和一个君主国中,在那里一个人被授予统治所有人的权力,同时在他之下别的人也有统治的权力。而且,这种类型的统治还为所有的人所分享,这既是因为所有人都具有被选出来进行统治的资格,同时也是因为统治者是被所有人所选的。因此,这是最好的政治形式,它部分地是君主制,因为有一个人处在所有人之上;部分地属贵族制,因为有一些人被置于权力之中;部分地是民主制,也就是说,是人民的政制,这是就统治者可以由民众中选举出来而言,也是就民众有选择他们的统治者的权利而言。"⑥在这样的混合政体下,人

① 《阿奎那政治著作选》,马清槐译,北京:商务印书馆1982年版,第68、69页。
② 同上书,第57页。
③ 同上。
④ 同上书,第57—58页。
⑤ Thomae de Aquino, *Summa Theologiae*, I–II, Q.105, a.1.
⑥ Ibid.

民不仅享有民主的权利,而且也享有自由的权利。"所有人的自由生来平等,虽然其他禀赋都不平等。一个人不应像一个工具一样服从另一个人。因此,在完整的国家中没有废除属民自由的君主统治,只有不歧视自由的权威统治。"①在这里,我们似乎听到了康德的"人是目的"的呼唤。

最后是"万一国王横暴起来,应当采取什么行动"的问题。阿奎那认为,如果国王横暴起来,成了暴君,人民完全有权或迟或早地废黜他。在阿奎那看来,废黜暴君对于人民和社会是一件好事。他甚至强调说:"如果虐政分外厉害,达到不堪忍受的地步,那么由一个比较有力量的公民起来杀死暴君,甚至为了解放社会而甘冒牺牲生命的危险,那也不失为一件好事。"②不过,阿奎那认为,这样一种行为也有一些弊端,很可能对社会及其统治者招惹一些别的危险。因此,阿奎那主张:"克服暴政弊害的办法应以公众的意见为准,而不能以若干个人的私见为断。"③阿奎那强调说:"特别是在一个社会有权为自身推选统治者的情况下,如果那个社会废黜它所选出的国王,或因他滥用权力行使暴政而限制他的权力,那就不能算是违反正义。这个社会也不应为了这样废黜一个暴君而被指责为不忠不义,即使以前对他有过誓效忠诚的表示也是如此;因为这个暴君既然不能尽到社会统治者的职责,那就是咎由自取,因而他的臣民就不再受他们对他所作的誓约的拘束。"④在阿奎那的这些话语中,我们似乎隐隐约约地听到了近代平民思想家卢梭在谈到暴君时所说过的"暴力支持他,暴力也推翻他"的声音。⑤

---

① 阿奎那:《〈箴言书〉注》,2卷,44章,问题1,第3条。转引自赵敦华:《基督教哲学1500年》,北京:人民出版社1994年版,第408页。
② 《阿奎那政治著作选》,马清槐译,北京:商务印书馆1982年版,第58页。
③ 同上书,第59页。
④ 同上书,第59—60页。
⑤ 卢梭:《论人类不平等的起源和基础》,李常山译,东林校,北京:商务印书馆1982年版,第146页。

2. 法律思想

阿奎那不仅主张和强调政治正义,而且因此也主张和强调法律正义。按照阿奎那的法律体系,我们主要有自然法、神法和人法三种。其中,自然法为不成文法,人法和神法则为成文法。人法和神法,作为成文法,虽然都是以自然法为依据的,虽然都指向公共善,但它们却分别适用于两个不同的社群。其中神法涉及的是人神关系,是神—人共同体,而人法涉及的则是人与人的关系,是公民社群或公民共同体。"人法是为公民共同体制定的,它意味着人与人相互之间的责任,人通过外在性而相互命令。根据人法,人们共同生活在一个集体之中。这种人与人在一起的共同生活与正义有关,而正义特有的功能即在于指导人类共同体。"①

人法可区分为国际法和民法。属于国际法的,是所有那些直接从自然法得出的结论。例如,公平买卖等就属于国际法。因为没有这些人法,人类就不可能生活在一起。而那些藉特殊规定的方式派生于自然法的东西,则属于民法。这是由每个国家或每个城市根据其特殊情况和特殊需要而规定的人法。人法的第二个特点在于它以国家和城市的公共善或公共福利为目标。据此,人法可以按照那些对公共善或公共福利负有专门职责的人的不同职务加以区分,例如,有藉为民众向上帝祈祷来谋求公共善的神父,有藉治理民众谋求公共善的统治者,有藉为民众安全而战谋求公共善的士兵等等。人法的第三个特点在于它应当由国家或城市的统治者予以制定。这样,政体不同,自然法的形式也就不同。例如,在君主制下,有所谓"君王的律令";在贵族制下,有所谓"智者的意见"和"元老院的建议";在寡头政治下,有所谓"执政官法"或"荣誉法";在民主制下,有所谓"平民法"。人法的第四个特点在于它乃支配人类行为的法则。根据这个观点,人法可以按照其不同的对象分类。人法有时以其制定者命

---

① Thomae de Aquino, *Summa Theologiae*, I–II, Q.100, a.2.

名。例如,有所谓"关于通奸罪的朱利安法"和"关于暗杀罪的科尼利安法"等。不过这里所针对的不是制定者,而是其所处理的问题。① 人法虽然是由每个国家或每个城市根据其特殊情况和特殊需要而制定出来的,但是它的目标却不在于"任何私人的利益",而是在于"全体公民的公共善"。但公共善却包含着许多内容,从而人法就应当顾及许多方面,顾及个人、各种事件和具体时间。因此,法律的完善并非"一朝一夕之事",而是"需要公民相继努力耗时长久才能完成的"。② 而且,人法与自然法不同,它要求所有的人都一无例外地服从,具有明显的强制性。"法首先是人的行为的规则,其次它乃具有强制性的权力。"③但是,人们服从法律也分两种情况。一种情况是人们以"法律遵守者服从法律制定者"的身份来服从法律。在这个意义上,"凡服从某个权力的人也都服从由这个权力所制定的法律"。④ 另一种情况是人们是以"一个受胁迫者服从胁迫者"的身份被说成是服从法律的。"在这个意义上,凡有德性的人和义人便都不受法律的支配,只有恶人才服从法律。"⑤因为胁迫和暴力是与意愿相反的;好人的意愿是和法律相一致的,而恶人的意愿则与其不一致。正当地不服从权力的情况也有两种。一种情况是,人们完全不受其权威的约束。例如,一个城邦或一个国家的臣民是不受另一个城邦或另一个国家的最高统治者所制定的法律的约束的。其原因在于他们根本无须服从他们的权威。另一种情况是,人们处于更高等级的法律的支配之下。例如,一个总督治下的臣民通常是应当服从他的命令的,但如果在他直接得到皇帝的命令的情况下,他则不必听从总督的命令。但是,在一个国家的范围内,任何人都是应该遵守该国的法律的。尽管"就法律的约束力而言,一个君王的地位是超过法律的",但是这只是就在封建制度下,如

① Thomae de Aquino, *Summa Theologiae*, I-II, Q.95, a.4.
② Ibid., I-II, Q.96, a.1.
③ Ibid., I-II, Q.96, a.5.
④ Ibid.
⑤ Ibid.

果君王违反法律,谁也无法对他判罪这样一种情况而言的。倘若"就法律的支配能力而言,一个君主的自愿服从法律,是与法律规定相符合的。"①而且,既然我们的权威都应以法律的权威为依据,倘若君王自愿承受法律的约束,他的这种做法便是与"一个统治者的尊严相称"的。权力服从法律的支配,实在是政治管理上最重要的事情。《马太福音》第23章曾批评过那些"能说不能行"的人们。阿奎那据此强调说:"按照上帝的判断,一个君王是不能不受法律指导力量的约束的,而是应当自愿地、毫不勉强地满足法律的要求。"②如果必要的话君王可以变更法律或者依据某些具体情况对法律的实施作出某些变更,所谓"君王的地位高于法律"应该是仅就在这个意义上而言的。

3. 经济思想

按照阿奎那的正义论,除法律正义外,还有两种有关经济活动的正义,这就是交换正义和分配正义。与法律正义不同,交换正义和分配正义不是普遍的正义,而是一种"特殊的正义",一种指向私人的或者指向私人与社群关系的正义。其中,交换正义指向的是一个私人与另一个私人的关系,关涉的是两个个人之间的相互交易的关系,是交易双方个人所有的商品。而分配正义指向的则是社会群体与每个个人的关系,关涉的是公共货物的合比例的分配。交换正义与分配正义的"中项"(medium)不同。在分配正义中,一些物品之给予一个私人,乃是就属于整体的东西应当归于部分而言的,而且所给予的量也是与该部分在整体中的地位的重要性成比例的。从而,在分配正义中,一个人在社群中的地位越是突出,则他所获得的公共货物也就越多。当然,个人在社会中的地位与政体直接相关。一个人的社会地位,在贵族社群中,是视德性而定的;在寡头政体中,是视财富而定的;在民主政体中,则是视

---

① Thomae de Aquino,*Summa Theologiae*,I–II,Q.96,a.5.

② Ibid.,I–II,Q.96,a.5.

自由而定的。因此,"在分配正义中,中项并非是根据物品与物品的均等性原则持守的,而是根据物品与个人的比例持守的。"①这就是说,按照一个人超出另一个人的程度,分配给一个人的物品也就按照同样的比例超出另一个人。亚里士多德说,分配正义的中项是根据"几何学的比例"持守的,②即是谓此。然而,在交换中,某件物品之被付给某个个体,乃是因为他的某件东西是他曾经获得的。这种情况主要出现在买卖活动中,交换概念首先就是在这种活动中实现出来的。因此,物物等值就是一件必要的事情了。因为唯其如此,一个人才会将他由于获得别人的物品而变富的同质的物品偿付给别人。这里依据的是"算术中项"的同等性原则,而这样一种中项则是根据量的方面的同等的超出予以估量的。

在欧洲商品经济有所发展的大背景下,阿奎那特别注重交换正义,并且因此而提出和论证了他的公平价格学说。阿奎那倡导"公平在先"的原则,断言:"正义之被用来言说公平是先于它之用来言说法律正义的。因为法律正义是服从公平方向的。"③阿奎那的公平价格学说有两个基本维度,这就是"同等性原则"和"商品价值论"。在阿奎那看来,公平价格问题或交换正义问题,归根到底是一个恪守同等性原则的问题。首先,正义,作为一种德性或实践原则,与包括明智、节制和刚毅等德性不同,所关涉的不是一种个人的内在感情或思维活动,而是与其外在运作相关的外在事物和他人。因此,正义问题势必就是一个关于人们在相互交往和相互交易中如何坚持和维护各自"应得权益"的问题,也就是如何恪守同等性原则的问题。阿奎那强调说:"所谓正义的固有行为,无非在于把属于每个人自己的东西给予每个人。"他甚至更为直截了当地宣称:"所谓正

---

① Thomae de Aquino, *Summa Theologiae*, II-II, Q.61, a.2.
② 亚里士多德:《伦理学》V,3,1131a29。
③ Thomae de Aquino, *Summa Theologiae*, II-II, Q.120, a.2.

义行为就是对从他人那里获得的任何物品给予一种公平价格",①"正义仅仅存在于那些完全平等的东西之间"。② 这就是说,在阿奎那看来,公平价格问题,本质上是一个用于交换的物品之间的"量"的等同性问题。然而,问题在于,我们究竟应当如何正确地理解商品的"量"的等同性问题。倘若双方用于交换的商品完全一样,则似乎也就没有交换的必要。既然如此,则公平价格问题,说到底是一个计算交换物品之间的量的等同性的"可公度性"(commensurationem)问题。这就提出了商品的价值与价值量问题。阿奎那在阐述这个问题时,着重讨论了"效用"和"成本"两个子问题。其中,效用涉及的是商品的使用价值,而成本涉及的则是商品的价值。

阿奎那认为,"效用原则"是实现商品交换正义同等性原则的首要条件、第一"公度"。这是由人们交换商品的动机决定的。"一种商品与另一种商品交换,或者用钱来交换一种商品,其目的在于满足生活需要。"③因此,"买卖关系似乎是为着买卖双方的共同利益建立起来的。"④既然如此,基于效用的价格公平就是一件非常自然的事情了。因为,"买卖关系"既然是"为着共同利益建立起来的",则在买卖中,就"不应当使一方的负担多于另一方,从而,他们之间的所有的契约也就应当遵循物物对等的原则。……一件事物的价格如果超出了其本值的数量,或是相反,这其中就不再有公平精神所要求的对等原则了,从而,出售一件物品高于其本值或买一件物品低于其所值,其本身就是一种不公平和不合法的事情了。"⑤显然,这里所说的"物品本值"或"物品所值"实际上意指的是物品的"效用"或"使用价值"的问题。正是在这个意义上,阿奎那强调说:"可

---

① Thomae de Aquino, *Summa Theologiae*, II-II, Q.58, a.11.

② Ibid., II-II, Q.114, a.1.

③ Ibid., II-II, Q.77, a.4.

④ Ibid., II-II, Q.77, a.1.

⑤ Ibid.

销售物品的价格并不取决于它们本性的等级，……而是取决于它们对人的有用程度。因此，卖方或买方都无须察知所售物品的潜在性质，而只需了解物品适合人们使用的性质。"①

难能可贵的是，阿奎那不仅强调了商品的效用价值或使用价值，而且还同时强调了商品的"成本"价值，强调了成本费用的原则。毋庸讳言，在大阿尔伯特那里，就已经初步形成了成本价格理论，把公平价格视为同生产上的劳动耗费相当的价格。他指出："同一劳动和费用的集合不能不相互交换。因为制造床的人如不能收到大约相当于他制造床所耗费的相等数量的劳动和费用，他将来就不可能再制造一张床，制造业也将因此而消失。其他行业也是如此。"②但是，我们也不能不指出，大阿尔伯特在这里主要是从维系生产可持续的角度讨论问题的。与大阿尔伯特不同，阿奎那在《神学大全》中则主要是从实现交换正义的角度提出和讨论成本价格的。而且，阿奎那在讨论成本价格时，不仅注意到了商品的劳动成本，而且还考虑到了补偿运输、储存以及可能风险等具体问题。特别值得注意的是：阿奎那虽然区分和强调了商品交换的两种形式，把目的在于"满足生活需要"的商品交换称作商品交换的"自然形式"，而把以"赢利"为目的的商品交换称作商品交换的"贸易形式"，虽然他特别称赞了前者，但对后者也还是作了比较具体的分析，并给予了适当的肯定的。而他借以肯定商品贸易合法性和公平性的出发点，主要的又不是别的，正是进入流通领域的商品的成本价格。他在讨论商人贱买贵卖的合法性时，曾经明确指出：如果商人"对物品不作任何加工即以较高价格出售"那就是非法的和不公平的，但是，如果商人在买到原料后对原料进行加工投入了劳动和费用，那就该另当别论了。"因为如果他以较高价格出售的是经过他改进过的物品(rem in melius)，则他似乎

---

① Thomae de Aquino, *Summa Theologiae*, II-II, Q.77, a.2.
② 大阿尔伯特：《〈尼各马可伦理学〉注》，第 5 卷；转引自晏智杰：《西方经济学说史教程》，北京：北京大学出版社 2002 年版，第 21 页。

就是在接受他的劳动的酬报了。"①而且,与大阿尔伯特相比,阿奎那对商品成本价格的理解也多元化了。因为,在阿奎那所列举的合法提高商品价格的条件和成因中,不仅有一个人"在某些方面对物品进行了加工"这一条件和成因,而且,还有"随着时间地点的变化而物品的价格也相应发生变化"、"冒险将物品从一个地方运到另一个地方"以及"让人帮他运送物品"等条件和成因。② 也许正因为如此,阿奎那在当时商业活动是否合法的讨论中能够对商业活动作出有条件的肯定的论断。阿奎那的公平价格思想,特别是他的商品价值论思想,不仅是西方中世纪经济思想学说中最卓越的成就之一,而且对近代西方价值论的萌生也具有相当深刻和积极的影响。

小　结

　　本章的根本目标在于引导读者透过阿奎那对中世纪经院哲学的理论特征、基本内容及其在西方基督宗教哲学史和西方哲学史的历史地位有一个较为全面、较为系统、较为深入的理解和把握。鉴此,一方面,我们不仅特别注意将阿奎那的哲学思想放到西方中世纪经院哲学的大背景下予以考察,而且还特别注意将阿奎那的哲学思想放到西方基督宗教哲学史和整个西方哲学史的大背景下予以考察。另一方面,我们又力求依据文本对阿奎那的哲学思想作为尽可能连贯、尽可能深入的考察,并且特别注重昭示阿奎那哲学的革新性质。系统地、深入地和历史地考察阿奎那和中世纪经院哲学不仅是本章的宗旨所在和主体内容,而且也是理解和把握本章各节内容的关键所在和难点所在。

---

① Thomae de Aquino, *Summa Theologiae*, II-II, Q.77, a.4.

② Ibid.

拓 展 阅 读

一、必读书目

1. *Medieval Philosophy*, ed.by Forrest E.Baird and Walter kaufmann, New Jersey: Printice Hall, 1997.

2. Thomae de Aquino, *De Ente et Essentia*, inThomae de Aquino, Opuscula Omnia, Paris: Petri Mandonnet, 1927.

3. Etienne Gilson, *The Spirit of Medieval Philosophy*, tr. by A.H.C.Downes, New York: Charles Scribner's Sons, 1940.

二、参考书目

1. ST. Thomas Aquinas, *Summa Theologica*, tr. by Fathers of the English Dominican Province, New York: Benziger Brothers, Inc., 1947.

2. Saint Thomas Aquinas, *Summa Contra Gentiles*, tr. by Anton C.Pegis, J.F. Anderson etc., Notre Dame: University of Notre Dame Press, 1975.

3. 托马斯·阿奎那:《论存在者与本质》,段德智译,北京:商务印书馆 2013 年版。

4. 托马斯·阿奎那:《论独一理智——驳阿维洛伊主义者》,段德智译,北京:商务印书馆 2015 年版。

5. 托马斯·阿奎那:《神学大全》,段德智等译,北京:商务印书馆 2013 年版。

6. 托马斯·阿奎那:《反异教大全》,段德智等译,北京:商务印书馆 2017 年版。

7. 约翰·马仁邦主编:《中世纪哲学》,孙毅、查常平、戴远方、杜丽燕、冯俊等译,冯俊审校,北京:中国人民大学出版社 2009 年版。

8. 赵敦华:《基督教哲学 1500 年》,北京:人民出版社 1994 年版。

14

后期唯名论与实验科学思潮

鲍 建 竹

> 凡是希望对于在现象背后的真理得到毫无怀疑的欢乐的人,就必须知道如何使自己献身于实验。
>
> ——罗吉尔·培根

> 理智若不从感官方面获得主题,就不可能对命题的主题有任何知识。
>
> ——约翰·邓斯·司各脱

> 如无必要,就无须假定多数。
>
> ——威廉·奥康

————— ✦ —————

共相理论和知识论在中世纪后期的发展。就共相问题而言,中世纪后期三位主要哲学家都非常强调个体的形而上学地位。罗吉尔·培根关于现实共相与精神共相(real universal and mental universal)的区分是理解中世纪后期共相问题的基础。现实共相是指共相具有现实的实在性,即存在于个体中,精神共相是指共相只存在于心灵中,即概念。培根接受现实共相,但又认为个体先于共相,因此为唯名论提供了突破口。司各脱和奥康都接受精神共相,但司各脱认为这种精神共相有其现实性的基础即共性作支撑,而奥康不承认精神共相有这种现实性的基础。

就知识论而言,三位主要哲学家共同强调了经验对知识的重要性,罗吉尔·培根在哲学史上第一次提出了实验科学的概念;邓斯·司各脱对知识进行了各种分类,包括直观知识与抽象知识的区分,演绎知识与归纳知识的区分;威廉·奥康在司各脱的基础上分析了认识过程的基本机制,即,从感觉直观到理智直观,再到抽象认识,从简单认识到复合知识。

培根是第一个使用"实验科学"概念的哲学家,与亚里士多德以来局限于"证明知识"的科学概念相对。经验不是证明的起点,而是获得结论的方法,从而在推理方法之外,肯定经验也是获得知识的重要途径。只有深入理解亚里士多德的"经验"概念和"科学"概念才能明白培根的实验科学、司各脱的归纳知识和奥康的证据知识的创造性意义。亚里士多德的"经验"是对单个事物的确切知识,是对个别性的简单认识,只是在非常宽泛的意义上,它才被看作科学知识。对亚里士多德而言,一切确定的知识有两个途径,理智和科学。理智是一种命题性直觉,它是不证自明的。它构成三段论证明的前提知识,科学就是通过这种三段论证明而获得的知识。所以在中世纪,科学主要指"证明科学"。

司各脱从认识的来源即感觉和理智的角度将知识区分为抽象知识与直观知识。抽象知识指理智通过抽象活动将感觉材料转化为可理解的对象并由此获得的知识。但是,司各脱又认为,感觉和理智也有可能绕过抽象活动获得知识,这就是直观知识。两者的区别在于,抽象知识是关于共相的知识,它不需要示例性的说明,而直观知识提供当下存在的信息,是示例性的。奥康认为,直观认识和抽象认识严格来说不算知识,因为它们都只是简单认识,只有对简单认识即命题的判断才形成复合知识。直观认识与抽象认识的区分是理解司各脱和奥康知识论的关键。要理解奥康的知识论必须先理解司各脱的知识论,要理解司各脱的知识论必须先理解直观认识与抽象认识的区分。注意两人在这一对概念上的差异。

实验科学;共性与个性;直观认识与抽象认识

一、罗吉尔·培根

罗吉尔·培根(Roger Bacon,1214/1220—1292)的生年并没有明确的记载,学者们根据其陈述推断他可能生于1214年或1220年。14岁到22岁期间,培根在牛津大学学习,数学家亚当·马什(Adam Marsh)和时任牛津大学校长、后来成为林肯郡主教罗伯特·格罗塞特斯特(Robert Grosseteste)对其思想影响颇深。1256年或1257年,培根加入弗兰西斯会,从此开始其离奇的学术生涯。因与修会的矛盾,培根受到监禁的处罚,学术生活几近终止。幸好他的旧识成为教皇克莱门特四世(Clement Ⅳ)使其处境出现转机,从而有机会表达自己的学术思想。于是培根在很短的时间内写出《大著作》等代表其学术思想的主要作品。可惜,这位教皇没有看完他的著作便早早去世。罗吉尔·培根的命运也再度陷入困境,始终不为修会所容,直到1292年抑郁而终。

罗吉尔·培根的著作可分为前后两个阶段。前期是13世纪30、40年代在牛津大学和巴黎大学讲课期间的著作,主要是亚里士多德评注和逻辑著作。这一阶段的著作原创性不够高,但是他的逻辑学著作如《语法大全》(Summa grammatica)、《诡辩和辨别大全》(Summa de sophismatibus et distinctionibus)和《小辩证法》(Summulae dialectics)反映了13世纪逻辑学的最新进展。后期是60年代以后的著作,主要包括《大著作》(*Opus maius*)、《小著作》(*Opus minus*)、《第三著作》(*Opus tertium*)和一些自然科学著作,如《论种的增殖》(*De multiplictione specierum*)和《论取火镜》(*De speculis comburentibus*)。这些书是应克莱门特四世的邀请所写,反映了培根的学术思想和改革教育的愿望。《哲学研究纲要》(*Compendium studii philosophiae*)、《神学研究纲要》(*Compendium studii theologiae*)是培根最后的著作,但其思想与《大著作》等后期的主要著作差别不大。

1.培根的实在论:后期唯名论的起点

培根关于共相问题总体上持温和实在论的观点,认为共相在现实中存在,并依存于个别事物。培根区分了现实共相和精神共相,他认为,共相要么在心灵中(精神共相),要么在事物中(现实共相)。但是培根反对共相是心灵构造的观点,他认为共相就其本身而言,先于认识过程,"这是因为,共相只是相同本质的个体都接受的本质;这样,个体接受谓述它们的共有本质而不需要任何心灵行为"[1]。所以,在培根看来,共相作为科学客观性的基础,首先必须是外在于精神的。既然共相不在心灵中,那么共相必然在事物中。但问题是,共相是如何存在于感性事物或个体中并保持一致的,这就是共相的个体化问题。

对个体化问题,培根在前后期并不完全一致。在13世纪40年代,培根认为,形式和质料构成事物,是个体化的原因。但是共相产生于共有形式和共有质料,因此没有被直接个体化的必要。因为个体除了其特有形式和特有质料外,还存在共有形式和共有质料,共有质料不能从特定个体的特有质料中分离,共有形式也不能从个体的特有形式中分离,共相就以这种方式存在于个体中。因此,共有形式和共有质料与特有形式和特有质料之间可以互相解释。60年代后,培根开始从本体的先后顺序思考个体化问

---

[1] Thomas S. Maloney, *Three Treatments of Universals by Roger Bacon*, Binghamton, New York:MARTS,1989.p.36.

题,倾向于个体先于共相的立场。他首先指出,在关于共相与个体孰先孰后的争论上,没有权威,亚里士多德自己好像也是自相矛盾的。培根在这里指出了亚里士多德著作中后来被称为"本体的倒转"难题。在《范畴篇》中亚里士多德提出,个体是第一本体,个体的种和属是第二本体,而在《形而上学》中亚里士多德又说形式是第一本体,于是本体的先后顺序出现了倒转。但对培根的时代而言,这是无法解决的问题,只能被看成是自相矛盾的。其次,培根从阿维森纳那里接受了普遍本质(共有形式和共有质料)与特殊本质(特有形式和特有质料)的区分。他说:"如果我们说普遍本质是宇宙的导向力,那么我们也应当说,它首先和主要的是指向和产生一个个体⋯⋯。个体优于共相,因为共相只是许多个体都接受的东西。"①培根认为特殊本质是指向个体的导向力,个体的绝对本质在本体论上比它与其他个体得以产生共同之处的普遍本质更重要。最后,培根也从神学角度说明这一立场,"很明显,共相不能与个体相提并论。因为上帝不是为了普遍的人创造这个世界,而是为了个体的人⋯⋯因此,我们必须直截了当地说,个体先于本质,既在操作意义上,也在意向意义上"②。

就共相问题本身而言,只要认为共相存在于现实个体中,就必然会出现共相与个体孰先孰后的问题。因为共相与个体必须保持一致,那么何者是因,何者是果? 共相先于个体的观点无疑能够强化实在论立场。相反,个体先于共相不仅使得实在论立场与唯名论立场之间的区分越发微妙,本身也给唯名论提供了突破口。很多学者指出,培根在《自然科学的特性》中的这一表述中包含了后期唯名论的元素。

2. 经验与实验科学

培根最具创造性的思想是关于实验科学的设计。首先我们要说明的

---

① Thomas S. Maloney, *Three Treatments of Universals by Roger Bacon*, Binghamton, New York: MARTS, 1989. p.86.

② Ibid., p.88.

是"科学"概念。中世纪的科学(scientia)概念与亚里士多德希腊语的知识(epistēmē)相对应,意指所构成的知识能被证明是绝对确定的。经验哲学家们对亚里士多德的知识进行了解释,比如培根的老师格罗塞特斯特在《后分析篇评注》中的说明。根据他的解释,对亚里士多德而言,一切确定的知识有两个途径,理智和科学。理智是一种命题性直觉,它是不证自明的。它构成三段论证明的前提知识,科学就是通过这种三段论证明而获得的知识。所以对培根的时代而言,科学主要指"证明科学"。培根是使用"实验科学"概念的第一人,强调实验方法的重要性,这比弗兰西斯·培根早了整整300多年。

培根的实验科学也是从亚里士多德出发。在《形而上学》中,亚里士多德说,经验和记忆都是获得科学知识的来源。这是一些并不具有绝对必然性的知识,但是它们具有足够的规律性,以足够的频度发生来满足科学的要求。在亚里士多德那里,他还是想通过对它们的证明来明确它们在何种条件下才是真实的。培根在其40年代一系列亚里士多德评注性文章中着重分析了亚里士多德的经验概念,区分了经验(experientia)和实验(experimentum)。他认为,经验是单个事物的确切知识,所有动物都有这种知识。但并不是所有动物都有实验性知识即以经验为基础原则的科学。实验是我们发现科学原则的普遍资源。经验是对个别性的简单认识,只是在非常宽泛的意义上,它才被看作科学知识。在这里,培根还没有提出实验科学概念,也没有关于通过实验证明实证知识的思想。

实验科学概念是培根在后期《大著作》中明确提出的。在《大著作》中,培根将区分于神学的哲学分为五个学科:数学、语言学、透视学、实验科学和伦理学。数学是最基本的学科,而实验科学是所有学科中最为确定的,同时也是对其他学科的证明。培根认为,相对于其他学科,实验科学有三个方面的优越性。第一是它的实证性,即实验科学通过经验来证明其他科学的可证明的结论。培根认为,"没有经验,任何东西都不可能充分被认识"①。推理证明能够使人认识真理,但只有经验能去除所有的怀疑。培根举例,人们可以通过适当的推理来证明火能烧坏、损坏诸物,但他的心灵不会因此满足,他也不会避开火,除非他将手放在火中才能由经验教人避开火焰。第二是它的工具性。他的实验科学的目的是要提供一种科学方法,一种为了证明论证的有效性与逻辑运用相类似的方法。所以培根说:"凡是希望对于在现象背后的真理得到毫无怀疑的欢乐的人,就必须知道如何使自己献身于实验。"②这种新的实践方法由数学和对自然中具体现象的详细经验描述构成。培根曾以他的新方法对虹做过专门研究并计算出虹的最大仰角是 42°。第三是实验科学的实用性。实验不仅是其他科学的工具,而且是达到人为目的的工具,比如新的医疗手段、化学发现和军事技术等等。培根对医学的学习和研究一直为很多学者所赞誉。这种赞誉现在看来多少有点言过其实,但是至少他尝试通过实验的方法来进行医学实践以便制定规则和操作程序。

培根在《大著作》开篇说,在掌握真理方面,我们要破除四种障碍,它们是"谬误甚多、毫无价值的权威;习惯的影响;流行的偏见;以及由于我们认识的矫妄虚夸而来的我们自己的潜在的无知"③。这表明了他的批判精神和锐意改革学术的决心。他在共相的个体化问题上提出个体先于共相;将经验区分为外在感觉经验和内在的精神体验,以及他关于实验科学的理论和实践无不体现了他在破除四障碍方面的努力。他提出"哲学大法官(philosophical chancellor)"的设想并要以此来组织科学及其成果以便服务于整个基督世界。可惜,这样一位虔诚的修士却始终因为教会的阻挠而壮志难酬,其异乎常人的经历和学识无怪乎后人称之为"奇异博士(Doctor Mirabilis)"。

---

① 北京大学哲学系外国哲学史教研室编译:《西方哲学原著选读》(上),北京:商务印书馆 1981 年版,第 287 页。
② 同上书,第 288 页。
③ 同上书,第 285 页。

二、约翰·邓斯·司各脱

约翰·邓斯·司各脱(John Duns Scotus, 1265/1266—1308)的生平是中世纪众多伟大哲学家中最不可靠的。关于他的个人说明只有四个时间有明确的文献记载,其他的信息都不得不依赖于推算。这四个信息是:(1)1291年3月17日在北安普敦郡(Northampton)被授予牧帅;(2)1300年7月26日在牛津,作为弗兰西斯会修士申请聆听告解的许可未获批准;(3)1304年11月18日,弗兰西斯会总主教西班牙的冈萨乌斯(Gonsalvus of Spain)写信给法国大行政区主教推荐司各脱为弗兰西斯会巴黎主教;(4)1308年2月20日在科隆(Cologne)弗兰西斯会学馆任神学教员(lector)。学者们根据这些信息及其他一些考证资料,推测司各脱的人生经历。现在可以确定的是,司各脱生于1265年12月23日至1266年3月17日之间,出生地在距英格兰只有几英里之遥的苏格兰小镇邓斯镇。1288年10月司各脱在牛津开始正式的神学学习到1301年6月结束。但他在1297—1298年已开始评注彼得·隆巴德(Peter Lombard)的《箴言书》(Sentences),1302年开始在巴黎大学讲授《箴言书》。1303年6月司各脱与其他80多位修士因为支持教皇卜尼法斯八世(Pope Boniface Ⅷ)被法王菲利普四世(King Philip Ⅳ)驱逐出法国——极有可能去了剑桥,但1304年4月便获准返回巴黎,并继续讲授《箴言书》。1305年早些时候司各脱被任命为弗兰西斯会巴黎主教,但1307年10月突然被派往科隆任神学教员,在那里工作了一年之后,按传统的说法,也就是1308年11月8日死于科隆。

我们同样无法准确把握司各脱著作年表的情况。这主要存在两方面的困难。一是论著真伪甄别上的困难。在司各脱名下的很多论著属伪作,有些虽可以确认是司各脱的作品,但被他的学生和追随者修订过。二是著作年代鉴别上的困难。司各脱对《箴言书》的评注有几个版本,而且在其成书后的不同时期会反复修订,以致很难确定评注的准确成书时间。基于这两方面的原因,我们对司各脱著作年表的描述只能是非常粗线条的勾勒。司各脱最早的著作是一些逻辑学著作,即包括关于波斐利和亚里士多德的《范畴篇》《解释篇》《辩谬篇》等的论题集,大约成书于1295年左右。《亚里士多德形而上学问题集》(*Quaestiones subtilissimae super Metaphysicam Aristotelis*)只有前9卷是司各脱本人的作品,其后诸卷系伪作,而且从第5卷到第9卷要么是晚期作品,要么在其晚期被修订过。司各脱最重要的著作是他的神学著作,主要是对《箴言书》的评注。《牛津讲义》(*Lectura*)是司各脱在1298—1299年对《箴言书》一、二两卷所做的牛津讲稿。《剑桥评注》(*Reportatio*)则是学生的上课笔记,时间大致在1297年与1300年之间。《牛津评注》(*Ordinatio*)是一本至死都未完成的作品,它以牛津和剑桥的讲义为基础,也结合了部分在巴黎大学的材料,司各脱本来对该书有出版的打算,所以一直坚持修订,直到逝世。《问题集》(*Collationes*)大约写于1300年到1305年之间。《论第一原理》(*De primo principio*)和《问题散论集》(*Quaestiones Quodlibetales*)则是司各脱任巴黎区主教之后的作品。在这些主要著作中,《牛津评注》和《论第一原理》最能代表司各脱成熟时期的思想,是我们最主要的参考资料。

1. 司各脱的实在论

"共相"一词拉丁语词源意谓"一对多",亚里士多德对共相的定义是"能谓述许多事物"①。所以它首先是个语言或逻辑问题,但中世纪的共相问题根本上说是一个形而上学问题,即作为一的共相何以能够谓述作为多的个体,也就是它的形而上学基础是什么。波斐利和波爱修将这个形而上学问题细分出三个子问题,由此引起了唯名论和实在论的争论。

---

① W.D.Ross,M.A.,Hon.LL.D.(EDIN.),*The Works of Aristotle*,Volume 1,London:Oxford University Press.1928,17ª38.

以争论双方的主要立场即温和唯名论和温和实在论而言,它们都承认共相不能与个体分离存在,但共相一旦存在于个体中并失去了对所有个体的共同性,因此,前者的问题在于作为共相的一何以能够分布在众多个体中,而后者的困难在于,存在于个体中的共相如何能够谓述多。换句话说,唯名论解决了逻辑问题但无法解决形而上学问题,实在论解决了形而上学问题但对逻辑问题束手无策。这是司各脱当时所面临的理论现实。

简单来说,司各脱以"共性"和"个性"概念为基础来解决共相的实在性及其个体化问题。司各脱肯定存在于个体中的共性具有独立于理智的实在性,是共相的实在性基础。他以苏格拉底与柏拉图的差异性程度要小于苏格拉底与一条线段的差异性程度为例说明,如果没有这种实在性为支撑,我们关于个体间相似性的想象就是任意的,因为,正是由于这种实在性的存在,我们才会很自然地从苏格拉底和柏拉图之间去抽象出共性,而不是从苏格拉底和一条线段之间去进行抽象。但是这种共性并不是现实的共相,它既不具有普遍性,也不具有特殊性。本性是司各脱的核心概念,也是司各脱的思维风格,本性除了是自己以外,什么也不是。所以他提出人类理智的对象是存在,然而是存在之为存在,或者说是存在本身。共性也是如此,指的是共性本身,后面的个性也是如此,指个性本身。作为共性本身的共性既不是一,也不是多,既不具有普遍性也不具有特殊性。换句话说,共性既能够获得普遍性,也能够获得特殊性。

当共性存在于个体之中,它就具有特殊性,这种共性的个体化是依赖于"个性"实现的。"个性"来自于亚里士多德的"这个"概念,是反映个体之为个体的实体概念,是个体的实体性存在。这与司各脱本性思维的思维风格也是一致的。每个个体都对应着它的个性,个性就是指个性本身,它与属性相对,后者指个体的具体性质。对司各脱而言,个性与属性被称为形式上的区分,是同一事物的不同实在。因此,对于个体而言,有形的东西就是个体及其属性,而共性在个体中具体化为个体的属性。换句话说,共性和个性构成个体的实体性存在,是个体的实体性结构。比如,苏格拉底和柏拉图两个个体,由苏格拉底个性或柏拉图个性与包括人性等共性构成实体性基础,苏格拉底的人性或柏拉图的人性是他们的具体属性,它们是多,是不可重复的,而作为共性的人性本身既是实在的,也是可重复的。

但是作为共性的人性本身也不是普遍的,只有当共性作为理智的对象才是普遍的。理智通过概念化活动对共性形成第一意向和第二意向,司各脱将它们称为形而上学共相和逻辑共相。"意向"概念来自阿维森纳,有两层含义,一指它是理智的内容,二是它有理智内容之外的指向物。对司各脱而言,当个体及其属性成为理智的对象时,作为实体性存在的共性也同时进入理智的活动,由此形成第一意向即形而上学共相,并指向这一实体性存在。但是形而上学共相并不是完全的共相,它并没有完全脱离特殊性,因为它仍然立足于特殊性的个体。实际上形而上学共相只是一个过渡,当它也成为理智的对象时,理智统合对共性各种分立的理解,从而形成第二意向即逻辑共相,并指向形而上学共相。由此共性获得了普遍性,能够谓述众多个体。

司各脱通过对个体形而上学结构的分析,以"共性"与"个性"为基础既解决了共相的实在性基础问题,也解决了共相的逻辑谓述问题。对司各脱而言,共性只是共相的实体性基础,而不是现实的共相,只有逻辑共相才是现实的共相,完全的共相。以逻辑共相论,司各脱是唯名论者,以共性的实在性论,司各脱又是实在论者,可见,共相问题的争论发展到司各脱,唯名论与实在论的观点已经非常接近和融合,即使能够加以区分,这种区分也已经显得不那么重要了。

2. 知识的分类

司各脱的认识论可以更严格地被称为知识论,因为它更加关注于真信念的获得过程。当然,司各脱并没有形成完整的知识论,只是在与同时代的其他思想家如根特的亨利(Henry of Ghent)的论战中提出了关于知识的来源、对象及性质等问题的观点,并以此对知识进行了各种分类。从中,我们将不难发现,司各脱就其基本立场而言是一位标准的中世纪亚里士多德主义者。

第一,抽象知识与直观知识。司各脱的亚里士多德主义立场首先体现在知识的来源问题上,即他接受了亚里士多德的观点,认为人类的认识能力只有两种,感觉和理智。两者的根本区别在于,感觉有身体器官,而理智是无形的。正因为此,有形的感觉不可能直接作用于无形的理智。理智需要通过抽象将感觉材料转化为可理解的对象。司各脱将抽象活动分为三个阶段:"在第一阶段,事物或依其自身,或通过它的影像,呈现于动力理智。在第二阶段,事物和动力理智表现为可能理智的主动原因,被作用的可能理智产生出类概念。最后,在第三阶段,事物通过类概念被理智把握。"①所以,司各脱将由此获得的知识称为抽象知识。事实上,理智获得抽象知识的过程也就是从共性到逻辑共相的过程。对抽象知识而言,理智必须利用感觉材料,"理智若不从感官方面获得主题,就不可能对命题的主题有任何知识"②。但是,另一方面,司各脱又认为,感觉和理智也有可能绕过抽象活动获得知识,他称为直观知识。抽象知识与直观知识的区别在于,前者是关于共相的知识,它不需要示例性的说明,而直观知识提供当下存在的信息,是示例性的。感觉认识扮演了感觉直观的角色,比如当我们听到或者看到狗时,它提供了关于狗的当下存在信息。司各脱也肯定了理智直观的现实普遍性,他提供了两个依据。一是理智从事抽象参考了特定感觉对象的现实存在,它必须知道它们存在。抽象认识不可能提供这些知识。二是没有直观认识,我们就不可能知道我们自己的理智状态。换句话说,正是由于理智直观,我们知道理智在思考。

第二,自明的原理和结论、来自经验的知识及关于我们自身行动的知

---

① 转引自赵敦华:《基督教哲学 1500 年》,北京:人民出版社 1994 年版,第 478 页。

② 北京大学哲学系外国哲学史教研室编译:《西方哲学原著选读》(上),北京:商务印书馆 1981 年版,第 284 页。

识。从知识的对象而言,经院哲学家很自然会将知识分为关于上帝的知识和关于被造物的知识或自然知识。但是前者更应该属于神学的范畴,我们这里所说的司各脱的分类是司各脱对自然知识的进一步细分。自明的原理和结论是指三段论推理的证明知识,比如三角形内角之和等于两直角之和。关于我们自身行动的知识是指直观知识,比如"我醒着"、"我在思考"等等。这里最需要说明的是来自经验的知识,司各脱称之为"试验性的知识",这自然会让我们引起对罗吉尔·培根的联想。他们都同样执着于对经验的强调。但是,从古希腊以来,经验是不可靠的,司各脱不得不面临与罗吉尔·培根同样的问题。

第三,演绎知识与归纳知识。对亚里士多德而言,知识必然为真,司各脱接受了这一观点,所以司各脱的三种自然知识都是可靠的。关于我们自身行动的知识是直观知识,是自明的。三段论推理是演绎知识,它的可靠性的条件是,只要大前提为真,结论必然为真,而亚里士多德早就说过,证明的起点不是另一个证明,必须是从自明的前提出发,否则证明无法展开。经验知识的可靠性依赖于两个前提,一是反复出现的频率较高,但这也只能称为"试验性的知识",因为它仍然是不能完全可信的,它还需要依赖第二个前提,即经过理智对感觉现象反复出现的原因的分析。司各脱说:"任何被重复经验到的依赖于一个非自由的原因的现象,是这一原因的自然结果。"①这里司各脱区分了非自由的原因与自由的原因即偶因,换句话说,在司各脱看来,一个反复出现的现象不可能是由偶因产生的,引发它的必然是一个非自由的原因,理智需要分析和判断出这一原因。经验知识只有同时满足这两个前提才能具有完全的可靠性,所以是一种归纳知识。

这里,我们并没有回顾司各脱与根特的亨利之间的具体论争,而是直接抽取出了司各脱在知识论上的具体观点。总体而言,司各脱的意义不

---

① Dun Scotus.*Philosophical Writings*.edited and translated by Alan B.Wolter.Indianapolis,Hackett Publishing Company,1987.p.109.

在于这些观点的创新程度,而在于他比他的前辈们提供了更加精细和深入的分析。司各脱最著名的区分,当然也是他在中世纪知识论领域最有影响的贡献是关于抽象知识与直观知识的区分。虽然这一区分事实上早有提出过,但是从术语上做出这一明确的二分法,司各脱是第一人,而中世纪知识论此后的发展都是沿着这一区分展开的。

三、威廉·奥康

相对于其他中世纪哲学的杰出人物而言,威廉·奥康(William of Ockham,又译作奥康的威廉)(1287/1288—1347)的生平除了其出生和早期教育信息不大可靠外,其主要人生轨迹都是比较清晰的。毕竟,奥康杰出的思想成就使他在生前已经备受关注,而传奇的人生经历也容易刺激后人传记的兴趣。关于威廉·奥康的生年,之前人们一般认为是 1285 年,但是最新的研究表明当是在 1287 年末或 1288 年初。家乡在伦敦西南部不远的萨里郡(Surrey)的奥康村庄。奥康的整个生涯可以大致分为三个时期,即英国时期(1287/1288—1324)、阿维尼翁时期(1324—1328)、慕尼黑时期(1328—1347)。这个分期以奥康的两个重大事件为界。第一个事件是,1323 年有人向教廷指控奥康传播异端,于是教廷成立委员会专门调查此事,1324 年奥康被召至阿维尼翁(Avignon)接受调查,从此再未回到英国。也正由于此事,虽然奥康于 1320 年便完成了全部神学博士的学业,但始终没有被授予正式的神学博士,所以后来他的称号是"尊敬的初始者"(Venerabilis Inceptor)。第二个事件是,1328 年 5月,奥康面对即将发生的迫害出逃阿维尼翁,并寻求神圣罗马帝国皇帝巴伐尼亚的路易(Louis of Bavaria)的庇护,"你用剑保护我,我用笔保护你",这也许并非出自奥康之口,但真实地反映了奥康在教权与王权之争中的关键地位。1347 年路易四世去世后,教廷试图与奥康修好,可惜奥康也随即去世而未成现实。

　　奥康的著作可以分为学术著作和政治著作,虽然后者并非无关紧要,但是奥康对后世最有影响的还是他的学术著作即神学和哲学作品。他的神学著作主要是对《箴言书》的评注。其中,卷一经过自己的修订,所以俗称"订正本"(*Ordinatio*),二到四卷则是学生笔记,俗称"记录本"(*Reportatio*),都形成于1317—1318年在牛津对《箴言书》的讲授。1321—1324年即奥康在伦敦等待授予博士学位的这段时间是奥康著作的高产期。七篇《论辩集》(*Quodlibets*)以在伦敦的神学辩论为基础形成,在阿维尼翁经过修订和整理。对波斐利《导言》和亚里士多德的《范畴篇》、《解释篇》、《辩谬篇》及《物理学》的注疏,也都写于这一时期。《逻辑大全》(*Summa Logicae*)是一本逻辑教科书,也写于这一时期,不过可能到阿维尼翁才完成。

1. 奥康的唯名论

　　就奥康的形而上学而言,"唯名论"实际上反映了他两个哲学主题的特征。一是在共相问题上奥康对共相实在性的拒斥,二是他简化本体论的努力,即剔除掉那些多余的预定存在,比如将亚里士多德的十范畴缩减为两个:实体和性质。我们这里主要还是集中于第一个主题意义上的唯名论。第二个哲学主题与他的经济思维原则即"奥康剃刀"有着显而易见的紧密关联。相对而言,奥康对共相问题的说明好像主要依赖于另一个策略,即揭示其他共相理论也就是实在论的内在矛盾。事实上,奥康几乎批评过他的同时代思想家们的所有实在论。当然,无论是最强意义上的,还是最弱意义上的,实际上都属于温和实在论的范畴。对奥康而言,最需要认真对待的当然还是司各脱的实在论。

　　奥康唯名论的基本立场是,共相是概念,这是在对实在论的批判中建立起来的。奥康认为,只要承认共相是实在的,就必然会出现自相矛盾。他的依据是上帝的全能原则。实在论认为共同性质存在于同一个属的所有个体中,不同程度的温和实在论只是这种共同性质的个体化方式的不同而已。但是,奥康批评说,如果这样的话,"上帝不摧毁同类其他个体,他就不能消灭一个个体实体。如果他要消灭某个个体,他就会毁掉对这个实体至关重要的整个东西,结果他就会毁掉这个东西中的和其他具有相同本质的东西中的普遍的东西(即共相)。因此,具有相同本质的其他东西不会继续保留下来。因为若是没有构成它们一部分的普遍的东西(即共相),它们就不能继续存在"①。比如,全能的上帝要摧毁任何一匹马,就必然要摧毁所有个别的马,因为马的共同性质在每一匹马中都是实在的。这与事实是相矛盾的,因为全能的上帝当然能够摧毁某一匹马而让其他马存在。这一批判从反面证明,每一个个体都是彼此独立的,因此个体在实在上不存在共同性质。

对司各脱的实在论,奥康提出了另一个批评。司各脱的共性不是具体属性上的共同性质,而只是共性本身意义上的共性,它既不是普遍的,也不是特殊的,它与个性在实在上是同一的,都指向一个确定的个体,但两者有着形式上的区别。奥康的批评是,如果没有实在的区别,就没有形式上的区别。区别要么是实在的存在之间的区别,要么是理智的存在之间的区别,要么是实在的存在与理智的存在之间的区别。实在的存在指具体事物,理智的存在指概念。显然,如果司各脱认为共性和个性都是实在的存在,那么共性与个性之间既不是第一种区别,因为它们都指向个体,更不是第二种区别,因为它们不是概念,当然也不是第三种区别。司各脱的共性与个性在形式上的区别要能够成立,除非其中有一个是理智的存在,即概念,而这只能是共性,这样,共性与个性的区别就是第三种区别。奥康进一步论证,即使我们肯定共性与个性确实如司各脱所言存在形式的区别,实在论也是错误的。因为一方面,根据司各脱,共性存在于众多个体中,因此在实在上是共同的。但另一方面,虽然共性本身不是特殊的,但它能由个性收缩为个体,也就是说共性在实在上是单一的。然而

---

① [奥]奥卡姆:《逻辑大全》,王路译,北京:商务印书馆 2010 年版,第 45 页。

根据矛盾律,共性不可能在实在上既是共同的,又是单一的,因为属性"X"和属性"非 X"不可能同时存在于同一个体中。

根据奥康对实在论的批评,既然共相不在个体中,那只能存在于心灵中。奥康与司各脱一样,接受了阿维森纳的观点:共相是心灵的意向,即概念。奥康以 13 世纪词项逻辑的最新进展重新肯定了老唯名论"共相是词"的命题。词项作为命题的部分是一种符号,分为书写符号、口语符号和概念符号。前两种是约定的符号,而概念是自然的符号,指示心灵在自然条件下对现实的个体所具有的观念和印象。因此,与司各脱一样,奥康也把概念看作是心灵的第二意向,而把观念和印象看作是心灵的第一意向。也就是说,第一意向指向心灵之外的个体,形成印象和观念,第二意向指向个体在心灵中的印象,形成概念。既然概念最终指向个体,那么对奥康而言,那就意味着,无论是心灵之外的个体,还是心灵中的概念都是单一的,共相也是单一的。

但是,如果共相是单一的,那么它如何能够谓述多? 奥康根据词项逻辑中指称与指代的区分回答了这一问题。符号都能代表符号之外的东西,指称是符号自身具有的代表功能,指代是符号在命题中才具有的代表功能。比如,对于"苏格拉底是白的"和"柏拉图是白的"这两个事实而言,有命题"有人是白的","人"的指称是人这一思想观念,它既可以指代苏格拉底,也可以指代柏拉图。换句话说,共相只有在命题的指代功能中才是普遍的。当然这种指代的普遍性也不是没有现实的基础。奥康认为,共相在命题中的指代功能所指代的个体之间具有相似性。这种相似性与实在论的相似性的区别在于,它不需要依赖与共同性质这一实在的第三者,而是直接依赖于两个个体本身。苏格拉底和柏拉图相一致的程度按他们本身要多于苏格拉底与这头驴相一致的程度,而不关涉一切别的东西。

2. 知识论

司各脱之后,中世纪的认识论至少存在着两个主流观点:一是司各脱对直观知识与抽象知识的区分,二是认识活动是某种中间物质①在认识对象与心灵之间的传送。对于第一个常识,奥康接受并发展了司各脱的这一区分。但奥康以一种激进的态度否定了第二个观点。他认为,事物本身直接被看或被理解,在事物和认识活动之间没有任何中间物。这既出于他关于实在的存在与理智的存在的二元区分,也是基于其经济思维原则。

奥康的经济思维原则集中体现在众所周知的"奥康剃刀"中。虽然我们在奥康的著作中找不到"如无必要,勿增实体"这一广为流传的名言,但是相近的表述出现过多次。比如在《箴言书注》第一卷即"订正本"(Ordinatio)中该原则表述为,"如无必要,就无须假定多数"②,在《论数量》中表述为,"除非得到了理性、经验或可靠的权威的证明,否则不应假定任何多数"③。要用剃刀将不必要的多余的实体剃掉,主张实在的存在与理智的存在的单一性,尽可能减少实在体的数量。奥康剃刀是一种方法论原则还是一种逻辑原则,历来存在着争议,但就其表述而言,所谓"必要"或"理性、经验或可靠的权威的证明"很难局限于逻辑规则名下,而且也只有作为一种方法论原则,奥康剃刀才能为唯名论提供足够的理论支持。能用最简单的原理或原则说明问题就不需要用更多的原理或原则来说明,所以被称作"经济思维原则"。经济思维原则后来也被科学家们作为衡量一门科学是否成熟的原则,如果一门科学需要很多的原理或原则才能说明世界,证明这门科学还不够成熟。

奥康将直观与抽象的区分发展成为一个完整的认识机制,即对于一个实在的个体而言,认识包括感觉直观、理智直观和抽象认识三个层次。比如,当我们看到一只杯子的时候,我们首先由杯子本身获得关于杯子的

---

① Species,但不是种属意义上的"species",是认识对象的结构或内在构造,对同一认识对象而言,在不同的认识条件下,它保持一致。英语里的"specious"保留了这个词的部分原意。

② Ockham, *Ordinatio* I, d.30, q.2.

③ Ockham, *Treatise on Quantity* II I, q.1.

感觉直观。然后,这种感觉直观通过理智使我们获得理智直观。它们是一样的。感觉直观和理智直观一起很自然地引起我们对直观认识的事物的存在还是不存在的判断。就是说,"直观知识是一种我们通过它能够知道事物是否存在的知识。通过这种方式,如果事物存在,理智能立即判断出它的存在,从而认识到它的存在"①。抽象认识是非直观的,它是对事物存在与不存在的判断进行的抽象。当杯子在的时候,我们能够产生关于杯子的抽象认识。即使杯子不存在了,我们仍然能够产生关于杯子的这种认识,也就是说,抽象认识是一种记忆和想象,因为理智直观会在我们的理智中留下一种面对类似对象产生出或多或少一致的行为倾向,即习性(habit)。奥康对认识机制的分析至少说明了一点,在认识活动中,理智首先需要的不是共相,抽象认识必然在直观认识之后。

对事物存在或不存在的判断虽然由直观认识产生,但判断本身并不是直观认识,因为判断属于复合认识的范畴,它包括证据知识和自明知识,而直观认识和抽象认识都属于简单认识。这就是奥康的复合知识论。奥康区分了领悟和判断两种认识能力。领悟的对象是词及词所指称的事物,形成对事物或概念的命题,即简单认识,判断的对象是对简单对象的复合,即命题及其表述的事实。当然,这种区分只是出于分析的需要,事实上领悟和判断总是结合在一起的。问题是,对判断而言,必然有一个判断标准以及如何判断的问题。奥康提出的判断标准是符合说,即命题与事实相符,有两条判断途径。一是根据组成命题的词项的关系便可知道这一命题的真假,如"苏格拉底是人",这是自明知识;二是根据词项是否与事物有对应关系判断命题的真假,如"苏格拉底在跑",这是证据知识。很显然,自明知识是必然知识,因为命题自身的逻辑推理保证了它的可靠性,证据知识是偶然知识,因为它是由外部证据所提供的知识。

奥康从其经济思维原则出发,以一种近乎极端的方式极力否定在物

---

① 转引自 Spade, Paul Vincent. *The Cambridge Companion to Ockham*, New York: Cambridge University Press.1999.p.183.

体与心灵之间的中介物质的存在,这当然代表了正确的方向。然而正是由于这种简单性思维在某种程度上,增加了其论证的复杂性,以致后世对他的知识论尤其是直观与抽象的区分造成了很多误解。

小　结

中世纪后期,托马斯主义、司各脱主义以及奥康主义在经院哲学中成三足鼎立之势。奥康主义作为从词项逻辑出发建立起的唯名论被称为"现代路线"以区别于托马斯主义和司各脱主义等坚持传统实在论的"老路线"。但是共相问题的争论归根到底是由于中世纪早期亚里士多德著作的缺失而产生,随着12世纪后亚里士多德著作从阿拉伯世界的回流,关于共相问题讨论的价值与其说在于该问题本身,不如说为认识论讨论提供了基础和契机。后期唯名论和温和实在论之间在共相问题上的观点越来越相近就是很好的证明。就知识论而言,它们都共同强调经验的基础性和归纳知识的重要性,而这又可追溯到罗吉尔·培根的实验科学,也正是在这个意义上,罗吉尔·培根是后期唯名论的起点。难以想象,如果实验科学方法不是因为教会的限制而从300年后的另一位培根才开始,而是从罗吉尔·培根开始就被广泛应用,科学的发展将会取得怎样的进步!

教会对罗吉尔·培根的迫害只是当时教会对众多知名思想家进行科学研究加以限制的事例之一。当时的教会环境是,神学至高无上的优越性,科学无用论,以及对魔法和巫术的恐惧。在这一思想环境下,1163年教皇亚历山大三世以及图尔会议禁止所有神职人员研究物理学;1317年,教皇约翰二十二世颁布诏书《共同宣言》(*Spondent pariter*),虽然针对的是炼金术士,但是对刚起步的化学研究造成了严重的打击。类似这样教会利用教权限制科学研究的环境还要持续好几个世纪,但是由罗吉尔·培根的实验科学方法所开启的经验科学精神仍然在各大学传播开来。一个很重要的条件是,14世纪中后期,奥康主义广泛进入巴黎大学和其他各大学。虽然奥康主义的唯名论不能等同于经验科学精神,但是大学神学权威的衰落,以及奥康主义者对神学院的掌控,尤其是在人文学院(艺学院)对自然哲学问题的研究确实促进了自然科学精神的发展。

拓 展 阅 读

一、必读书目

1.[英]约翰·马仁邦主编:《中世纪哲学》,孙毅等译,冯俊审校,《劳特利奇哲学史》(十卷本)第三卷,北京:中国人民大学出版社2009年版。

2.赵敦华:《基督教哲学1500年》,北京:人民出版社1994年版。

3. Jeremiah Hackett.*Roger Bacon and the sciences:commemorative essays*.Leiden;New York:Brill,1997.

4. Jorge J.E.Gracia.*Individuation in scholasticism:the later Middle Ages and the counter-reformation*(1150-1650).Albany:State University of New York Press,1994.

5. Spade,Paul Vincent.*The Cambridge Companion to Ockham*,New York:Cambridge University Press.1999.

6. Williams,Thomas.The Cambridge Companion to Duns Scotus.New York:Cambridge University Press.2003.

二、参考书目

1.《司各脱〈牛津评注〉中论共性》,转引自 Williams,Thomas.The Cambridge Companion to Duns Scotus.New York:Cambridge University Press.2003.p110.

2.奥康《箴言书》评注第二卷即"记录本"中关于从直观认识到复合知识的一段说明,转引自 Spade,Paul Vincent.The Cambridge Companion to Ockham,New York:Cambridge University Press.1999.P189.

3.读者可以参考斯坦福大学哲学百科全书网站(http://plato.stanford.edu/)关于培根、司各脱和奥康的题条。

文艺复兴时期哲学编

15

引　言

冯　俊

14世纪至17世纪上半叶欧洲的历史被称作是文艺复兴时期。这是一个从中世纪封建社会向近代资本主义社会转变、新兴资本主义萌芽和初步发展的时期。在欧洲封建社会,基督教神学占绝对统治地位,希腊罗马的古典文化衰落了,被称作"黑暗的中世纪"。文艺复兴时期新兴的资产阶级要在意识形态上与长期占统治地位的封建神学相抗衡,只有回到古希腊罗马去寻找思想资料,在这个时期欧洲出现了古希腊罗马的学术和文化的复兴运动,Renaissance(文艺复兴)一词的本义是"再生"、"复活"或"复兴",即是对古希腊罗马学术和文化的复兴。文艺复兴时期是欧洲文化艺术发展史上一个十分重要的历史时期,也是继古希腊罗马之后又一个文化繁荣时期,对于西方文化乃至世界文化的发展产生了极其重要的影响。

文艺复兴运动首先是在意大利开始的。由于航海业发达和地处东西方的交汇处,13—15世纪在地中海沿岸出现了资本主义生产最初的萌芽。文艺复兴运动是为资产阶级的新经济新政治服务的新文化运动,所以当时资本主义生产比较发达、资产阶级掌握了政权的威尼斯和佛罗伦萨成为了文艺复兴的摇篮。意大利北部城市威尼斯手工业例如丝织业、玻璃制造、造船业和商业非常发达,中部城市佛罗伦萨的锦缎、呢绒的产品远销西欧和中东,银行业非常发达,威尼斯和佛罗伦萨在 14 世纪成为欧洲最繁华的商业和文化中心,出现了最早的资本主义的生产关系。城市政权逐步掌握在以大商人、工场主和银行家为代表的新兴资产阶级手里,逐步摆脱了封建关系。

意大利成为文艺复兴运动的发源地,除了经济的原因还有文化传承的因素。因为意大利在古代是大希腊的一部分,是古罗马的直接继承者,古希腊罗马的文化源远流长、连绵不绝,有着丰富的希腊罗马的文化资源和精神传统。新兴的资产阶级有条件资助和支持学者和知识分子们收集、整理和研究来自东西方的关于希腊罗马的各种手抄本、艺术品,大量翻译和印行古典著作,在当时掀起了一股"希腊热",使意大利出现了前所未有的艺术繁荣。文艺复兴不是简单地复古,而是古代文化资源的古为今用,不是古典文化的再版和翻版,而是古典文化在新时代的新生和创造性转化。同时,文艺复兴之所以出现在意大利,还是因为意大利是东西方文化的融汇处,意大利不仅传承了古希腊罗马的文化,而且还吸收了来自东方的希伯来文化、阿拉伯文化,甚至还有马可·波罗带回去的中国文化,正是善于吸收和包容外来文化,才造成了文艺复兴的文化繁荣。

文艺复兴是一个英才辈出、群星灿烂的时代,正是文学、艺术和思想界的这些群星巨匠造就了文艺复兴的文化、艺术和学术的繁荣。恩格斯曾经这样评价过"文艺复兴":"这是一次人类从来没有经历过的最伟大的、进步的变革,是一个需要巨人而且产生了巨人——在思维能力、热情和性格方面,在多才多艺和学识渊博方面的巨人的时代。"

讲到文艺复兴,首先就会让我们想到佛罗伦萨的文学"三巨星"——但丁、彼得拉克和薄伽丘。

但丁·阿里盖利(Dante Alighieri,1265—1321)是意大利桂冠诗人不朽的诗篇《神曲》的作者,文艺复兴的先驱者。但丁早年参与了新兴市民阶级和封建贵族为争夺城市领导权的斗争,一度成为佛罗伦萨的六大执政官之一。但丁因政治党争失败,被迫流亡他乡,虽一生中通过各种方式进行多次努力,由于党派矛盾、教会势力和政治权力之间的矛盾,国内势力和外国势力之间的矛盾等复杂因素,但丁在生前一直都未能回到自己的故乡佛罗伦萨。政治上的失败使他安下心来从事艺术创作,《神曲》(《神圣的喜剧》,简称为《神曲》)是他最高艺术成就的代表,也是早期人文主义的杰作。《神曲》是但丁 1307—1321 年定居于拉文纳创作出来的,分为地狱篇、炼狱篇、天堂篇三部分,每部分 33 歌,加上序曲,全书100 歌。该书通过艺术的形式描绘了佛罗伦萨从封建的生产关系和社会关系向资本主义的生产关系和社会关系转变的政治现实,表现了诗人自己的宗教、哲学、政治、道德和社会的主张。首先,《神曲》无情地揭露和批判了教会的黑暗和腐败,教皇、主教和僧侣们的贪婪和残忍,同时也抨击封建统治者的残暴和专横;坚决反对教皇控制世俗的权力,否定神权统治和教会之上,主张政教分离。其次,《神曲》强调人的价值和尊严,凸显人的世俗生活的意义;宣扬人的自由,人的理性,歌颂爱情,肯定现世生活的价值和意义,反对禁欲主义和来世主义;鼓吹一种积极入世的精神,主张人只要通过自己的努力,就能战胜一切困难,掌握自己的命运。再次,《神曲》反对中世纪的蒙昧主义,赞美古希腊罗马的文化,倡导追求知识、追求真理、追求德性,把荷马、维吉尔、奥维德、贺拉斯等作为自己崇拜的偶像。但是,但丁是一个处于新旧交替时期、充满矛盾的诗人,具有中世纪和新时代的二重性,没有完全冲破中世纪宗教的藩篱,他揭露教皇和教会的各种恶行,但又寄希望于教皇来统一意大利;他反对宗教神学,但又认为信仰高于理性,神学高于哲学,《神曲》的篇章结构和其中的内容仍然带有浓厚的宗教神学的色彩。所以恩格斯称他是"中世纪的最后一位诗人,同时又是新时代的最初一位诗人。"①

彼得拉克(Francisco Petrach,1304—1374)的父亲老彼得拉克和但丁同属于维护新兴资产阶级利益的白党,因与维护封建贵族利益的黑党斗

---

① 《马克思恩格斯选集》第 1 卷,北京:人民出版社 1995 年版,第 249 页。

争失败而被流放,定居在法国南部普罗旺斯的教皇都城阿维尼翁,在思想上深受其父和但丁的影响,他对于继承父业学习法律不感兴趣,虽然以教士为职业,但是对于文学创作有着强烈的兴趣。他对于古罗马作家维吉尔和西塞罗的作品爱不释手,模仿维吉尔的笔法,用拉丁语写成了叙事史诗《阿非利加》,描写的是罗马大将西庇阿战胜迦太基大将汉尼拔的故事。1341 年彼得拉克因《阿非利加》而获得"桂冠诗人"的称号,在罗马接受加冕。彼得拉克酷爱古典文化,极力搜寻、校对和诠释古希腊罗马的典籍,他著有《名人列传》一书,记述了 21 位古罗马时期的历史名人,写过马其顿国王亚历山大和迦太基大将汉尼拔的传记,表达民族自信心和自豪感,宣传爱国主义和民族独立统一。彼得拉克的爱情诗《歌集》不仅热情地讴歌了爱情,表达了他对意中人劳拉的思恋,而且因为大部分都是采用了十四行诗的艺术形式,使十四行诗成为一种完美的诗歌形式,形成了一种新体诗的艺术风格,人称"彼得拉克诗体",对于欧洲诗坛产生了巨大影响,被后来的英国诗人乔叟和莎士比亚所效仿。彼得拉克的作品热爱自然,热爱现实生活,颂扬人性和爱情,他将自己的学术和艺术思想称作"人文学"以对抗"神学",因为成为"人文主义者"的杰出代表。

薄伽丘(Giovanni Boccaccio,1313—1375)与但丁、彼得拉克一起并称文学"三巨星",薄伽丘是但丁的崇拜者和研究者,比彼得拉克小九岁,二人是至交。三位文学巨星都和佛罗伦萨的政治斗争有着密切的联系,他们有着相同的政治立场,具有新兴资产阶级的民主倾向,拥护共和政体,反对君主专制。薄伽丘的名著《十日谈》是流芳后世的人文主义的杰作。《十日谈》以 1348 年佛罗伦萨鼠疫大流行为背景,三男七女十个青年人鼠疫期间在风景优美的乡间别墅避难,为了消磨时间每人每天讲一个故事,10 天讲了 100 个故事,所以取名为《十日谈》。薄伽丘把来古代历史、外国寓言、宫廷秘闻等不同背景、不同来源的故事移花接木附会到意大利,来描写意大利现实的社会生活和形形色色的人。反对教会的腐朽和黑暗,揭露封建统治者的残暴和昏庸。重视现实生活,反对禁欲主义,热情地歌颂高尚纯洁的爱情，主张将人性包括人的思想、智慧和情感从封建神学的束缚中解放出来，肯定人的价值和尊严，主张人的全面发展，全书散发着人文主义的光辉。所以，有人将《十日谈》比作与但丁的《神曲》并列的《人曲》。

讲到文艺复兴时期的艺术，人们就会提到"艺坛三杰"——达·芬奇、米开朗基罗和拉斐尔。达·芬奇（Leonardo da Vinci，1452—1519）不仅是文艺复兴盛期最杰出的画家，而且是一位多才多艺的天才、科学巨匠、工程师、发明家、建筑学家、水利专家、雕刻家、音乐家、文艺理论家、哲学家，因此，他是旷世奇才，被誉为文艺复兴时代最杰出的代表之一。在他的绘画中体现出了鲜明的人文主义的立场，歌颂人和自然的美，刻画人的内心世界和心理活动和复杂的思想情感。他创作的壁画《最后的晚餐》、祭坛画《岩间圣母》、人物肖像画《蒙娜丽莎》是他一生的三大杰作。米开朗基罗·波纳罗蒂（Michelangelo Buonarroti，1475—1564）的大型雕塑《大卫》立像表现出人是伟大的，具有无穷无尽的力量。大卫是"保卫祖国的市民英雄"的形象，他热爱自己的祖国，拿起武器保卫自己的国家，随时都可以投入战斗，为保卫祖国而献身。大卫的形象展现出坚定、勇敢、机智和大无畏的英雄气概，给人们巨大的精神鼓舞。米开朗基罗画的教皇西斯廷教堂的天顶壁画《创世记》和祭坛画《最后的审判》都是不朽杰作，尽管画的是宗教题材，但是他把神描绘成有血有肉的人，表现了对人体的力量和健美，张扬了人世间的善恶观念。拉斐尔·桑西（Raffaello Sanzio，1483—1520）画的各种圣母像最负盛名，然而他的圣母像具有浓厚的人文主义气息，拉斐尔笔下的圣母就是现实生活中的普通女性，温柔美丽，淳朴善良，和蔼可亲，充满母爱，完全没有宗教的神秘色彩和禁欲主义的气味。拉斐尔的壁画《雅典学院》是与达·芬奇的《最后的晚餐》、米开朗基罗的《最后的审判》齐名的三大艺术杰作，表现了柏拉图和亚里士多德这两位主要代表人物和赫拉克利特、苏格拉底、毕达哥拉斯、芝诺、伊壁鸠鲁、第欧根尼等古希腊罗马的哲学家和中世纪阿拉伯哲学家阿维洛伊等50多位哲学家、科学家和艺术家济济一堂开展学术争鸣的场面,每一位人物都栩栩如生,表现出对于希腊人爱智慧、尚思辨的品质和人类学术和思想史上"黄金时代"的赞美和回忆。

文艺复兴时期,在思想史和社会科学界出现了西方政治学的鼻祖马基雅维利、空想社会主义的鼻祖托马斯·莫尔和国际法的鼻祖格劳秀斯这三位重要代表人物。

尼柯罗·马基雅维利(Niccolo Machiavelli,1469—1527)在很年轻的时候就从事政治活动,在共和国担任多个要职,主张革新,期盼和维护祖国的统一,为争取意大利的统一而多方奔走。政治军事外交等国务活增长了他的才干,开阔了他的眼界,激发了他研究政治理论和军事理论的兴趣。美第奇家族东山再起,马基雅维利官场失意,退隐后著书立说,写成了代表作《君主论》。马基雅维利的《君主论》既是他个人从政经验的总结,也是意大利以往几百年政治生活和官场争斗的经验总结,马基雅维利在《君主论》中利用古今的具体案例,全面地论述了一个君主应该具备的政治才能和统治术,主张政治为了目的可以不择手段,君主可以随机应变,可以软硬兼施,既应该具有各美德又可以背信弃义,既是"狮子"又是"狐狸"。因此《君主论》又被翻译成《霸术》,所以马基雅维利主义成为政治权术的代名词。当然《君主论》提出了系统的资产阶级国家学说,在政治上是反封建的,反对"君权神授",是用人的眼光而不是用神的眼光来看待政治、国家和权力,因此它具有人文主义的精神,同时它有爱国主义精神,维护祖国统一。

托马斯·莫尔(Thomas More,1478—1535)是一位博学多才的律师,又是一位才华横溢的诗人。他用拉丁文写成的《乌托邦》成为空想社会主义的开山之作。在英国资本主义刚刚开始不久,正处于原始积累时期,"圈地运动"和"羊吃人"现象使莫尔看到了资本主义人剥削人的本质,他指出私有制是一切灾难的根源,他相信,只有消灭了私有制,财富才能够平均分配。理想的社会是废除了私有制,消灭了剥削,没有贫富对立,人人参与劳动,大家共享劳动成果,男女平等,按需分配。莫尔几乎提出了社会主义的所有基本原则,描绘出了社会主义的理想蓝图,预测了共产主义的美好未来。但是莫尔没有找到实现社会主义和共产主义的现实阶级力量和实现途径,没有找到从资本主义进入到社会主义的发展动力和历史必然性,因而他的社会主义只能是空想社会主义。在他之后还有康帕内拉,圣西门、傅立叶、欧文等空想社会主义者支持和丰富了空想社会主义的思想,只有到马克思和恩格斯创立了历史唯物主义、发现了剩余价值的秘密、找到了无产阶级这一现实的阶级力量才使社会主义从空想变成了科学。

雨果·格劳秀斯(Hugo Grotius)从人文主义的观点出发来诠释自然法理论,使"自然法"理论摆脱中世纪神学的束缚,用理性代替了神性,认为"自然法"是人的本性的体现,是人的理性的命令,是一切行为的善恶的标准。无论是国内法还是国际法,归根到底都是来源于自然法。格劳秀斯是国际法理论的奠基人,他发表的《论海上自由》(1609)一文提出海域应该自由利用、共同所有的自由航行权的观点,实际上是为了荷兰资产阶级尤其是东印度公司等争取制海权、进行海外掠夺服务的。格劳秀斯还出版了《战争与和平法》(1625),连续再版75次,被翻译成24种文字,他认为,国际法的最高原则是寻求和平,制止战争。公平和正义是国际法的基本法则,要用正义的战争去消灭非正义的战争,提倡人道主义,反对滥杀无辜。

文艺复兴时期除了上述主要代表人物外,还有著名英国诗人乔叟,杰出的戏剧家莎士比亚,西班牙的著名作家、《堂吉诃德》的作者塞万提斯,荷兰的语言学家、《愚人颂》的作者伊拉斯谟,等等。

文艺复兴时期的自然科学的发展也对哲学产生了深刻影响,除前面提到的达·芬奇之外,还有开启了天文学革命的"日心说"的首倡者哥白尼,哥白尼"日心说"的维护者开普勒、布鲁诺和伽利略,发现血液循环的哈维等等。

　　这里讲文艺复兴时期的哲学,我们主要是介绍一下斐奇诺、皮科、拉伯雷和蒙田的人文主义哲学、路德和加尔文的宗教改革运动的哲学、尼古拉·库萨和布鲁诺的哲学。这些哲学是在文艺复兴上述特殊的社会文化背景下诞生的。

16

人文主义和宗教改革运动的哲学

梁中和　冯俊　李秋零

> 哲学,简言之就是从低处攀升到高处,从黑暗走向光明。
>
> ——斐奇诺

> 这个世纪(15世纪)就像一个"黄金时代",点亮了几近熄灭的文学艺术之光,语法、诗歌、修辞、绘画、雕塑、建筑、音乐……,这个世纪还有近乎完美的占星学。
>
> ——斐奇诺

> 终于,我似乎明白了,为什么人是最幸运的生灵并因此堪配所有的赞叹,他在宇宙秩序中的处境究竟是什么,不仅让野兽,甚至让星体和世界之上的心智都羡慕。这件事难以置信,又奇妙无比! 如何不是呢? 就是如此,人才被恰当地称为并被看作是一个伟大的奇迹,一种堪配所有赞叹的生灵。
>
> ——皮科

> 除非圣经或理由清楚地说服我,我受所引用的圣经约束,我的良心受神的话捆绑。我不能,也不愿收回任何的意见,因

为违背良心既不安全,也不正当。我不能那样做。这是我的立场,求神帮助我。

——路德:在沃尔姆斯帝国会议上的发言

只有真正认识人才能真正认识上帝,只有真正认识上帝才能真正认识人。

——加尔文:《基督教要义》

文艺复兴是近代西方的开端,是历史的开端也是思想的开端,其中具有代表性的人文主义哲学极大地影响了后世的世界观。"人"第一次作为主要问题得到了普遍而深入的研究,本章中首先简要勾勒了文艺复兴的时代背景和其在思想史上的标签含义,介绍了当时人文主义的一般观念和隐藏的问题。斐奇诺是第一个以形而上学形式表达人文主义思想的哲学家,他的很多人文主义哲学思想具有代表性,比如他的基督教人文主义哲学认为,古代异教宗教也包含真理,哲学和宗教的关系非常密切,人即灵魂,人的灵魂不朽性标志着人的神性,肯定灵魂不朽,就是肯定人生价值,肯定人与神的根本关联。人与人和人与神之间有着"爱"的循环,这种"柏拉图式的爱"认为万物有归向至善的天然欲求和本性,人也一样,人对人的美善的渴求,就是对其中上帝之美之善的渴求,因此上帝让人因为祂的美善而爱祂,并与祂合二为一,这种精神之爱的循环既解释了人们的普通欲爱,也解释了精神之爱的合理性。皮科提出的对人的自由意志的尊重,和人格尊严的论述,成为了文艺复兴人文主义的宣言,它标志着一个新时代的来临,人有能力和权利凭借自身的天赋去创造和行动,以人为核心的世界就在眼前。

人文主义是欧洲文艺复兴时期新兴的一种思想运动,是文艺复兴运动的主导思想。它主张一切以人为本位,反对以神为本位,提倡人权以反对君权,鼓吹个性解放,以反中世纪的宗教桎梏。但是这时的人文主义受到了明显的基督教影响,人们普遍认为人性的光辉展示出了神性的光芒,因此发展人就是靠近上帝,培养人的本性就是培养神性,这看似是维护神性,但实际上在提高人性地位的同时,用发展人性替代了对神性的深入探究,以满足人的各方面需求,替代了对神的虔诚敬奉。同时潜藏着了人类中心主义的诸多弊端。

对人的尊重在当时具有极为重要的意义,但是一种盲目乐观和自大又称为现代制约人类发展和自我认知的障碍,如何秉持一种健康的人文主义关怀,是我们应该从本章思考和借鉴的问题。

在人文主义运动的影响下,16世纪初爆发的宗教改革几乎席卷了整个天主教世界。宗教改革从外部来看是天主教教会的分裂,但在精神上却是一场思想解放运动。路德倡导"因信称义",强调内心的信仰是灵魂得救的唯一途径,否认善功的作用,使一系列世俗生活摆脱了宗教的束缚;而加尔文则在"先定"论的前提下倡导"天职"观,强调一切世俗生活的成功都是在荣耀上帝,从而使一切世俗生活都具有了神圣的意义。路德和加尔文从两个不同的角度瓦解了天主教对世俗生活的精神统治。

在此,我们应该注意两个问题:一是在路德的"因信称义"说的意义上,为什么"唯凭信仰"就可以得救? 信仰与善功是什么关系? 二是在加尔文的"先定"论的意义上,既然人的得救与否已被上帝先定,则人的尘世努力还有什么意义?

文艺复兴(Renaissance);人文主义(Humanism);灵魂不朽(Immortality of Soul);人的尊严(Dignity of human);宗教改革;路德;加尔文;因信称义;先定;天职

一、文艺复兴与人文主义

历史学家们历来对"文艺复兴"能否作为历史学术语进行了大量的论证。① 有些人甚至质疑文艺复兴是否是一种对中世纪的文化"进步",他们更愿意把文艺复兴看作对古典时代的悲观怀恋,②另一些人则将目光聚焦在两个时期的连续性上。③ 实际上有人已经在叫停对这一标签的使用,他们认为它是"当前主义"(Presentism)④的产儿,即运用历史来证实现在和现代的合理性、理想性的历史叙述或文化评论的立场。

1. 文艺复兴和人文主义的时代背景和文化特征⑤

"文艺复兴"这个概念,最先出现在瓦萨里(Giorgio Vasari)的《意大利艺术家生平》(出版于 1550 年)一书中。⑥ 在瓦萨里看来古代的艺术是意大利艺术重生的核心要素。但是直到 19 世纪法语"*Renaissance*"一词才用于表达开始于 13 世纪晚期的一场文化运动。首先是法国历史学家米什莱(Jules Michelet)在其 1855 年出版的《法国史》(*Histoire de France*)中加以定义的。对米什莱而言,文艺复兴更是一场科学进步的过程而非文化或艺术的更新,他认为"文艺复兴"时期是指 15 世纪末到 17 世纪中

---

① Brotton, J. *The Renaissance*: *A Very Short Introduction*, OUP, 2006(中译本:布罗顿:《文艺复兴简史》,北京:外语教学与研究出版社 2007 年版)。

② Cf. Huizanga, Johan, *The Waning of the Middle Ages*: *A Study of Forms of Life*, *Thought*, *and Art in France and the Netherlands in the Dawn of the Renaissance*, transl. by Fritz Hopman, London, 1924.

③ Starn, Randolph. "Renaissance Redux" *The American Historical Review* Vol. 103 No. 1 p. 124.

④ "当前主义"是指人们站在自己所处时代的立场上评述古代文明的优劣进退等,现代历史学家大多都避免这种态度。这里为了避免与"现代主义"(modernism)混淆,我们突出该词的方法或立场意味,而译为"当前主义"。

⑤ 本部分内容由梁中和撰写。

⑥ 中译文参看[意]瓦萨里:《著名画家、雕塑家、建筑家传》,刘明毅译,北京:中国人民大学出版社 2004 年版。

期。著名史学家布克哈特,在其《意大利文艺复兴时期的文化》①一书中则一反米希尔对"文艺复兴"的用法,认为文艺复兴是指从乔托(Giotto,约1266—1337)到米开朗基罗的意大利文化变迁,发生于14世纪到16世纪。他看到文艺复兴时期出现了现代个体精神的苗头,而个体精神一般被认为在中世纪时期是受到压制的。他的这部名著在后来的意大利文艺复兴诠释史上具有决定性的意义,②布克哈特认为文艺复兴完全是14—16世纪意大利的一个特定时代,他强调个人主义,认为"个人的发展"使"世界的发现"与"人的发现"成为可能。因此布克哈特是将文艺复兴看作了现代世界的起源。③

　　针对布克哈特的观点,很多学者提出异议,克里斯特勒(Paul Oskar Kristeller)有意识地保留了文艺复兴时期的文化理想,他给文艺复兴的界定是"这是一个明白自己是文学和学术复兴或再生的历史时期,无论实际情况是否符合这种说法",④他认为这样可以有效回避争论,又可以继续讨论文艺复兴标签下的那些活动。而布什(Douglas Bush)教授认为布克哈特将文艺复兴文化完全划归为异教文化的做法有失公允,他认为文艺复兴时期的主要文化是一种"基督教人文主义",但是此言一出又马上有人加以检讨,提亚德(E.M.W.Tillyard)教授认为这种矫枉过正的做法要不得。著名哲学家恩斯特·卡西尔则强调了布克哈特忽视了的"文艺复兴哲学",⑤目前剑桥大学出版了上千页的《文艺复兴哲学史》给予这一

---

① Burckhardt,Jacob.*The Civilization of the Renaissance in Italy*,trans.S.G.C Middlemore,London,1878.中译本参见《意大利文艺复兴时期的文化》,何新译,北京:商务印书馆1979年版。

② Gay,Peter.*Style in History*,New York:Basic Books 1974.

③ Starn,Randolph."Renaissance Redux"*The American Historical Review*Vol.103 No.1 p.124.

④ 克里斯特勒:《文艺复兴时期的思想与艺术》,邵宏译,东方出版社2008年版,第4页。亦参 Paul Oskar Kristeller,*Renaissance Thought and Art*,Princeton University Press,1980,p.2.

⑤ Cf.William Kerrigan,*The Idea of Renaissance*,The Johns Hopkins University Press,1989.

领域较为充分而概括的研究,①

其实,现在历史学家们很少再将"文艺复兴"看作一个历史时期了,也不把它看作一个连贯而自身协调一致的文化运动。文艺复兴不是一个单一的和有一定时间限定的文化,其中的各种实践和想法有时趋于会合,有时又相互冲突。历史学家们已经开始考虑,"文艺复兴"是否还能表示一种从传统中积极的重生,这个标签是否还有存在的必要。很多的历史学家更青睐"现代早期"(Early Modern)这个概念来表示这一时期,这是一个更为中性的表示中世纪到现代社会的转型期的表述。

文艺复兴时期的意大利,已经开始脱离封建制度,商人和商业逐渐成为其社会基础,社会人员的流动性增加,财富造就了新的贵族。政治上,意大利有着商人控制的共和国政体,譬如佛罗伦萨共和国、威尼斯共和国等。这些城邦在政体上仍是寡头制,不同于现代民主,但它们已经具备了民主的特征,提供了相对自由的政治环境,有利于学术和艺术的发展。在经济上,商业活动为意大利带来的巨大财富,文学家和艺术家的社会地位明显提高,创作也日趋积极和自由,新兴的商业贵族要求在艺术作品中展示其新的世界观和审美情趣。同时,在宗教上,罗马教权衰微,一度出现三个教皇并存的荒唐景象,民族国家趁势逐渐兴起,各国的政治和意识形态环境更加宽松,"个人"的思想越来越被重视,"人"的一切活动逐渐成为世界存在的意义中心。

科学在此期间也得到大发展,天文学、数学、物理学、生物学、医学中取了举世瞩目的成就,涌现出哥白尼、布鲁诺、伽利略、开普勒、威廉·哈维等一大批具有创造精神的科学家,同时伴随着哥伦布和麦哲伦等人在地理方面的发现,航海技术产生了革命性的飞跃,这些活动都在重新塑造着人们的世界观。从中国传来的造纸、指南针、火药和印刷

---

① Cf.*The Cambridge History of Renaissance Philosophy*,General Editor Charles B.Schmitt,Cambridge University Press,1988.

术在欧洲被重新发现和利用,大大提高了生产力,社会的各个方面都表现得欣欣向荣。

因此人文主义在此时出现并不奇怪,因为人的创造力得到了空前的尊重,特别是"个人"的创造逐渐走上了历史舞台,各方面事业的普遍繁荣,意味着人的潜能的全面开发和拓展,"个人"走入历史的过程造就了人文主义的历史,同样,对"个人"的过分宣扬而裹挟着的问题,在一开始便隐藏在"人文主义"的理想之中。

"文艺复兴"常常和一个概念联系在一起,就是本章主题"人文主义"。由于现代人道主义观念的复杂性,这个概念已然变得模糊不清。其实,文艺复兴时期的人文主义运动,主要是由学者、作家、城市领袖等所谓人文主义者领导的一场文化和教育革新,在14—15世纪,主要兴起于意大利佛罗伦萨和那不勒斯,后来波及欧洲各地。

人文主义并非只是对人的研究,"人文主义"一词来自与拉丁文中的humanitas,古罗马哲学家西塞罗使用过这个词,但其真正成为专业术语还是到了文艺复兴时期,与"Humanista"这一术语相关,humanista是15世纪意大利学术用语,用来称呼研习古典文学、艺术和修辞的教师和学生,英语中的Humanist16世纪晚期才出现,直到19世纪或许是在1809年的德国,才演变为名词形式的Humanism,意指献身于蕴含了诸多人类价值观念的古代希腊和罗马文学的人。[①] 文艺复兴时期的人文主义运动,主要是反对中世纪经院教育的,主张专门性和科学性的研究,当时的经院教育主要用来培养博学之士、律师或专业神学家,在逻辑、自然哲学、医学、法律和神学方面都受着标准教科书式的教育。

而人文主义运动主张废弃大量术语构成的专业化教育和严格训练,创造一种针对普通公民的,能够清晰演说和书写的文辞,要求人们学习人

---

① *Cambridge Companion to Humanism*, Jill Kraye, editor, Cambridge University Press, 1996, pp.1-2.

文学科:语法、修辞、历史、诗学和道德哲学等,①以便更好地参与城市公共生活,劝勉人们拥有道德而审慎的行为,整个社会风气是在努力恢复古代文献中文学和道德哲学所包含的一般文化。因此人文主义并非个别天才思想家,如人们耳熟能详的但丁、彼得拉克、薄伽丘、马基雅维利等人的个人创造,而是一种当时逐渐形成的一般文化模式。

文艺复兴时期的人文主义者参差不齐,观点也有差别,很难一概而言,就人文主义者和经院哲学家、神学家的关系而言,有一部分人文主义者在大学里,但更多的是分散在各个领域。即便是在大学里他们也主要是教授文学、修辞、语法、历史等非思辨性学科,他们大多反对以亚里士多德哲学为基础的托马斯主义,反对逻辑论证和推理,反对经院哲学的烦琐证明。这些人文主义者大体上都强调“人”的尊严、德性、完美程度、重要性等等,但是就每个人而言又不相同。

值得注意的是,我们应该看到人文主义的宗教和神学背景。人文主义者不等于无神学者,不等于人类中心主义者,他们甚至强调的是一种宗教理想,一种以人来尽量体现神性的追求。因此在人文主义这个标签下,有很多人的论述不是关于人的而是关于神的,关于世界的,当然也是关乎人在世界中的地位的。他们强调人的丰富性、潜能和表现至善至美的伟大能力,强调个体的价值和意义,但不强调个体欲望的满足,意志的实现,而是美和善在个体中的完全展开和实现,也就是尽可能地接近神,展示神性的光辉,因为人是神的造物,因此人的光辉也就是神的光辉。

文艺复兴时期的人文主义者也不乏反对者,因为他们强调人的各方面的完美,享受各方面的满足,造成的效果就是,人们开始陶醉于身体欲望的完整实现,陶醉于物质的充盈、健康优美的体魄、温柔善意的举止,这样的人似乎是实现了人的理想状态,但是也制造出了一种人的“理想

<hr>

① *Paul Oskar Kristeller, Renaissance Thought II: Papers on Humanism and the Arts*, New York: Harper Torchbooks, 1965, p.178.

型"，如何对待不符合"理想型"的人便是个问题，人与人之间造成了不可避免的割裂，其至异化，现代和后现代哲学家，如海德格尔、萨特、福柯等，在这方面进行了深入的反省。

文艺复兴时期人文主义者人数众多，流派纷呈，因此我们只能选取具有代表性的哲学家重点介绍，首先是意大利文艺复兴时期人文主义哲学的集大成者——马西里奥·斐奇诺，其次是他的学生，发表了人文主义宣言《论人的尊严》的皮科。

2. 斐奇诺的人文主义哲学①

（1）斐奇诺生平及其对时代的影响。

生活于意大利文艺复兴黄金时期的马西里奥·斐奇诺（Marsilio Ficino 1433—1499），有意大利文艺复兴第一哲学家之称。他的父亲是文艺复兴时期统治佛罗伦萨的美第奇家族的御医，斐奇诺十几岁时便被科西莫·美第奇（Cosimo de'Medici, 1389—1464）委以复兴柏拉图的学说重任，创建柏拉图学园。后来在科西莫支持下，斐奇诺首次将《柏拉图全集》从古希腊文译成拉丁文，并写下大量义疏，成为后世研习柏拉图的经典文本，其评述《会饮》的作品《论爱》更是广为流传，影响深远，其中首次论述了"柏拉图式的爱"这一流行至今的观念。斐奇诺还翻译了众多古代神学家和新柏拉图主义哲人、神学家的全集和文选。作为文艺复兴时期最重要的新柏拉图主义者，斐奇诺为近代西方学界理解和诠释柏拉图和柏拉图主义奠定了基础。

同时，斐奇诺在其主要著作《柏拉图神学》中，以严格的形而上学形式首次表述了人文主义新思想，他创办和主持佛罗伦萨"柏拉图学园"，首倡基督教人文主义。他还是当时著名的医师、音乐家、占星家、预言家、翻译家、教育家，著述译著宏富，交友遍布欧洲，是典型的文艺复兴时期

---

① 本部分内容由梁中和撰写。

"通才、全人"（Homo Universalis）。他的学生中包括皮科（Giovanni Pico della Mirandola）、蒂亚开多（Francesco da Diacceto）等著名人文主义者，成为文艺复兴时期思想全面繁荣的中流砥柱。

斐奇诺在担任教会教职之后，努力结合基督教和柏拉图主义，提倡"回到基督教的源头是当时的头等大事"，①这一倡议得到了法国的雅克·勒费弗尔（Jacques Lefévre，约 1450—1537）和英国的约翰·科利特（John Colet1467—1519）的响应，并由科利特传给了伊拉斯谟。我们知道伊拉斯谟是基督教人文主义的主要代表之一，他和马丁·路德的争论决定了构成宗教改革运动的重要内容之一。斐奇诺对当时的教会②的影响主要通过和教皇的通信，特别是和出身于美第奇家族的莱奥十世（Papa Leo X，Giovanni di Lorenzo de'Medici，1475—1521）的交流实现的，而对后世教会的影响则分两个方面，第一是从他开始，完善了一种基督教人文主义，一直影响着教会发展；二是他提倡的回归本源和宽容的综合精神，给现代人们处理教会、宗教间以及教会、宗教和其他各领域间的关系提供了很好的建议。

斐奇诺是当时集古代思想之大成的代表之一。他和同时代的库萨的尼古拉开创了基督教人文主义传统，影响了皮科、布鲁诺、伊拉斯谟等后世人文主义者；斐奇诺对哲学的探讨也成为认识论转向的开端之一，其"柏拉图神学"中的哲学思想成为斯宾诺莎、康德等后世哲学家的前驱；其宗教融合的思想也是现代全球宗教融合的最早榜样。这些主要是历时性的继承和影响，而从共时性上讲，斐奇诺是他所处时代的主要精神领袖之一，在他周围聚集了大批文学家、艺术家、哲学家、神学家、国王、贵族、主教、各国人文主义者，在美第奇家族三代人的支持下，他对整个意大利文艺复兴发挥

---

① 威利斯顿·沃尔克：《基督教会史》，孙善玲等译，北京：中国社会科学出版社 1991 年版，第 357—358 页。
② 这里的"教会"有两重意思：一是中世纪以来的天主教会，二是指各个基督教教派组成的教会。

了关键性影响,成为人文主义哲学家、神学家的最大代表,由于文艺复兴思想的新鲜,他甚至影响了当时整个欧洲文化界,特别是各国的文艺复兴人文主义思想。因此文艺复兴哲学专家加林说"从许多方面看,马西里奥·斐奇诺在15—16世纪的欧洲文化中都是一个象征性的人物。"①

(2)佛罗伦萨柏拉图学园。

文艺复兴时期经院哲学的衰落,虽然不意味着中世纪大学的衰败,但是就教育方式和内容而言,的确预示着教育需要改革了。这一时期出现了一种貌似复古的革新,就是斐奇诺为领袖的"佛罗伦萨柏拉图学园"。

美第奇家族掌管下的佛罗伦萨,表现出对柏拉图的非凡热情。1438年拜占庭著名柏拉图主义者柏莱图(原名 Georgius Gemistus,后改名Pletho,1355/1360—1452/1454)激发了科西莫创办学园的设想,1462年,柏拉图学园在佛罗伦萨的卡尔基(Careggi)正式建立,斐奇诺的友人们开始聚集在一起研究翻译至尊赫尔墨斯和柏拉图的著作。从1469年到1492年洛伦佐(Lorenzo de'Medici,1449—1492)执掌佛罗伦萨期间,柏拉图学园迅速发展,作为其重要成员的洛伦佐本人,对学园的发展起到重要的保护和推进作用。1494年洛伦佐的儿子、继任者皮耶罗(Pierodi Cosimo de'Medici,1416—1469)被逐出佛罗伦萨,同年波利齐亚诺(Angelo Poliziano)和皮科着力推进着学园的发展,1499年,斐奇诺死后他忠实的门徒蒂亚多继续着他的事业,学园的活动一直延续到1522年。

斐奇诺把卡尔基的庄园布置得像柏拉图的老学园一样,莽特维奇(Montevecchio)的石松林就相当于柏拉图老学园的普拉塔努斯(Platanus)树林,而泰兹勒(Terzolle)河就相当于老学园的开菲斯(Cephissus)河。在学员们聚会的大厅墙面上镌刻着各种格言,比如"万物来自善归于善"(*A bono in bonum omnia dirigentur*)"避免过度,免于劳碌,喜乐当下"(*Fuge excessum,fuge negotia,laetus in praesens*),大厅里还有一尊柏

① 加林:《文艺复兴时期的人》,李玉成译,北京:三联书店1998年版,第179页。

拉图的塑像，像前点着长明灯。

斐奇诺还效仿柏拉图，在自己家中接待友人，被接待者被称为"学员"（Academici），他们的导师被称为"学园首席"（Princeps Academicorum），他们聚会之所叫作卡尔基学园。随着斐奇诺名声日隆，他被称作"再世柏拉图"。斐奇诺在一封给友人的信中说他有八十个弟子和朋友。参与学园讨论的囊括了当时政界和文化艺术界的众多精英，包括皮科、萨沃纳若拉（Girolamo Savonarola，1452—1498）等都是主要人物，后来的米开朗基罗、马基雅维利等人也都曾参与其中，受其影响。

柏拉图学园的活动主要包括三方面：第一是组织讨论会、演讲、朗诵会和自由的哲学和文学讨论；第二是效仿柏拉图《会饮》而安排的节日宴会，一般定在官方庆祝柏拉图生辰和逝世的纪念日 11 月 7 日；第三是半教学性质的活动，包括私下的演讲、修辞学课程、翻译经典、论辩、有针对性的演说和命题演说。

斐奇诺将自己在佛罗伦萨的角色，看作苏格拉底在雅典的角色。斐奇诺的柏拉图学园不光讨论柏拉图和柏拉图主义哲学，更重要的是它影响着佛罗伦萨的文化氛围和生活方式。其中有很多道德的引导，它真正的兴盛表现在其对社会生活的巨大影响，而不在于参与人员多寡或讨论问题的热烈程度。1522 年学园中很多成员卷入了反对佛罗伦萨大主教、日后的教皇克莱门七世基乌里奥·美第奇（Giulio de Medici）的阴谋，学园就此关闭，作为一个有组织的学术讨论和研究机构，它终于退出了历史舞台。

佛罗伦萨的柏拉图学园，是非大学形式的高等教育和研究机构，和中世纪的大学完全不同。当文艺复兴时期的人文主义者们纷纷开始抢夺大学教席时，斐奇诺独辟蹊径，继承古希腊自由的学术研究传统，创立这样松散形式的研究机构，在社会上和思想界都构成很大很深远的影响。"佛罗伦萨的柏拉图学园的组织有划时代的意义，这里是独立于古代教会和大学体制的第一个哲学院，他完全是世俗与'开放'的，原则上向一切有思想的人、至少向一切按柏拉图精神思想的人开放"。① 我们不能不说,斐奇诺的柏拉图学园是古典学园教育的绝响,在他之后大学在高等教育中占据了绝对的主导地位,同时大学和一些独立的研究所在教授方式和内容上吸纳了学园教育的一些精髓。

文艺复兴之后,教授分科教学和学生专题学习的基本模式,决定性地战胜了自由研讨辩论式松散的学园教育,随着科技和工业发展的需要,教育越来越多地倾向于为人提供实现就业的基本知识和技能,而不重视培养一个大写的"人"了。因此斐奇诺倡导的学园教育,虽然不适用于现代社会普遍推广,但是它包含的精神和价值教育的特质,宽松自由的研讨形式,都应该受到我们的重视。

(3)基督教人文主义哲学。

一般而言,基督教人文主义是指企图在基督教教义中发现人文主义思想,或将人文主义思想纳入到基督教教义体系和实践中的各种努力。所谓人文主义对人的强调表现在各个方面,是一个笼统的标签,它之所以有意义主要在于一直以来"至高的神"与"世俗的人"形成了一种张力,即"崇敬上帝永恒怀抱"和"向往现世生活"之间的挣扎,如何敬神和如何待人之间的迷离,这些都是这一张力下的艰难选择。

基督教人文主义是随着文艺复兴人文主义的兴起而兴起的,文艺复兴的人文主义本质上也带有浓重的基督教色彩,在一定意义上我们可以将其看作基督教教义和实践的自我调整。那些人文主义者大都是虔诚的基督徒,他们只是同时想做一个理想的人,一个完美地体现神性的人。这时的人是有信仰的,只不过他们的乐观超越了信仰过分的节制,他们要做最博学多才、最完美的罪人,他们想要在现世就摒弃罪恶获得真理和智慧。

斐奇诺的人文主义哲学以极为宽容的态度,容纳各种耶稣之前的古

---

① 转引自赵敦华:《基督教哲学1500年》,北京:人民出版社1994年版,第572页。

代宗教思想,他认为古希腊、古埃及和古代波斯等古代传统的神学都是同源的,他为一些有代表性的古代神学家排了一个传递真理的序列:查拉图斯特拉——至尊赫尔墨斯——俄耳甫斯——阿格劳斐慕斯(Aglaophemus)——毕达哥拉斯——柏拉图,这些神学家的古代神学都包含了真理,而一切真理都来自上帝,因此信仰上帝的基督教不会与这些上帝的真理相冲突,反而要了解和融会这些真理。这就展示了一种宽容的多元宗教观。

斐奇诺还提出"虔敬哲学"和"博学宗教"的思想。在一定程度上恢复了早期教父哲学传统,特别是游斯丁(Justin Martyr,公元前100—?)等人结合哲学和宗教的努力,他强调真哲学所带有的必然的宗教性,也强调真宗教必然表现出的哲学性(或理性),他说"哲学和宗教是姐妹"①。

斐奇诺这组概念与同时代比他稍长一些的库萨的尼古拉倡导的"有学问的无知"有异曲同工之妙。库萨尼古拉的"有学问的无知"一方面肯定了人的主动认知能力,另一方面又肯定了上帝作为真理的不可企及性。就这两方面而言人类都应该以虔敬的心来从事哲学探索,追求真正的"学问",都应该有博学的学问,但是要承认对绝对真理的无知,这是肯定人的能力也是强调人的限度,只不过斐奇诺是用"虔敬"来表达人的根本"无知",用"博学"来表达人类宗教活动的形式,因此有知识的无知是追求至高真理的目标,虔诚的理性是企及上帝的必然路径。

斐奇诺的基督教人文主义哲学以虔诚为前提,同时表现出了博学、理性的本质特质,恢复了希腊化时期宗教哲学的复杂传统,也开启了近代哲学与宗教的新一轮融合。在这一新的融合过程中,"虔敬哲学"逐渐演变成了康德式的不可知论,限定了理性认知能力,为信仰留下地盘;而"博学宗教"逐渐允许各民族宗教之间相互了解沟通,并且积极吸纳作为社会科学的宗教学的各种新探索,催生了很多倡导求同存异的全球普世性

---

① *The Letters of Marsilio Ficino*, Volume 6, Translated by members of the Language Department of the School of Economic Science, Shepheard-Walwyn Ltd., 1999,第18封信。

宗教的主张,为各种信仰和谐共存提供了思想先例和理论资源。

斐奇诺这种对待异教的思想,在当时是很开明甚至是很危险的,但是在后世特别是现代全球化背景下,对宗教融合和沟通有着不可忽视的前驱示范作用。他对待古代神学的态度被后来受其影响较深的耶稣会士们继承,①他们到中国传教时也有了这样的意识,比如法国耶稣会传教士傅圣泽(Jean Francoise Foucquet,1665—1741)就曾钻研中国古代典籍,并探索其与《旧约》的联系。② 因此在这个意义上说,斐奇诺的古代神学思想对近代基督教在华传播的方式也有间接影响。

(4)"灵魂不朽"的人文意义。

13 世纪,亚里士多德取代柏拉图成为最主要的哲学权威,托马斯关于灵魂的说法在 1311 年的维也纳大公会议(Council of Vienne)上得到认可,会上宣布了亚里士多德对灵魂的定义,灵魂是身体的形式成为教会的正式教义。但就在一百多年后,灵魂问题又一次成为文艺复兴时期哲学家、神学家们争论的焦点,斐奇诺更是将灵魂不朽作为主要论证的真理,其最重要的著作《柏拉图神学》的副标题就是"论灵魂不朽性"。在该书的论证中很多时候化用了托马斯·阿奎那的论证,但是他在极力驳斥阿维洛伊和他的追随者们时,也对作为亚里士多德主义者的托马斯进行了"矫正"。

在斐奇诺看来,个体的灵魂不朽是"个人尊严"的基础,文艺复兴时期无数艺术家和作家都以各种方式在表现这个主题。斐奇诺继承了柏拉图哲学,认为根本而言,人即灵魂,他说,"人类能做的一切事情都是灵魂本身所做,身体仅仅是承受。故而人只是灵魂,身体仅仅是人的作品和工

---

① 关于斐奇诺对耶稣会士的影响参看 D. P. Walker, *The Ancient Theology*: *Studies in Christian Platonism from the Fifteenth to the Eighteenth Century*, Cornell University Press, 1972,第六章。

② 详参魏若望:《耶稣会士傅圣泽神甫传:索隐派思想在中国及欧洲》,吴莉苇译,郑州:大象出版社 2006 年版。

具。……灵魂可以将'人'看作适合它自身的称号,它独立于形体的材质之外。"①同时,斐奇诺把人生看成苦痛,在《柏拉图神学》的开篇,就直接表达了他对于人生和灵魂不朽性的信念。他认为,"如果人的灵魂不是不朽的话,那么就没有什么比人更可悲的创造物了。人的身体是脆弱的,人在世间的生活比其他的创造物更为悲惨,但是由于人对于上帝的膜拜,人比其他有朽的创造物距离上帝更近,而上帝是所有幸福的源泉,所以可以肯定的是人应该是所有创造物中最幸福的。尽管如此,人却只有在身体死亡之后才能变得更加幸福,因为在人的灵魂离开它的囚笼之后,上帝之光在等待着它。"②也就是说人的"灵魂"和上帝最相像,只有发展这部分才是回归上帝的正途。

可见,斐奇诺肯定了人性的普遍存在,认定它不因时空而变迁,并用"理性灵魂"代替"人"来争取其存在论意义。斐奇诺虽然详细描摹了上帝的存在,但是更关心人性的普遍存在,他没有因种族、民族、习俗、地域等经验因素来论断人的存在,而是从至高的本质出发,考虑在本体论上人是否可以独立出来,他干脆取消了一般意义上的"人"的概念而代之以"理性灵魂"。这让我们想起了康德说的"理性存在者",他们都没有确定这种存在者就只是人类这个生物族群,而只是因其智性本质来断定这些存在。因此,斐奇诺认为人的存在论地位决定了其能力和限度,灵魂的不朽性是人存在的唯一意义来源,因为"不朽性"来自上帝,人的灵魂拥有这种本性,因此人之所以值得存在,只是因为其灵魂的不朽性。在斐奇诺众多思想后裔的努力下,1512 年拉特兰(Lateran)会议上,灵魂不朽正式成为基督教教义。

---

① Marsilio Ficino, *Commentary on Plato's Symposium*; *On Love*,第四篇谈话第三章。

② Marsilio Ficino, *Platonic theology*. Volume 1, English translation by Michael J. B. Allen; Latin text edited by James Hankins with William Bowen. Theologica Platonica. English & Latin, Cambridge, Mass.: Harvard University Press, 1975,第一章第一节。

后人常常将斐奇诺视为近现代哲学将主体神化趋向的最初代表。①也就是说,作为"主体"的"人",在斐奇诺之后逐渐形成。现代哲学之父,认识论转向的标志,也是主体神话的真正开创者笛卡尔,就是直接从我思开始,立足于对人的灵魂,特别是"我"的灵魂深入探讨,排除一切其他前见,探索真理。斯宾诺莎的泛神论的理性主义通过理性推导,认定了灵魂和身体只是一个实体的两个属性,世间唯有一个实体,即上帝,祂是万物的唯一本性,人的使命在于回归这个唯一。"人的本质是某种在神之内的东西。没有神他既不能存在,也不能被理解。"②这也正是斐奇诺强调的人的本性,不过斯宾诺莎的论证更为精密,他对同一性的强调更为哲学化。

(5)"柏拉图式的爱"的发明。

和斐奇诺相比,一般人文主义者对待享乐是较为宽松和随意的。波利齐亚诺(Angelo Poliziano,1454—1494)、米开朗基罗等人都是"同性恋"者,与其说是同性恋不如说是喜好娈童,因为他们对男童肉体的欲望大于精神的渴望。当时谈论古代文学艺术的人,在一切可能的肉体欲望满足上都不落后,他们有大量的时间、金钱和精力可以用在服饰、家居、器具、书籍甚至情妇和妓女身上,而且他们追求名誉、攀比风流更是将可能的享乐推到了极致。然而斐奇诺反对人文主义旗号下流俗的享乐观,主张节制和在对上帝的冥思中的快乐,反对肉体欲望的过分满足。在这点上他的人文主义体现了基督教中的节欲精神,彰显了基督教人文主义精神。

表现其对待世俗欲望,特别是情欲的重要哲学概念,就是他发明的"柏拉图式的爱",斐奇诺之所以被认为是这一概念的发明者,主要是因为他的《论爱:〈会饮〉义疏》,概述被译成意大利语、德语、法语后,"柏拉图式的爱"才广泛传播起来,他对柏拉图式的爱的理解主要依赖于普罗

---

① 倪梁康:《自识与反思》,北京:商务印书馆2002年版,第38页。
② 斯宾诺莎:《伦理学》,贺麟译,北京:商务印书馆1983年版,第53页。

提诺、普罗克鲁斯等新柏拉图主义者,并结合了奥古斯丁的"意志"、圣保罗的"慈爱"(Charity)和在亚里士多德、斯多亚学派和西塞罗等人关于友谊的论述。

他认为一段爱的真实经验,唤醒一个灵魂与上帝相连的自然欲求,爱可能是从感官因素开始但那只是对真正的爱的准备,即对上帝之爱的准备。点燃人类之间共同欲念的美和善应该理解为神的美和善的反映。我们对他人的爱其实真正地属于上帝。在哲学生涯中爱人之间对真理的积极探求是爱的真正基础,也形成了爱人间的真正联系,真正神圣的爱独立于爱人之间的性关系的,能够在同性或异性之间存在。①

斐奇诺的"柏拉图式的爱"分有意义层级,首先是灵魂对身体的爱和两性之间的爱,其次是灵魂之间超越性别的爱,最后是与上帝合一的至高之爱。斐奇诺肯定了异性之间的性爱和婚姻的意义,他认为性不是罪,但那还远远不算至高的爱,他说,"一切智慧的基础就是对祂(上帝)的渴慕,因此真正友谊要求灵魂德性的培育,而这又有赖于对上帝的敬拜和渴慕。决意培育灵魂者亦必培育上帝"(Letters,1.51)②。因此,真正的朋友就是相互帮助培育灵魂。灵魂的培育建基于德性的培育,德性即智慧,智慧即理解神圣者。神圣的光赐予这种知识,因此培育灵魂就是培育上帝本身。他认为,"友谊就是两个灵魂(人)在共同培育上帝中的至高和谐。因此友谊从不只是两个人的事,而是两个人和上帝三者之间的事,友谊是人类生活的导引,它使我们联合起来成为一体"。③

可见,斐奇诺眼中灵魂之间的交谊,就是在对上帝的追寻和理解中合一,这也就是柏拉图式的爱产生的"真正友谊",它是"柏拉图式的爱"的产物,是其在人间的功效和发用。但是人间的友谊不能囊括柏拉图式的

---

① *Routledge Encyclopedia of Pilosophy*, General Editor Craig, Routledge, 1998. "Ficino" 词条。

② *The Letters of Marsilio Ficino*, Volume 1, Translated by members of the Language Department of the School of Economic Science, Shepheard-Walwyn Ltd., 1975, 第 51 封信。

③ 同上。

爱的至高内容和功用,只有在爱中与上帝合一才是柏拉图式的爱的归宿和目的。

在斐奇诺那里,爱和美实际在根本上是合一的,他认为上帝神圣的美产生了爱,也即在万物中对其自身之美的渴欲。"因为,如果上帝吸引世界归向自己,而世界也被吸引了,那么就有一定持续的吸引会再次回来,它开始于上帝,生发出世界,最终回归上帝,就像一种圈环,回到其出发的地方。这同一个环,从上帝到世界再从世界到上帝的环,有三个名字。因其生于上帝而又受到祂的吸引,便被称为美;由于它生发出迷恋它的世界,于是被叫作爱;由于回归其创作者将其作品与祂结合,所以被唤作满足。因此爱开始于美终止于满足。"①

这就是说,上帝因其自身神圣的美善而生出这个爱的循环,这种循环既表现了上帝的美和祂对世界的爱,也说明了世界为什么爱上帝,为什么渴望回归上帝。因此斐奇诺说,"让我们重回天堂的不是对上帝的认知,而是爱(*Quod ergo nos celo restituit non dei cognitio est*,*sed amor*)"②。这也是其"柏拉图式的爱"的精义。

3. 皮科的人文主义宣言③

(1)皮科生平。

皮科·米兰多拉(Giovanni Pico della Mirandola,1463—1494)因为撰写了文艺复兴人文主义宣言式文本《论人的尊严》而享誉当时和后世,成为文艺复兴人文主义运动的标志性人物。他出身高贵,父亲是米兰多拉地区的领主和康科迪亚伯爵(Count of Concordia),母亲是斯堪蒂亚诺伯爵(Count di Scandiano)之后,母亲方面的亲人还有文艺复兴时期的诗人

---

① Marsilio Ficino,*Commentary on Plato's Symposium*:*On Love*,Translated by Sears Jayne,Spring Publication,1985,第二篇谈话第二章。
② 同上书,第四篇谈话第六章。
③ 本部分内容由梁中和撰写。

和学者,因此无论是物质环境还是精神成长环境都十分优越。

皮科受教育期间,刚好是意大利文艺复兴文化兴起的时期,他自幼记忆超群,聪明颖悟,早年就学习了拉丁语和希腊语,母亲希望他服务教会,因此10岁时便被提名为一名教皇的书记官(papal protonotary),并且于1477年前往博洛尼亚(Bologna)学习教会法规。三年后因为母亲突然去世,皮科便中止了学业开始在弗拉拉(Ferrara)大学学习哲学,并且前往佛罗伦萨拜访著名人文主义者波利齐亚诺(Angelo Poliziano)、宫廷诗人贝尼维尼(Girolamo Benivieni)以及著名的反人文主义者,多米尼加修士萨沃纳若拉(Girolamo Savonarola)等人,他终生都与他们保持紧密联系。

1480—1482年皮科转往帕多瓦(Padua)大学,那里是意大利亚里士多德主义的主要中心,此时他已经很熟悉希腊语和拉丁语,同时还学习了希伯来语、阿拉伯语和阿拉米语(Aramaic),为后来他广泛接触古代文献奠定了基础。随后他游学意大利各地,访问众多人文主义者。

1484年11月,皮科遇到了佛罗伦萨的统治者洛伦佐·美第奇和佛罗伦萨柏拉图学园领袖斐奇诺,两人都非常喜欢他,前者终生都保护他,后者则常常与他论学,成为他重要的老师之一,这是改变他一生的重要事件。在此期间他的思想逐渐成熟,1485年皮科还前往法国学习,1486年回到佛罗伦萨,后前往罗马,参加神学家、哲学家和众多教会人士组织的"罗马大会",发表了包含后来成为重要人文主义宣言的《论人的尊严》的《论题》。但是该文出版初期反响平平,大会上他的一些论题受到攻击和谴责,他做了相应申辩,但最终申辩被驳回,其《论题》文本也被焚烧一空,在他负气前往法国时被捕,所幸得到法国国王保护才辗转回到佛罗伦萨,此后他潜心《圣经》注释和哲学研究,写了《论本体和太一》(De Ente et Uno),主张哲学研究要重视柏拉图与亚里士多德的一致性。

1492年洛伦佐·美第奇死后,皮科前往弗拉拉(Ferrara),也时常拜访佛罗伦萨,当时的佛罗伦萨政局不稳,萨沃纳若拉的影响上升,他主张节制欲望，反对人文主义风潮，并与美第奇家族产生冲突，最终美第奇家族被逐出佛罗伦萨，随之而来的是大规模的毁坏书籍和绘画的运动，此时，皮科成了萨沃纳若拉的跟随者，当了一名修道士，他放弃了先前感兴趣的埃及和迦勒底（Chaldean）著作，毁掉了自己的诗歌，捐出了所有财产，在生命最后几年他撰写《星相学论争》，反对星相学的有效性，在这点上批评了他以前的老师斐奇诺。但还未完成著作时他便于 1494 年患疾而逝，年仅 31 岁。①

　　皮科的短暂一生是典型的人文主义者成长和蜕变的一生，他饱学于人文主义诸多大家，但也感受到基督教信仰与其古代学问的冲突和紧张，在理性与信仰的巨大张力下度过了匆促的一生。然而，他 24 岁便写就的《论人的尊严》决定性地成为其思想的代表作，也成为影响当时和后世的人文主义宣言。

　　（2）论人的尊严。

　　《论人的尊严》是皮科在罗马大会提交的《论题》的导言，其中强调了人类是伟大的奇迹，他引用众多古代人物的话语，开篇便说"有人问萨拉逊人阿卜杜拉，在世界这个舞台上，什么最值得赞叹时，他回答说，没有什么比人更值得赞叹了。赫尔墨斯的说法也与此一致，他说'阿斯克莱庇俄斯啊，人，是一个伟大的奇迹'"。②

　　但是皮科反对一般理论中所言的，人是因为其居于神和万物之间，而变得伟大。他认为人之所以是堪配所有赞叹的生灵，是因为上帝将人造成思索其整个杰作的事物，只有人被上帝赋予自由选择的权利，人是自己尊贵而自由塑形者，可以把自己塑造成任何自己偏爱的形式，既能堕落为

---

① 皮科生平参考 Paul Oskar Kristeller, *Eight Philosophers of the Italian Renaissance*. Stanford University Press，1964；皮科·米兰多拉：《论人的尊严》，顾超一等译，北京：北京大学出版社 2010 年版，中译者导言等文献。

② 皮科·米兰多拉：《论人的尊严》，顾超一等译，北京：北京大学出版社 2010 年版，第17 页，引用时有小的改动，这里的赫尔墨斯是指至尊赫尔墨斯。

低劣的野兽,也可以按照灵魂的指引,在神圣的更高的等级中重生。①

因此"天赋自由"成为皮科眼中人最尊贵最重要的值得赞叹的理由。因此,人也是最幸福的,但是这种自由并非随心所欲的自由,他认为上帝在人的灵魂中培育了理性的种子,人便成为天上的生灵,培育了智性的种子,他便成为天使和神子。② 因此"理性"和"智性"是人的最高本性,也是其自由选择的根据。同时他也强调和赞美人的可变性和多样性,他引用迦勒底文献,说"人这个生灵有形形色色、各种各样、变化万端的自然(本性)"③。

皮科和斐奇诺一样,尊重众多古代神学传统,包括古希伯来、古希腊、古埃及、古波斯等文明中的学说,他尊崇苏格拉底、柏拉图、毕达哥拉斯、至尊赫尔墨斯、迦勒底学说和卡巴拉(Kabala)教义,这种宽容的态度和杂糅的思想资源,使得皮科具有开阔的现代视野,"世界"正在清晰起来,人也正在站立起来。

在《论人的尊严》中,皮科作为年轻而极富天赋的人文主义哲学家,表达了他对哲学的尊重和对人的推崇,皮科为哲学辩护道,"事实上,现如今的哲学研究总体上是遭人嘲笑和蔑视(这是我们时代的不幸!),而不是受人尊敬与荣耀。……除了想当一个哲学家,我从不为任何其他原因追求哲学,也未曾从我的研究和探索中希冀或者求取过任何其他的报酬和成果,除了我一直强烈渴望的心智养料和真理之知。……哲学本身教导我依赖自己的良心而非他人的意见,它教导我们要始终保持谨慎,这与其说是为了避免别人的中伤,倒不如说为了防止我说或做任何本身为恶之事。"④因此,他眼中理想的人,就是运用自己理性,依靠所有古代思

---

① 皮科·米兰多拉:《论人的尊严》,顾超一等译,北京:北京大学出版社 2010 年版,第25 页。
② 同上书,第 29 页。
③ 同上书,第 32 页。
④ 同上书,第 76 页。

想资源,当下进行独立思考和判断的哲学家或爱智者,他们摆脱了欲望的束缚,单凭理性便可自由选择自己的生活,一种高尚的生活,如果这样的人能够进一步单纯地陷于精神沉思,那么他虽说是人,但是就是地上的神了。

最后我们以皮科的一段话结束人文主义的论述,并以此展示文艺复兴人文主义的精神:

"倘若你看到有人只是口腹之欲的奴隶,在地上爬行,你看到的不是人,而是植物;倘若你看到有人为自己的感觉所奴役,被幻想出的空洞影像所蒙蔽,耽于其蛊惑人心的咒语,你看到的不是人,而是野兽。倘若你看到一个热爱智慧的人(哲学家)用正确的理性辨识事物,崇敬他吧,因为这个生灵不属于地,而属于天。倘若你看到一个纯粹的沉思者,忘去了身体,专注于心智深处,这个生灵就既不属天也不属地:这是一个虽穿着肉身却崇高的神灵。"①

4. 拉伯雷和蒙田的人文主义②

首先,作为文艺复兴运动灵魂的人文主义思潮在 14 世纪产生于意大利,后传播到整个欧洲,16 世纪的拉伯雷(Fraçois Rabelais,1494—1553)和蒙田(Michel Eyquem de Montaigne,1533—1592,中文又译为蒙台涅)成为人文主义在法国的杰出代表,他们的思想对于法国近代哲学产生了深刻的影响。

拉伯雷的长篇讽刺小说《巨人传》(以下五部作品的总称:*Pantagrue*,《庞大固埃》,1532;*Gargantua*《高康大》,1534;*Tiers livre*《第三卷》,1546;*Quart Livre*《第四卷》,1548;*Cinquième Livre*《第五卷》,1564)是人文主义的代表作,该书塑造的"特来美修道院"(abbaye de Théléme)和"巨人高康

---

① 皮科·米兰多拉:《论人的尊严》,顾超一等译,北京:北京大学出版社 2010 年版,第32 页,引用时有小改动。
② 本部分内容由冯俊撰写。

大(Gargantua)和庞大固埃(Pantagruel)父子"是人文主义理想和新兴资产阶级人格的具体化,体现了作者的政治和宗教的主张。在特来美修道院中人人平等,和睦相处。没有烦琐的宗教仪式,没有束缚个性发展的清规戒律,每个人都可以按照自己的意志自由行事,没有任何外来力量的干预和阻碍,人人都可以充分发展自我,达到完全的个性解放。该书还痛斥了经院教育和经院哲学烦琐无聊、空洞无物,只能使人愚昧无知,损害了人天生的优秀品质。而与此形成鲜明对照的是,特来美修道院所进行的人文主义教育注重教育者身心的健康发展,反对教条式的教学方法,注意观察世界和社会,学习全面的知识,培养多方面的技能,学习生产、经营,做到德智体全面发展,把人培养成用知识和技能武装起来而能够去改造世界和社会、发展资本主义的生产、开创新的时代的巨人。该书还批判了封建制度和教会的黑暗和腐朽,揭露了封建主和教会勒索百姓、欺压人民的累累罪行,他们自己过着荒淫奢侈的生活,却要人民实行禁欲主义,甘受奴役。该书宣扬了新兴资产阶级的思想意识,认为人可以无所不为,可以自由地发财,可以用尽一切办法去追逐金钱。反对经院教育,要求个性解放,反对禁欲主义,追求金钱财富,渴望知识、技能,注重生产实践,这些思想是新兴资本阶级意识的集中体现。同时也成为17世纪法国哲学家们注重主体的独立心智和理性的至上性、注重意志自由和自我意识、尊重人的价值及颂扬人的伟大的思想来源。

蒙田(Montaigne)是法国人文主义的又一杰出代表,因《散文集》(*Les Essais*)而著称于世。同时因《为塞邦辩护》(*Apologie de Raymond de Sebonde*)这一长篇散文中深邃的思想,而被视为著名的哲学家。蒙田认为,人类一切研究的重点应该是对人自身的研究,对人类自身状况的研究,而不是对物质世界的研究。但是在如何研究人、评价人的状况上,蒙田又有与其他人文主义者截然不同的特点,像皮科等人文主义者极力颂扬人的伟大与尊严,把人描绘为宇宙的主宰;而蒙田则认为人是渺小的和可悲的,甚至不能主宰自己,人没有什么可以夸耀的,他常常批评普罗泰戈拉

"人是万物的尺度"这一名言,抨击人类的虚荣心和自傲感,大胆地揭露人类的弱点。

作为一个文艺复兴时期的学者,蒙田重新发现了古希腊怀疑论的财富,特别是古罗马时期的怀疑论者塞克斯都·恩披里柯的著作,从其中借取他的座右铭:"我知道什么?"(Que sais-je?)蒙田的怀疑主义和他对人的看法是一致的。他反对"人是有理性的"、"人与动物的区别在于人能运用理性"这种观点。他认为,相信人类的理性可以发现一种真正的知识是人类最大的不幸,是人类的自傲感的一种表现,企图用人类有限的认识能力去认识无限的宇宙和上帝乃是一种盲目和徒劳。蒙田运用皮罗主义(pyrrhonisme)的论据来说明,一切事物都是值得怀疑的,所谓真正的知识或者是通过经验获得,或者通过推理获得。然而,我们却不能认识我们所经验的东西的本质,甚至不能认识我们自己的认识能力的本性,我们的认识经常是随着生理的、情绪的状况的变化而变化,我们在此时作出的或接受的判断,到彼时就会觉得它们是十分可疑的,在此时认为是真的东西,到彼时会被看作是错误的和愚蠢的。每一个所谓的科学真理都被别的真理所取代,哥白尼的新科学就断定亚里士多德和托勒密的学说是错误的,我们怎么能知道将来的科学家就不会作出相似的论断呢?我们的全部所谓的知识是来自感觉经验的,但是我们没有足够的感官来帮助我们获取知识,即使我们有了足够数量的感官,通过它们所得到的信息也是骗人的和不确实的,我们无法将睡梦与感觉经验区别开来。我们的经验不同于动物、他人的经验,甚至不同于自己已往的经验,那么我们怎么能够判断经验在何时才是正确的呢?要判断我们经验的正确性则需要一个标准,但是我们还需要某种方法来检验标准,同样也要无穷后退。人的经验只能告诉我们事物似乎是怎样,而不能告诉我们它们的本质是怎样,我们只能根据现象来把握现象,遵从自然而生活。蒙田的怀疑论就是要证明,人的愚昧无知、人类认识的低能要摧毁已往哲学、科学、宗教和道德中的一些信念和现成的观点。因此,蒙田被人们看作是具有批判精神的自由思想家。

蒙田的怀疑主义是他的宗教观的理论基础。他不相信人类理性的作用，甚至反理性，认为理性不仅不能帮助我们获得真正的知识，同样，我们也不能运用理性去证明上帝的存在。只有皮罗主义和基督教是一致的，它揭示出了人的赤裸和空无，暴露了人性的弱点，使人心成为一块白板，易于接受上帝。宗教的基础不是理性而是信仰，只有靠信仰才能参悟基督教的奥秘，信仰也是我们接近真理的唯一道路。蒙田对宗教的这种看法和宗教改革的领袖路德的观点是一致的。

蒙田的思想对 17 世纪的法国哲学影响极其重大，受其影响最深的是帕斯卡尔，认为最重要的是研究人类自身的状况的思想就是和蒙田一脉相承的。一些人文主义者颂扬了人类的伟大、尊严和理性，蒙田揭示了人类的渺小、可悲和信仰，这就使得帕斯卡尔在更高层次上进行综合，既让我们看到人的伟大和尊严，又让我们意识到自己的渺小和可悲；既看到人类理性能力的作用，同时又看到理性的无能和信仰对它的超越。并且帕斯卡尔比蒙田更公开地指出了如何通过返回自我、归依自身而走向宗教的大道。

蒙田的怀疑论开了 17 世纪一代哲学家的怀疑风气。笛卡尔以怀疑一切为武器，一扫陈旧学说，而为知识寻找一种不可怀疑的基础；麦尔塞纳（Marin Mersenne，1581—1648）和伽森狄的哲学近似于一种温和的怀疑论，而富歇和于埃则重新取用古代的怀疑论。然而 17 世纪笛卡尔等人的怀疑论与蒙田的怀疑论有着很大的区别，蒙田的怀疑要说明理性的无能，而笛卡尔的怀疑是以理性为基础的，其目的是要确立理性至上性。

文艺复兴时期的人文主义强调的人的理想，是一个依靠理性进行独立思考的生活的人，他因为自身的理性而靠近神性，彰显神性，以自身的全面发展来展示上帝的荣耀。这一时期的哲学家们大多摒弃经院哲学的讨论内容和形式，注重文学艺术等的精神价值，同时也注重理性和道德哲学在塑造人时的重要意义。对"人"的重视带来的重要进步和潜在问题是,由于过激的人类中心主义已经对自然和生态环境造成不可弥补的损害,严重影响和制约了人类社会的可持续发展,因此人文主义会促进我们思考,究竟应该如何探讨人的本性的问题,如何面对以人文本的思想,如何正确对待人文主义精神中的合理因素和潜在问题。

二、宗教改革运动的哲学①

文艺复兴时期,在 16 世纪初发生了一场宗教改革运动,宗教改革和人文主义有着内在的联系,人文主义思潮影响了宗教改革,宗教改革体现出了人文主义的精神。但是,人文主义思潮大多是反宗教的。宗教改革是发生在宗教内部的一场运动,是对传统天主教会在思想、制度和经济上控制的一次大的反叛,在德国以路德为代表、在法国以加尔文为代表的宗教改革影响了尼德兰、英格兰、苏格兰和北美许多国家和地区,这种改革了的宗教被称作新教或基督教,以区别于罗马教廷控制的传统天主教,在一定程度上体现了新兴资产阶级对于封建制度的反抗和斗争。马克斯·韦伯认为新教伦理体现了资本主义精神。

1.路德的“因信称义”说

在欧洲的中世纪,基督教的权力达到了无以复加的地步。罗马教会不甘于仅仅扮演精神统治中心的角色,控制人们的思想,而且贪婪地攫取世俗权力和财富,要成为政治中心和财富中心,它的势力已经渗入到了社会生活的每一个角落。然而,随着教会的世俗化,它也陷入了自上而下的腐败之中,引起了人们的普遍不满。席卷欧洲的人文主义运动激烈地抨击了教会的专制和腐败,虽然触动了教会的权威,但尚不能从根本上动摇它。正当人们对于罗马教会的自行改革感到失望时,教会内部的宗教改

① 本部分内容由李秋零撰写。

革却在人文主义的影响下势不可当地爆发了。16 世纪,最初在德国,接着在瑞士、英国、法国以及北欧诸国,掀起了一场声势浩大、震撼教廷的宗教改革运动,并且最终脱离罗马教会,形成了独立的新教,被恩格斯称为"第一号资产阶级革命"。① 从思想上看,宗教改革是用活的灵魂来抗衡死的教条,使个人的权利与教会的专断分庭抗礼,使信仰由外在的权威返回到个人的内在良心。在一定的意义上,可以把宗教改革看作是人文主义在宗教神学领域的延伸。在这一改革的浪潮中,以路德和加尔文的宗教改革最具代表性,他们的宗教哲学思想也是宗教改革的理论旗帜。

第一个公开向传统教会提出挑战的是德国人马丁·路德(Martin Luther,1483—1546)。路德 1501 年进入爱尔福特大学攻读法律,1505 年获硕士学位后却突然遁入修道院研习神学。1507 年,路德升任神父,1512 年获神学博士学位,1515 年任维滕贝格大学神学教授。1517 年,他反对教皇以修建圣彼得大教堂为名在德国兜售赎罪券,在维滕贝格教堂大门上张贴了著名的《九十五条论纲》,邀请人们讨论赎罪券和教皇的赎罪权力,由此揭开了宗教改革的序幕。由于印刷术的普及,路德的《九十五条论纲》迅速传遍了西欧世界,造成了极大的轰动。教皇利用种种手段企图压制路德以及由路德在德国引发的反抗行为,而路德则在德国各阶层民众以及一部分世俗诸侯的支持下,毅然与教廷决裂,继续发表了《致德意志基督教贵族公开书》《教会的巴比伦之囚》《论基督徒的自由》三大论著。此外,路德还把圣经翻译成德文,打击了天主教会的宗教垄断。神圣罗马帝国皇帝查理五世压制宗教改革、维护天主教信仰的努力遭到了一部分诸侯和主教的反对,后者被称为"抗议者"(Protestantes),这个称呼成为后世所有从罗马教会分裂出来的新教的统称。历经数十年的内战,天主教诸侯和新教诸侯之间最终于 1555 年签订了《奥格斯堡和约》,确立了"教随国定"(Cuius regio,eius religio,即"谁的地盘,谁的宗教")的

---

① 《马克思恩格斯全集》第 21 卷,北京:人民出版社 1965 年版,第 459 页。

原则,在路德的思想影响下脱离教会的教派终于取得了合法地位,被后世称为"路德宗"。

路德宗教改革的核心问题是灵魂如何获救的问题,这也是基督教的中心教义。基督教认为人类从始祖亚当、夏娃开始就违反了上帝的意旨,犯有"原罪",以后又不断违背上帝的诫命,罪孽深重。上帝为了拯救人类,派遣独生子耶稣基督降临人世,传播教义,并且以耶稣被钉上十字架来代人类赎罪。耶稣以后的人类只要信仰上帝、就可以赎罪得救,在末日审判时上升天堂。据《圣经新约·约翰福音》记载,耶稣在复活后把赦免罪的权力授予了自己的门徒。此后基督教就宣布,他们作为耶稣基督门徒的继承人,具有赦罪的功能。而罗马天主教廷又宣称,耶稣以及后来殉教的圣徒的血,用以赎免人类的罪孽绰绰有余,积累下来形成"圣公善库",可以由圣彼得的继承人亦即罗马教皇代表的天主教会来执掌,代表上帝来赎有善功的人的罪孽,开启从炼狱到天堂的大门。证明已经赎罪的文书就是"赎罪券",它最初被授予参加十字军东征的人,后来只要支付一定的费用就可以取得,最终被罗马教廷大肆兜售用来敛财。

路德的宗教改革就是从反对这种教义开始的。《圣经》中说:"义人必因信而得生"。① 路德据此认为,获救只凭人的信仰,与善功、教会的中介作用没有关系。在《九十五条论纲》中,路德已经对罗马天主教会的救赎教义提出了质疑,而在《基督徒的自由》一文中,路德全面、系统地阐述了他的"因信称义"学说。

路德认为,"人有一个双重的本性,一个心灵的本性和一个肉体的本性"。② 就前者而言,人被叫做属灵的、内心的、新的人,是自由的。就后者而言,人被叫做属血肉的、外在的、旧的人,是受束缚的。因此,无论什么外在的东西,对于灵魂的义或不义、自由或受束缚,都毫无影响。"内

---

① 《圣经新约·罗马人书》,1,17。
② 周辅成编:《西方伦理学名著选辑》上卷,北京:商务印书馆1964年版,第440页。

心的人,靠着无论什么外在的'事功',或苦修,都不能获得释罪、自由和拯救"。① "对于生命,对于释罪,对于基督徒的自由,有一样东西,并且只有一样东西是必需的,那就是上帝的最神圣的话,基督的福音"。② 有了它,灵魂就有了一切,而上帝的话是不能通过事功,而是只能通过信仰来接受和承取的。因此,只有信仰才是获救的必要条件。在这种意义上,路德提出了"唯凭信仰"(sola fide)的原则。他甚至认为,信仰和对事功的迷信根本不能并存。如果一个人"愚蠢到想凭借某些'善行'而获得释罪,获得自由、拯救,并成为一个基督徒,他便会立刻失去信仰,以及信仰所带来的一切神益"。③ 据此,路德简化了烦琐的宗教仪式,把基督教的七项"圣事"减为洗礼和圣餐两项。

不过,路德并非绝对否认事功。他指出:"我们凭信仰基督所要除去的,并非是'事功',而是对于'事功'的迷信。是那种想凭'事功'获得释罪的愚蠢想法"。④ 因为人同时也是外在的人,"肉体的意欲,努力要侍奉并追求它自己的满足,这是有信仰的灵魂所不能、也不愿容忍的"。⑤ 人必须通过事功来控制自己的行为,扬善避恶。但这并不能替代信仰,它只是信仰的结果罢了,就像好树结好果一样。因此,事功只须做到足以抑制情欲的程度。童身、守贫等禁欲主义的戒律都是不必要的。据此,路德废除了教会的修道院和神职人员独身制,他自己也与一位还俗的修女结婚。路德在1530年为自己的小儿子写了一首《马槽歌》,其中唱道:谁若不爱美酒、女人和歌,他就终身是个大傻瓜。

中世纪教会力图垄断拯救灵魂的权力。它提出上帝不与有罪之人交往,人要获救必须借助教士的中介作用。教皇是上帝在人间的代理人,掌

---

① 周辅成编:《西方伦理学名著选辑》上卷,北京:商务印书馆1964年版,第443页。
② 同上书,第441页。
③ 同上书,第454—455页。
④ 同上书,第475页。
⑤ 同上书,第458页。

管着拯救灵魂的大权。教会甚至禁止一般基督徒阅读圣经，唯有教士才有解释圣经的权力。它把以教皇为首的教界人士称为"属灵等级"，他们高于一般信徒组成的"世俗等级"。路德针锋相对地指出，人与人之间的区别只在于信仰。只要受洗入教，心存信仰，人人都可以成为祭司，都属于"属灵等级"，都可享有与教皇、主教同等的权力。只有体现在基督身上的上帝的权威才是真正的权威，因此，只有记载基督言行的圣经才是永无谬误的。人人都有权阅读和解释圣经，并在其中与上帝交流。只是因为我们不能够都来作执事并当众宣教，才有了专职的人来主持圣礼和传道。他们只是提供一种服务，是"执事、仆人和管家"，没有高于其他教徒的特权。

2. 加尔文的"先定"说

路德掀起的宗教改革通过让·加尔文（Jean Carvin，1509—1564）又得到了进一步的深化。加尔文出生于法国的一个律师家庭。早年就学于巴黎，受到马丁·路德影响。由于法国政府对新教徒进行迫害，加尔文于1535年逃往瑞士巴塞尔，1536年发表其主要神学著作《基督教原理》，同年抵达日内瓦，参与该自由市的政权建设，不久成为该政权的实际领导。1538年因该市下层市民骚动而遭驱逐。1540年，该市上层市民再度得势并请加尔文返回日内瓦。从此，加尔文定居日内瓦，并在那里建立新教教会，取消主教制，代之以资产阶级共和式的长老制，并与日内瓦城市政权结成政教合一的体制，因而他创立的新教教会也被称为"长老宗"。与路德一样，加尔文也宣称教徒"因信得救"。但他主要是重新推出奥古斯丁的"先定"说，发挥了路德思想的宿命论方面。

加尔文把宇宙中的一切都归之于上帝的永不更改的"先定"。上帝也预先安排好了对人的拯救。谁将得到拯救，谁将被遗弃，取决于上帝预先的拣选。这是上帝的恩典，是无条件的，不可抗拒的，并且不以人的善恶功罪为转移的。况且"除非人受到神的恩典的帮助，而且是受到那赐给那在再生中的选民的特殊的神的恩典的帮助，否则，人就没有做善功的自由意志"。① 由此,加尔文也像路德那样,否定了罗马教会的救赎理论,认为善功对人的来世生活没有什么影响,并不能使灵魂得到拯救,它只不过是教会用以牟利、勒索钱财的手段罢了。教皇、主教们并不能代表上帝,圣经才是信仰的唯一权威,人人都可以通过阅读和信仰圣经而直接与神相通。总之,个人的功德和教会的存在都不能改变上帝的先定。

上帝的"先定"也是秘而不宣的,不过,虽然人们无法得知自己是否是上帝的选民,尘世的行为也不能改变上帝的"先定",但人们也不应当放弃现世的努力,而是应当坚信自己是上帝的选民,积极求取事业上的成功。因为上帝对其拣选的选民,必然给予充分的支持。而个人只要在事业上取得成功,就是实现了上帝所赋予的先定使命,也就是死后可以得救的可靠证明。在此基础上,加尔文提出了"天职"说。在他看来,尘世的"职业"就是上帝的"呼召",因此,一切职业,无论是务工务农,还是做官执政、经商盈利,在上帝面前都不分贵贱,具有同等的地位。人应当充分发挥自己的聪明才智,敬业尽职、勤奋节俭,以事业的成功来荣耀上帝。与路德使诸多圣事成为纯粹世俗的东西不同,加尔文使尘世的一切都具有了神圣的意义。"加尔文的信条正适合当时资产阶级中最勇敢大胆的分子的要求,他的宿命论的学说,从宗教的角度反映了这样一件事实:在竞争的商业世界,成功或失败并不取决于一个人的活动和才智,而取决于他不能控制的各种情况。决定成败的并不是一个人的意志或经营行动,而是全凭未知的至高的经济力量的恩赐"。② 加尔文的教义适合新兴资产阶级的需要,因而在资本主义迅速发展的西欧国家得到广泛的传播。法国的胡格诺派教徒、英国和北美的清教徒、苏格兰的长老会教徒和荷兰的新教教派,都是加尔文派的教徒。

无论是路德的"因信称义"学说,还是加尔文的"先定"学说,都从原始

① 周辅成编:《西方伦理学名著选辑》上卷,北京:商务印书馆1964年版,第499页。
② 《马克思恩格斯选集》第3卷,北京:人民出版社1995年版,第706页。

基督教和奥古斯丁的宗教理论汲取了丰富的思想内容,并在"复兴"古代神学的形式下,注入了时代的新内容。在理论上,他们否定了教皇和罗马教会的至上权威。在实践上,他们永久地结束了天主教内部的统一,结束了罗马教廷至高无上的统治。他们启迪人们的思考,肯定人们的世俗生活,肯定个人的权力、地位,争取个人的解放。可见,宗教改革与人文主义思潮是同一个时代精神在不同领域里的表现,甚至可以说,宗教改革是在人文主义的影响下发生的,是人文主义精神在宗教神学领域里的延伸。但从对天主教统治的瓦解和摧毁来说,宗教改革的作用却是人文主义所无法比拟的。这一点,从罗马教廷对待宗教改革和人文主义的不同态度就可以看得出来。宗教改革的矛头直接指向教会,因而它从一开始就遭到以罗马教会为首的天主教势力的反对、迫害和镇压。宗教改革的精神是新时代世俗精神的折光。虽然宗教改革并没有自己独立的哲学形态,但它对后世的社会发展和哲学发展所产生的影响却是不可低估的。许多史家甚至把路德、加尔文所代表的新教精神视为近代资产阶级进取精神的源泉。

但是,宗教改革毕竟只是在信仰范围之内进行的改革。他们的宗教哲学思想依然有着神学的深刻印记,是新教神学的理论基础。路德、加尔文的宗教改革在本质上依然是反理性、反科学的,甚至就连他们所标榜的宗教信仰自由,最终也被对异端的残酷镇压所淹没。哥白尼的日心说曾遭到路德的恶毒咒骂,而著名的西班牙人文主义者塞尔维特,在正要发现血液循环的时候,虽然逃离了罗马天主教会的监狱,却最终惨死在加尔文教的火刑架上。马克思曾经深刻地揭示了路德宗教改革的本质:"路德战胜了信神的奴役制,只是因为他用信仰的奴役制代替了它。他破除了对权威的信仰,却恢复了信仰的权威。他把僧侣变成了俗人,却又把俗人变成了僧侣。他把人从外在宗教解放出来,但又把宗教变成了人的内在世界。他把肉体从锁链中解放出来,但又给人的心灵套上了锁链"。① 这

---

① 《马克思恩格斯全集》第 1 卷,北京:人民出版社 1956 年版,第 461 页。

一精辟的分析也同样适用于加尔文。

拓 展 阅 读

一、必读书目

1 Kraye,Jill(Editor).*The Cambridge Companion to Renaissance Humanism*.Cambridge University Press,1996.

2. *The Cambridge History of Renaissance Philosophy*,General Editor Charles B. Schmitt,Cambridge University Press,1988.

3. *Renaissance Thought and It's Sources*,Edited by Michael Mooney,Columbia University Press,1979.

4. *The Renaissance philosophy of man*,ed.by Ernst Cassirer,Paul Oskar Kristeller [and] John Herman Randall,Jr.,in collaboration with Hans Nachod,Chicago:Univ.of Chicago Press,1948.

5.加林:《意大利人文主义》,李玉成译,北京:三联书店1998年版。

6.皮科·米兰多拉:《论人的尊严》,顾超一等译,北京:北京大学出版社 2010年版。

7.马丁·路德:《路德三檄文和宗教改革》,李勇译,上海:上海人民出版社 2010年版。

8.加尔文:《基督教要义》,钱曜诚等译,北京:三联书店2010年版。

二、参考书目

1. *The philosophy of Marsilio Ficino*,translated into English by Virginia Conant. New York:Columbia University Press,1943.

2. Cassirer,Ernst.*Individual and Cosmos in Renaissance Philosophy*.Harper and Row,1963.

3. Pico della Mirandola,Giovanni.*Oration on the Dignity of Man*.In Cassirer, Kristeller,and Randall,eds.Renaissance Philosophy of Man.University of Chicago Press,1969.

4. William Kerrigan,*The Idea of Renaissance*,The Johns Hopkins University Press,1989.

5. Nauert, Charles Garfield. *Humanism and the Culture of Renaissance Europe* (*New Approaches to European History*).Cambridge University Press,2006.

6. 保罗·奥斯卡·克里斯特勒:《意大利文艺复兴时期八个哲学家》,姚鹏、陶建平译,上海:上海译文出版社 1987 年版。

7. 保罗·奥斯卡·克里斯特勒:《文艺复兴时期的思想与艺术》,邵宏译,北京:东方出版社 2008 年版。

8. 布克哈特:《意大利文艺复兴时期的文化》,何新译,北京:商务印书馆 1979 年版。

9. 美国国会图书馆"人文主义"文献资料:http://www.loc.gov/exhibits/vatican/humanism.html。

10. 克利斯坦:《宗教改革:路德、加尔文和新教徒》,花绣林译,上海:汉语大辞典出版社 2003 年版。

11. 梦格夫:《宗教改革运动思潮》,陈佐人译,香港:基道出版社 1997 年版。

17

尼古拉·库萨和布鲁诺的哲学

李秋零　孟根龙

一切研究者都是在与预先确定的已知者的比较中,根据比例关系作出判断的。因此,一切研究都是比较,都以比例为媒介。

——《库萨著作集》第 1 卷

一切不是真理自身的事物,都不能精确地度量真理,就像非圆不能精确地度量圆一样。

——《库萨著作集》第 1 卷

人是上帝,尽管不是在绝对的意义上是上帝,因为他是人。人是人形的上帝。人也是世界,尽管他并非具体的是一切事物,因为他是人。人是小宇宙,或者某种人形的世界。人能够是人形的上帝,或以人的方式是上帝。

——《库萨著作集》第 1 卷

最高的善、最高的渴望对象、最高的完美、最大的幸福,在于包含全部多样性的一。

——布鲁诺:《论原因、本原与太一》,第五篇对话请打开大门，我们将发现这个星球和其他星球没有差异。
——布鲁诺：《论无限、宇宙和诸世界》，第五篇对话

再微不足道的细小，在整体和宇宙的秩序中，也都是极其重要的。
——布鲁诺：《驱逐趾高气扬的野兽》，第一篇对话第三部分

———————— ❦ ————————

　　库萨哲学的要义在于关于"极大"以及如何认识"极大"的学说。所谓"极大"，是人们不能设想有比之更大的东西的事物，因而"极大"也就是绝对或者无限者。库萨提出了三个"极大"。一是绝对的"极大"，也就是上帝。上帝作为绝对的极大，把万事万物包容于自身，因而是"对立面的一致"，而万事万物则是上帝这个"极大"的展开。二是限定的"极大"，即宇宙。宇宙作为限定的极大，没有时间和空间的界限。它同样把万事万物包容于自身，但并不取消对立，而是一与多的统一。三是既绝对又限定的极大，即耶稣基督。耶稣实际上是完美人性的化身，是人这个类中的个体的极大。由于人是小宇宙，耶稣的理念中就包容了宇宙中的一切，但尤其是理性。人是理性的动物，人的理性可以划分为感性、想象力、知性和理性。感性是一切认识的开端，而知性则是比较的能力，一切知识都在于比较。因此，人的知性不能认识超越了一切比较的无限者即"极大"。但人可以凭借理性以非理解的方式亦即借助数学符号等把握不可理解的"极大"。因此，这种认识就是一种"有学问的无知"。"有学问的无知"既是向真知的无限逼近，也是对自身有限性的一种真实认识。库萨的哲学被认为是最能代表文艺复兴时代的哲学，甚至一些学者认为库萨是近代哲学的"创始人"。

　　我们应该注意如下五个问题：

一、重温中世纪晚期哲学的发展,尤其是其在把握无限者(上帝)方面的争论。

二、领会库萨关于"极大"的定义,把握库萨关于三种"极大"及其相互关系的解说。

三、领会上帝是"对立面的一致"和宇宙是"对立面的统一"的区别和内涵。

四、理解人的认识能力的划分,把握"有学问的无知"的精髓。

五、在中世纪哲学向近代哲学过渡的宏观背景下,把握库萨哲学的特质。

布鲁诺在继承前人传统思想的同时,对宇宙本原进行了探究和思考。他把"太一"作为宇宙的本原。"太一"是普遍的在存在之中的实体,是一切的实体,是一切实在的源泉。世界万物都是"太一"的展开和表现。形式本原和物质本原是唯一实体的两个方面。物质和形式是不可分的,如果没有物质就没有形式,一切的形式都在物质中产生和消灭。一切自然形式都起源于物质,并又回归于物质。布鲁诺认为,认识起源于感觉,感性是认识的前提,知性理解感觉所感知的东西,从特殊中抽象出一般。理性整理知性活动的成果,把知性得出的一般论断提高到原理原则,从而认识到事物的实体的统一性。最高的认识境界就是所有事物的最终的和谐一致,是与"太一"的完美结合。他相信人类理性具有认识绝对真理的无限能力和可能性。人类正是在追求真理的过程中,变得越来越自由越来越强大。求知的过程与人的神圣化过程相同。对于布鲁诺来说,在理智指导下,人通过他们的热切的和紧迫的工作,不断地远离了野兽般的存在,更加紧密地接近神的存在。

在此,我们应注意下述几点:

首先,应特别注意把握布鲁诺作为开拓现代科学理性的伟大先驱,把寻求世界的统一性作为自己毕生的事业并为此献出了自己宝贵的生命。

在这过程中,他不断吸取他人的优秀思想,并进行独立的思考。他继承发展古希腊哲学中的理性主义精华,推进库萨的尼古拉的合理思想,尤其是批判汲取了库萨的尼古拉的宇宙无限思想,同时概括当时的重大科学成果,建立了泛神论自然哲学,瓦解被经院哲学所神话、僵化了的亚里士多德主义,在捍卫并发展哥白尼的学说方面具有无比的重要性。

其次,布鲁诺在思考宇宙本原过程中,遵循着新柏拉图主义的路线。但是他抛弃了宇宙等级秩序,尤其是抬高了物质的地位。物质不再被视为卑下的无价值的,而是和形式一样,直接来源于"太一"[unus]的,是永恒的质料本质,与世界灵魂是不可分的,因而是能动的。物质是一切事物及其变化的普遍基质,自身是不灭的。物质通过各种各样的具体形式表现出来。物质自身是无限的现实性和无限的可能性。这样,布鲁诺把物质神性化,把自然神化,明显带有自然主义泛神论的特征。

再次,布鲁诺的理论影响了17世纪的科学和哲学思想。自18世纪以来,许多近代哲学家吸收了他的学说。作为思想自由的象征,他鼓励了19世纪欧洲的自由运动,成为西方思想史上重要人物之一,也是现代文化的先驱者。正如《论原因、本原和太一》英译者杰克·林德塞(Jack Lindsay)所说的那样,"越是在总体上阅读和思考布鲁诺的著作,就越是感觉到在接下来的三个世纪里欧洲思想的主要线索被包含在布鲁诺著作某处之中"。[①]布鲁诺直接影响着斯宾诺莎,并且通过后者布鲁诺的万物合一的思想进入近代欧洲哲学的主流。斯宾诺莎的自然概念,主要来自于布鲁诺和文艺复兴时期其他自然哲学家。与布鲁诺相比,笛卡尔思想中较少把物质和精神结合起来,并在"太一"中透出的那种宇宙谐和的世界本性。莱布尼茨的学说是生机论,认为生命是众多性同时又是统一性,斯宾诺莎的思想体系使他信仰万物合一,"正如库萨的尼古拉和布鲁诺一样,他在整体与局部同一的原则中找到了答案"[②]。其单子论认为世界是和谐的有机整体,这样就与

---

① Giordano Bruno:*Cause*,*Principle and Unity*,tr.by Jack Lindsay,Newyork,1964,p.43.

② [德]文德尔班:《哲学史教程》下,北京:商务印书馆1993年版,第579页。

布鲁诺的思想相一致,以至于有学者把他描述为布鲁诺的弟子。①

极大;对立面的一致;有学问的无知;猜测;布鲁诺;太一;
形式本原;物质本原世界灵魂

一、尼古拉·库萨的哲学②

尼古拉·库萨(Nicolaus Cusanus,1401—1464)出生于德国特利尔城附近的库斯镇,少年时代就表现出对科学的特殊天赋,被附近的一位伯爵送到荷兰"共同生活兄弟会"举办的学校读书,后来在海德堡大学、帕多瓦大学和科隆大学接受了法学、数学、哲学、神学的教育,并与当时的人文主义思潮建立了广泛的联系。毕业后,库萨成为神职人员,不久就跻身教会上层,先后担任过教皇特使、主教、枢机主教、教皇总助理的职务。他曾出使拜占庭帝国,为东西方教会的合并积极活动,主张天主教内部的协调和统一,主张宗教宽容,并进行过教会内部的一些改革。他除了进行神学和哲学的研究外,还极为关注数学和自然科学问题,尤其是在数学、天文学和物理学领域都有一定的造诣,提出了一些新颖的、开创性的观点,还提出过改革历法的方案。他的主要哲学著作是《论有学问的无知》、《论猜测》、《论智慧》、《论试验》、《论精神》等。

库萨哲学思考的核心问题,依然是中世纪经院哲学的传统问题,即有限的人类理智如何认识和把握无限的真理即上帝。但在对这一问题的思

---

① [英]亚·沃尔夫:《十六、十七世纪科学、技术和哲学史》上册,北京:商务印书馆1997年版,第30页。

② 本部分内容由李秋零撰写。

考中,库萨继承古希腊毕达哥拉斯主义、新柏拉图主义以及中世纪神秘主义的一些思想,发挥人文主义精神,概括当时数学和自然科学的研究成果,提出了一个具有泛神论色彩的哲学体系。其中最为重要的是他关于上帝是"极大"、是"对立面的一致"(coincidentia oppositorum)、认识是"有学问的无知"(docta ignorantia)的思想。

1. 论三种极大

"极大"是库萨哲学的核心概念。关于极大,库萨的定义是:"一个事物,不可能有比它更大的事物存在,我称之为极大"。① 这样的极大不是通过比较产生的最大,没有量的规定性,而是没有任何限制的极大。

在《论有学问的无知》一书中,库萨区分了三种极大:

第一种是绝对的极大。"极大是绝对的一,因为它是一切;一切都在它里面,因为它是极大。由于没有任何东西与它对立,极小也同时与它一致;因此它也在一切之中。由于它是绝对的,所以它在事实上是一切可能的存在,不受任何事物限制,一切事物都受它限制。这一极大就是上帝,它获得了一切民族的信仰"。②

显然,这个被一切民族信仰的上帝,也就不是基督教特有的上帝,而是哲学上的绝对者、无限者。除了这个唯一绝对的极大之外,其他一切事物都是有限的,有限的事物都有自己的开端。但是,不能说那个比所有有限事物都绝对地大的事物自身仍是有限的,并把这一过程无限延伸。因为在可大可小的事物中,推进到无限是不可能的,那样就会使无限也属于有限的领域。如果绝对的极大并不存在,那就没有什么东西能够存在了,因为所有的非极大都是有限的,都有一个起源,必然从另一个东西产生,

---

① 《库萨著作集》第 1 卷,柏林 1967 年拉丁文版,第 3 页。(Nikolaus von Kues: *Werke*, Neuausgabe des Straßburger Drucks von 1488, Band 1, herausgegeben von Paul Wilpert, Berlin, 1967.)

② 《库萨著作集》第 1 卷,柏林 1967 年拉丁文版,第 3 页。

否则,如果有限事物是从自身产生的,它们就会在自己还不存在的时候就已经存在了。因此,无论是就起源来说,还是就原因来说,都不能推进到无限。必须有一个极大作为万物存在的根据,没有它,什么事物也不能存在。这个极大作为无限的一把一切有限者都包容在自身之内,但这种包容并不是整体对部分的包容,不是用多来构成一,而是多融化在一中,在一中一切都毫无差别的是一。因此,上帝是"对立面的一致"。这种一致既是万物的本原和本质,也是万物的归宿。对立普遍地存在于有限事物之中。"一切事物都是由程度不同的对立面构成的。在它们里面,这一方面多些,另一方面少些。通过一方压倒另一方,事物获得了对立面某一方的性质"。① 因此,有限事物是对立面的统一。而在上帝这个极大里面,在这个无限的一中,一切对立和差异都完全消逝,一切潜在都成为现实。正像在无限的图形中直线与圆、三角形等一切数学图形都没有区别一样,在无限的上帝里面万物也都没有区别。一切对立最终在上帝里面达到调和,达到和谐的统一。上帝把一切对立面包含在自身之中,自己却是无对立的统一。在这种意义上,极大就是一切事物的包容,而一切事物都是极大的展开。极大展开自身而成为有差别、有矛盾、有对立的万事万物,万事万物在极大里面消弭一切差别、矛盾、对立而成为一。

第二种是限定的极大,即宇宙,宇宙是存在者的普遍统一。"就像绝对的极大是一切事物凭借它才是其所是的绝对存在一样,从这一绝对存在也产生了存在者的普遍统一。除了绝对者之外,这种普遍统一也被称作极大,它作为宇宙拥有限定的存在。它的统一被限定在多中,离开了多它就不能存在。虽然这个极大在它的普遍统一中包容了一切事物,以至于一切从绝对者取得存在的事物都在它之中,而它也在一切事物之中,但它在自己存在于其中的多之外却没有实存。离开了与它不可分离的限定,它就不能存在"。② 宇宙作为极大,与上帝一样把无限多的事物包容

---

① 《库萨著作集》第 1 卷,柏林 1967 年拉丁文版,第 38 页。
② 《库萨著作集》第 1 卷,柏林 1967 年拉丁文版,第 8 页。

在自身。但与上帝不同的是,一切事物在上帝之中,采取的是"对立面的一致"这种方式,在那里一切是一,不存在任何差异和矛盾。而一切事物在宇宙之中,却是作为各自独特的存在,也就是说,宇宙的一是包容对立和矛盾于自身的一,是一与多的辩证同一。"这样我们就可以认识到,上帝是最单纯的一,由于他存在于单一的宇宙中,似乎可以说他由此以宇宙为中介存在于一切事物之中,而事物的多也以单一的宇宙为中介存在于上帝之中"。① 库萨的哲学在这方面表现出了明显的泛神论特征。

既然宇宙中的万事万物都分有了上帝这同一个绝对本质,都是上帝的展开和限定,所以事物在本质上没有不同,一切事物是一切事物,每一事物是每一事物,每一事物都是一个"小宇宙"。但是,由于这种展开和限定是以各自不同的方式进行的,所以在现实上却没有任何事物能够是一切事物,所有事物都是各自不同的。一方面,任何事物都有自身独特的完善性,事物之间不存在高低贵贱之分。"一切被创造的存在都安处在它以适宜的方式从神圣的存在获得的完美性中,它并不追求其他任何一种被创造的存在,好像那种存在更完美一些似的。它偏爱自己从极大获得的存在,把它当做上帝的赐予,并希望以不变的方式完善它和维护它"。② 另一方面,事物又以分有上帝本质的不同方式形成一个等级体系。在《论智慧》中,库萨强调:上帝的本质就是智慧,"智慧在不同的形式中是以不同的方式被接受的,这就造成了,任何被赋予自身存在的事物都以它可能的方式分有智慧,以至于一些事物以某些相当远离第一形式的灵性分有了智慧,这种灵性几乎不能被赋予元素的存在;另一些事物以较高形式的灵性分有了智慧,它们被赋予矿物质的存在;还有一些事物以比较高贵的级别分有了智慧,它们被赋予植物性的生命;还有一些事物以更为高贵的等级分有了智慧,它们被赋予感性的生命;在此之后有想象力的生命,有知性的生命,有理性的生命;最后这个等级是最高贵的等级,也

---

① 《库萨著作集》第 1 卷,柏林 1967 年拉丁文版,第 46 页。
② 同上书,第 41 页。

就是智慧的最切近的摹本,只有这个等级才有能力上升到品味智慧的程度"。① 这是一个从混沌到无机物、有机物、植物、动物,最后直到人的一个具有连续性的世界图景。它之所以是连续的,乃是因为在低级的存在形式中已经潜藏着高级存在形式的因素。在晚年的对话体著作《论球戏》中,库萨说道:"元素的力量潜藏在混沌之中,在植物性力量中潜藏着感性的力量,在感性的力量中潜藏着想象的力量,在想象的力量中潜藏着逻辑的力量或者知性的力量,在知性的力量中潜藏着理性的力量,在理性的力量中潜藏着精神上洞见的力量,在精神上洞见的力量中潜藏着一切力量的力量"。②

除了不能离开多之外,宇宙的存在也依赖于上帝。因此,宇宙不是绝对的无限,而是相对的无限,即时空上的无限,因为不存在任何把宇宙包入其中的界限。宇宙既然在时空上无限,它就时间来说也就是永恒的,就空间来说也就既无中心也无边界。因此,地球不是宇宙的中心,所谓的恒星天也不是宇宙的边界。地球和其他所有星球一样,是由同样的元素构成的,只不过是宇宙大家族中的普通一员。在哥白尼的天文学革命之前,库萨已经在哲学上宣告了"地心说"的破产。

当然,库萨的结论并不仅仅出自哲学的思辨。库萨明确地提出,学者们应当走出书斋,到现世生活中去,"读上帝亲手写的书",即读大自然这本书。他倡导对世界进行量的考察,认为试验的结果更接近真理。有学者指出:"对书本知识的严厉批判,要求在量上考察世界,并且怀着事物的特性是以可度量的和可计数的形式表现出来的这种信念来论证上述要求,所有这些都使人感受到经典自然科学的那种精神。这种经典自然科学是我们在伽利略、牛顿、惠更斯和其他科学家那里看到的,它的结果在短短几百年中要比在这之前数千年中许多伟大学者的工作都更为深刻地

---

① 《库萨著作集》第1卷,柏林1967年拉丁文版,第225页。
② 库萨:《论球戏》,汉堡1978年版,第83页。(Nikolaus von Kues: *Vom Globusspiel*, deutsch, übersetzt von Gerda von Bredow, Hamburg, 1978.)

改变了世界。作为一个神学家、哲学家、数学家、政治家和罗马教会的枢机主教,尼古拉·库萨在自己的著作中主张对自然界采取这种态度,并且坚决地维护这种态度。人们不得不承认,库萨由此而对经典自然科学的产生和发展具有重要的意义"。①

最后是第三种极大:既绝对又限定的极大。库萨认为,宇宙中没有任何事物能够成为自己那个类的极大,因为如果它达到这种极大,就会和上帝一样是无限的。"如果某物能够成为某个种的极大限定个体,那么,这个事物就必然是那个类和种的完善状态,作为方式、形式、根据和真理处于这个种本身中一切可能产生的事物完善性的完美状态中。这样一个限定的极大超越了限定的一切性质,作为那个种的终极目的存在,在自身中包容了它的一切完善性,同任何既定的个体都享有超越一切比例的最高相等。它既不大于任何事物,也不小于任何事物,在自己的完美状态中包容了一切完善性。由此可见,这样一个限定的极大本身不能作为纯粹的限定事物存在,因为……没有任何事物能够在限定的完善性的类中达到完善性的完美状态。因此,这样一个极大作为限定的极大不是上帝,上帝是绝对的。它必然成为限定的极大,也就是说,它既是上帝又是被造物,既是绝对的又是限定的"。② 不过,低级的事物即使成为无限,也不可能与上帝同一,因为它们的完善性是有欠缺的。例如,圆即使成为极大,也只不过是无限的数学图形罢了。高贵的天使也同样不适合成为与上帝同一的极大,因为天使缺乏感性性质。唯有人类适宜产生这样的极大,因为人是一个小宇宙或者小世界。人在自己的生命中结合了尘世的东西和神的东西,结合了物质、有机的生命、动物的生命和理性,像镜子一样反映了整个宇宙。"人性就是那个被提升到上帝的一切作品之上而只比天使稍

---

① K.雅柯比编:《尼古拉·库萨哲学思想导论》,慕尼黑 1979 年版,第 126 页。[Klaus Jacobi(hrsg):*Nikolaus von Kues, Einführung in sein philosophisches Denken*, München, 1979.]

② 《库萨著作集》第 1 卷,柏林 1967 年拉丁文版,第 4 页。

低一点的性质,它包容了理智的和感性的性质。由于它把普遍的东西浓缩在自身之中,因而被古人合理地称作小宇宙或者小世界。因此,它就是那如果被提高到与极大相结合,就会作为宇宙和各种个别事物的一切完善性的完美状态存在的性质,结果是在人类身上,一切事物都获得了它们的最高程度"。① 但人类中只有一个个体能够达到类的极大,这就是既是神又是人的耶稣。耶稣由于是个体而是限定的极大,又由于与上帝同一而是绝对的极大。在库萨的哲学中,耶稣实际上是一个完善人性的代表。由此出发,库萨热情地歌颂了人的伟大。

2. 人及其认识能力

人由于是小宇宙而使人类适宜产生与上帝同一的极大个体,但这个个体却没有必要在人的所有属性上都是极大的。"应该向那些实质的和本质的东西中留意人性完善的极大,例如使其他肉体的东西联结在一起的理性。因此,极大完善的人不需要在偶性的东西上是杰出的,而只需要在理性方面是杰出的"。② 理性不仅能够统御肉体和感性,使人过一种合乎理性的生活,更重要的是,理性使人成为上帝的摹本或者人形的上帝,因为理性使人和上帝一样具有创造力。"就像上帝是现实的事物和自然形式的创造者一样,人是以概念方式存在的事物和艺术形式的创造者。艺术形式无非是人的理智的摹本,就像上帝的造物是神的理智的摹本一样。因此,人有一种理智力量,这种力量就其创造活动来说,是神的理智的摹本"。③ 也就是说,人既创造了概念世界,也创造了艺术世界或人造世界。

理性是"精神"或者"灵魂"的最高能力。人的精神或者灵魂是一个统一的整体,表现为感性、想象力、知性、理性这四种能力。"灵魂是无形

---

① 《库萨著作集》第 1 卷,柏林 1967 年拉丁文版,第 75 页。
② 同上书,第 76 页。
③ 库萨:《猜测的艺术》,不来梅 1957 年版,第 324 页。(*Die Kunst der Vermutung. Auswahl aus den Schriften von Nicolaus Cusanus*, deutsch, besorgt und eingeleitet von Hans Blumenberg, Bremen, 1957.)

的实体,是各种不同力量的力量,因为它自己就是感性,同时,它自己也是想象力、是知性、是理性。它在身体以内行使感性和想象力,在身体以外行使知性和理性。但是,感性、想象力、知性和理性只有一个共同的实体,尽管感性并不是想象力,也不是知性、理性。同样,无论是想象力,还是知性、理性,也都不是其他任何一个。因为在灵魂中有不同的把握方式,其中每一个都不是另外一个"。①

感性借助五种感官接受外部的刺激而形成感觉,感觉是一切认识的开端,"精神的能力,即理解和认识事物的能力,除非受到感性事物的刺激,否则就不能发挥作用。而如果没有感性表象作中介,它也就不会受到刺激"。② 感觉也是认识的唯一起源,凡是在理智中的,无不先在于感性中。

想象力把各种感觉结合起来形成整体印象,并使精神最终摆脱对与事物接触的依赖。"感性局限于规模、时间、性状和地点的量,享有更大自由的想象力则继续前进,超越了这一局限性。与感性力量相比,它能够把握或多或少更近或更远的东西,甚至包括不在场的事物"。③

知性进行度量、计数、比较、区分。由于知性借助想象力所提供的感性印象不再依赖于与具体事物的接触,并且借助记忆把这些感性储存起来,因此,它能够对这些印象进行比较和区分,从而对事物做出肯定的或否定的判断。"我们进行区分的能力被称作知性灵魂,因为灵魂是借助知性进行区分的。……尽管灵魂借助视觉把握了可见的东西,借助听觉把握了可听的东西,总之,借助感性能力把握了可感的事物,但是,它只能借助知性进行区分"。④ 知性更重要的功能是在摹写现实事物的基础上,加工感性提供的材料创造出概念并进行判断和推理,从而形成知识,而且还从自身出发创造出自然所没有的艺术世界。但是,知性由于受制于感

---

① 库萨:《论球戏》,汉堡 1978 年版,第 20—21 页。
② 《库萨著作集》第 1 卷,柏林 1967 年拉丁文版,第 245 页。
③ 同上书,第 172 页。
④ 库萨:《论球戏》,汉堡 1978 年版,第 70—71 页。

性和想象力所提供的材料,而不能认识事物的本质。"由于精神借助这种摹写只能达到对可感对象的认识,而在可感对象中,事物的形式不是真实的形式,而是被质料的可变性弄模糊了的形式,因此,一切这样的认识与其说是真理,毋宁说是猜测。所以我认为,借助知性所达到的认识是不确定的,因为与其说它们是真理,毋宁说它们是形式的摹本"。① 而且,由于知性的功能就在于比较和区分,因而是一种非此即彼的思维,所遵循的是矛盾律,因此就不能理解对立面的一致,不能认识无限。

理性的功能是综合与直观。如果说,精神在知性中认识到一切存在物都是以不同的方式分有了存在,那么,它在理性中则是超出一切分有和区别,以单纯的方式直观一切存在物的绝对存在自身。"精神以这样的方式利用它自身,它是上帝的摹本,上帝是一切事物。当精神作为上帝活的摹本转向它的原型,并以其全部力量致力于摹写它的原型时,上帝也就反映在精神中。精神以这样的方式直观到一切是一,它自己就是这个一的摹写,借助这种摹写,它构造了对这个是一切事物的一的认识。这样,它也就完成了神学的思辨,在这里,它就像是在一切认识的目的中,就像是在它的生命的最惬意的真理中愉快地歇息下来"。② 在理性的直观中,对立面互相融合在无限的统一中,灵魂与上帝达到一致,主客体的对立也消失了。

库萨强调,感性、想象力、知性和理性的区分只是相对的区分,认识是精神整体的活动。较高的认识能力包含了较低的认识能力,并在较低的认识能力中发挥作用。较低的认识能力又是较高的认识能力的基础。例如,知性只有当感觉和想象力为它提供了感性形象时才能区分,理性也只有当知性为它提供了区分开来并需要加以综合的材料时才会综合。另一方面,知性作为意识或者注意而在感官之中活动,理性的统一指导了知性的区分工作。不同的认识阶段不是各自孤立的认识功能,而是一个共同活动、互相依赖、互相促进的体系。

---

① 库萨:《论球戏》,汉堡 1978 年版,第 74 页。
② 《库萨著作集》第 1 卷,柏林 1967 年拉丁文版,第 255—256 页。

3. 认识是有学问的无知

由于理性的功能是一种直观,而不是理解、认识,而负责理解、认识的知性又不能达到事物的真实本质,不能达到无限,因此,人的认识只能是一种"有学问的无知"。

库萨的论证是从分析认识方式和认识过程开始的。他认为,上帝为每一种生物都配备了追求最佳生活方式的自然欲望以及与此相适应的功能和识别能力。对于人来说,这就是人的求知欲和理性。人的自然生活规律要求理性不知疲倦地研究一切事物,以便获得真理。研究是以比较的方式进行的。"一切研究者都是在与预先确定的已知者的比较中,根据比例关系作出判断的。因此,一切研究都是比较,都以比例为媒介"。① 认识就在于确立已知和未知之间的比例关系。如果二者之间可以直接进行比较,认识就相对容易;如果二者之间有许多中间环节,认识就相对困难;如果二者之间根本没有可比关系,认识就无从谈起。我们对极大的认识就属于这种情况。绝对的极大是无限,而无限与有限之间是没有比例关系的。"无限者作为无限的东西摆脱了一切比例关系,因此是无法认识的"。② 我们的有限理智不能认识无限的上帝,不能认识上帝的无限真理。"一切不是真理自身的事物,都不能精确地度量真理,就像非圆不能精确地度量圆一样。……因此,自身不是真理的理智,绝不能如此精确地把握真理,以至于再也不能更为精确地把握它了。理智与真理的关系就像多边形和圆的关系。画出的多边形的角越多,就越与圆相似。但是,除非使它与圆相等,否则,它的角即使无限地增多,也不会等于圆自身"。③

然而,追求真理、追求无限又是人的本性所决定的。因此,我们只能借助一种"非理解的方式"来把握上帝这个"不可理解者",也就是说,从

---

① 《库萨著作集》第1卷,柏林1967年拉丁文版,第2—3页。
② 同上书,第3页。
③ 同上书,第5页。

有限事物出发,以有限事物为符号,并超越它们的有限性,从而达到无限。在所有有限事物中,数学符号是最理想的符号。例如,根据圆弧扩大到无限就是一条直线,可以得知在无限中一切数学图形都没有区别,并进一步得知在上帝里面一切事物都没有区别,所以上帝是对立面的一致。对上帝的这种把握不是借助知性的逻辑演绎,而是一种直观,是借助类比和理性的超越实现的。就此来说,它是一种非理解的方式,在精确认识的意义上是一种无知;但它又是以人的知性认识为出发点,借助对数学符号的精确认识实现的,在这种意义上又是一种近似性的知,是有学问的。更何况,认识到上帝是无限的,是不能精确认识的,这本身就是对上帝的一种知,也是对我们自身认识能力的一种知。"有学问的无知"这一概念就是在这种意义上使用的。

库萨进一步把有学问的无知运用于对有限事物的认识。由于上帝是万事万物的本质,不认识上帝就不可能精确地认识事物的本质。而我们的理性所认识的也只是事物的共相和形式,而不是事物的本质。世界上不存在两个完全相同的事物,以比较为特征的认识必然具有相对性。因此,即便对有限事物的认识也是有学问的无知。在其他地方,库萨又在同样的意义上把对真理的认识称为"猜测"。

库萨虽然否认我们能够精确地认识真理,但又认为我们可以通过不断的猜测无限地逼近真理。绝对的真理虽然是"永不可及"的,但认识一方面是对真理的分有,包含着真理的成分;另一方面又是对真理的无限接近。认识的真谛就在于这种"永不可及"和"越来越近"的辩证统一。这也就意味着,人是可以在无限的过程中认识真理的。库萨关于"有学问的无知"的思想深刻地揭示了绝对真理与相对真理的辩证统一,论证了精神的无限能力,使人及其精神成为哲学的最高主题。

库萨以独有的方式论述了上帝、宇宙、人这三种"极大",不仅在形而上学的高度上概括了文艺复兴时期的人文主义思想,而且也开启了近代的泛神论哲学传统。他视上帝为"对立面的一致",视宇宙为"对立面的统一",成为后世德国哲学讨论矛盾、对立、同一、统一等问题的先声。他把对绝对真理的把握视为"有学问的无知",为近代哲学的"认识论转向"做了准备。一些哲学史家认为,只有库萨的哲学才真正在形而上的层面上体现了文艺复兴时代的精神,库萨应当是近代哲学的真正创始人。

二、布鲁诺的哲学①

乔尔达诺·布鲁诺(Giordano Bruno,1548—1600)是文艺复兴时期伟大的思想家、自然哲学家和文学家。他勇敢地捍卫和发展了哥白尼的太阳中心说,并把它传遍欧洲,被世人誉为反对经院哲学的无畏战士,是捍卫科学真理的殉道者,开拓现代科学理性的先驱。

1548年,布鲁诺出生于意大利那不勒斯附近的诺拉镇的一个没落的小贵族家庭。诺拉镇依山傍海,土地肥沃,物产丰富,风景秀丽,这片金色的原野给童年的布鲁诺留下美好的回忆。即使后来布鲁诺长期流亡漂泊他乡,他仍自豪地称自己是诺拉人,他的哲学叫诺拉哲学。11岁那年,布鲁诺离开家乡到那不勒斯读书。他最初就读于一所私立学校,后进入多米尼克修会的一家修道院学习。在这里,布鲁诺广泛阅读了古今哲学家和科学家的著作。布鲁诺具有惊人的记忆能力,并凭借他的超强记忆和对记忆术的研究,曾一度被引见给罗马教皇。布鲁诺学识日益丰富,但思考和怀疑的天性也使他日益流露出强烈的离经叛道的思想。他阅读异端书籍,谈论异端思想,对教规禁锢表示不满而受到院方监视。有一次,修道院组织辩论会,当一位神学家发言抨击被视为天主教的异端分子4世纪哲学家阿里乌斯(Arius,约250—336)②时,布鲁诺竟站起来为阿里乌

---

① 本部分内容由孟根龙撰写。

② 基督教神学家阿里乌斯(Arius,约250—336)于公元325年君士坦丁大帝所召开的尼西亚公会议上被定为异端而遭到流放。三年后获赦,但未能重掌教权。公元336年至君士坦丁堡谋求教权时病死。他的那些不接受尼西亚公会议决定的追随者形成阿里乌斯派(Arians)。

斯辩护,并引经据典,指出阿里乌斯的一些观点被曲解了。这引起了会议主持者和修道士们的狂怒。他们立即对布鲁诺展开了围攻,地方教会也要审判他。布鲁诺在一位朋友的劝告下,从修道院出逃。布鲁诺先逃亡到罗马,后来又相继在热那亚、都灵、威尼斯、米兰等地辗转流浪。宗教裁判所到处通缉他,意大利竟无他容身之地。于是,1578年,布鲁诺被迫背井离乡,离开生他养他的故土,越过海拔4000米的阿尔卑斯山,到了瑞士,从此开始了长达16年之久的流亡漂泊的生涯。布鲁诺先后到过日内瓦、巴黎、伦敦、威丁堡、法兰克福等地。

伦敦时期是布鲁诺思想成熟和创作的高峰年代。在这期间,他多次参加辩论会,发表了大量著作。这些著作语言生动,尖锐泼辣,结构严谨,充满热情,表达了布鲁诺对宇宙、上帝和当时社会生活的思考。《圣灰星期三的晚餐》叙述和捍卫哥白尼的学说;《论原因、本原与太一》概述他的哲学观点;《论无限、宇宙和诸世界》论证关于宇宙无限的学说;《驱逐趾高气扬的野兽》表露了他对教会、宗教、道德和社会的看法。在德国和瑞士流浪期间,布鲁诺通过书商发表了哲学诗三部曲:《论三种最小并论度量》、《论单子、数与形》、《论不可度量者与不可数者》等重要著作。

布鲁诺在极其艰难的条件下从事讲学和著述活动,并到处受到教会当局的迫害。多年的漂泊流浪生活,未曾泯灭游子思乡之情。布鲁诺十分想念自己的祖国和家乡。他甚至同罗马教皇的使节进行了秘密接触,表示自己可以作形式上的忏悔,在不涉及自己的观点的条件下,忏悔自己从修道院逃跑的错误,以换取天主教教会的宽容,允许他返回意大利。但天主教教会没有同意。1591年,一位书商将威尼斯贵族摩森尼哥(Giovanni Mocenigo)的一封邀请信交给了布鲁诺,邀请他回到意大利威尼斯,他想向布鲁诺学习记忆术。思乡心切的布鲁诺决定接受邀请,前往威尼斯。布鲁诺最终因摩森尼哥出卖而被威尼斯宗教裁判逮捕。1593年2月23日,布鲁诺被引渡给罗马宗教裁判所。罗马宗教裁判所对布鲁诺进行了长达8年之久的关押和审讯。布鲁诺虽然受尽百般折磨,但他始终坚贞不屈,拒绝放弃自己的观点。他说:"在真理面前,我半步也不后退!"

1600年2月17日凌晨,在罗马的鲜花广场上,一团罪恶的火焰在升腾。瞬间,它吞噬了哲学家布鲁诺的生命。点燃这团火焰的,是基督教的罗马宗教裁判所的刽子手。1889年,罗马宗教法庭不得不为布鲁诺平反昭雪。同年,鲜花广场上竖立起一座布鲁诺的塑像,纪念这位为真理而献身的勇士。

对宇宙本原的探究一直是西方哲学的主题。布鲁诺在继承前人传统思想的同时,对宇宙本原进行了探究和思考。呈现在布鲁诺面前的宇宙世界复杂多样,处于不断的具体形式转换之中,是不稳定的现象世界。在这不稳定的现象世界之下,是稳定的、静止的本质的东西,他称之为元始的本原的"太一"[unus]。"太一"构成布鲁诺哲学思想的逻辑起点,同时又是终点。作为本质的"太一"存在于作为现象世界的万物之中;反过来,世界万物又存在于"太一"中。宇宙及其众世界是"太一"的展开和表现。因此,布鲁诺认为,给予无数个别存在以存在的东西是"太一","对这个'太一'的认识是全部哲学和自然静观或思辨(contemplatus)的目的和界标——对一切的最高静观或思辨却保持在它自己的界限之内,它高翔于自然之上,对于不相信的人,它是不可能,是虚无"[1]。"谁不明白一,就不明白一切那样,谁真正地明白一,也就明白一切,而且,谁愈接近于认识一,也就愈益接近于认识一切","赞美归于众神明,愿所有存在着的都来赞颂无限的,最单纯的、最单一的、最崇高的和最绝对的原因、本原和元始的'一'"[2]。

作为宇宙的本原,是存在的核心和始基。世界万物都是元始"太一"的展开和表现。"太一"是普遍的在存在之中的实体,是一切的实体,是一切实在的源泉。从实体方面看,宇宙及其任何一个部分实际上都是统

---

① Giordano Bruno:*Cause*,*Principle and Unity*,tr.by Jack Lindsay,Newyork,1964,p.129.

② Ibid.,p.150.

一的。物体的不同形式、状态、特点、颜色以及其他独特的个性和一般属性,所有这一切无非是同一个实体的各种不同的外观,是不动的、稳定的、永恒的存在的流逝的、变动的、变易的外观。"因为这个统一性是唯一的、常驻不变的,它永远存在。这个同一性是永恒的。任何外貌、任何面容、任何其他事物,都是虚幻、都是无。不仅如此,在这个太一之外什么也没有。"①

在布鲁诺看来,形式本原和物质本原是唯一实体的两个方面。形式本原是永恒的精神性实体,作为积极的本原而存在;物质本原是永恒的质料实体,作为消极的本原而存在。积极的本原和消极的本原两者相互作用产生世界的多样性。

"必须承认实际上有两种实体:一种是形式,一种是物质;因为,第一,必须有一个最高的实体性的作用,它包含着万物的积极的可能性;第二,还须有这么一种最高的可能性和基质,它包含着万物同等的消极的可能性。在前者中有'创造'的可能性,在后者中有'被创造'的可能性"②。形式的和物质的本原,或两种可能性:积极的可能性和消极的可能性,或两种实体:形式和物质,这些对立面是合二而一的。

对于布鲁诺来说,世界的形式就是世界灵魂。世界灵魂是万物的真正作用因,它充满一切、照耀一切、指导自然产生万物。世界灵魂无处不在,它存在于运动着的宇宙中的每一个事物及其每个部分之中。物体的运动"是由其自己的内在本原、灵魂和本性所推动,选择自己在广大无边的宇宙中的轨道,绕着自己的中心旋转"③,由此布鲁诺展示给人们一种全新的运动观。布鲁诺对此极为重视,认为这样"将会为理解自然的真正本原打开大门,我们从此将能够大踏步沿着真理之路前进。这真理已被庸俗

---

① Giordano Bruno:*Cause*,*Principle and Unity*,tr.by Jack Lindsay,Newyork,1964,p.139.

② Ibid.,p.100.

③ Giordano Bruno:*His Life and Thought.With Annotated Translation of his work*;*On the Infinite Universe and Worlds*by Dorothea Waley Singer,New York,1950,p.302.

的和愚昧的幻象所长久埋没,而且直到今天仍被保持在隐秘之中"①。

普遍理智是世界灵魂内部的一种特有的能力。"普遍理智是世界灵魂最深处的、最实在的和基本的能力,是世界灵魂最有效的部分。它是单一的同一,充满一切,照耀宇宙,指导自然产生万物,各从其类。它在自然事物的产生中所发挥的作用,犹如我们的理智在理性体系的产生中的作用那样"②。普遍理智并不是从外部将形式赋予物质,因为形式本来就包含在物质之中。"至于我们,我们把它叫做内在艺术家,因为它从内部形成物质和形状,犹如从种子或根的内部长出和伸展出主干,从主干的内部长出主枝,从主枝内部长出枝丫,从枝丫内部长出嫩芽,从嫩芽内部,像神经一样,形成、组成、编织出叶、花和果;并且在一定时间内,又从内部,将汁液从叶和果重新引回到枝丫,从枝丫引回到主枝,从主枝引回到主干,从主干引回到根"③。

物质和形式一样是直接来源于"太一"的,是永恒的质料本原,是与世界灵魂不可分的。一切自然形式都起源于物质,并又回归于物质。"将自身包含的卷缩元素舒展开来的物质,应该称为神物和最优秀的生产者,应该称为自然万物(实际上实体中之全部自然)的最优秀的父亲、产生者和母亲"④。在布鲁诺看来,"物质并不是什么殆等于无(*prope nihil*)的东西,也即,不是没有现实、没有效力和完美性的赤裸裸的、纯粹的可能性"⑤。物质是事物永恒的质料实体,"它不是能从虚无产生的,也不是能分解为虚无的",是"事物永恒的质料本原,是事物的真正实体"⑥。"组合被分

① Giordano Bruno: *His Life and Thought. With Annotated Translation of his work: On the Infinite Universe and Worlds* by Dorothea Waley Singer, New York, 1950, p.302.

② Giordano Bruno: *Cause, Principle and Unity*, tr.by Jack Lindsay, Newyork, 1964, p.81.

③ Ibid., p.82.

④ Ibid., p.125.

⑤ Ibid., p.128.

⑥ Giordano Bruno: *The Expulsion of the Triumphant Beast*. tr.by Arthur D.Imerti, Rutgers University Press, 1964, p.75.

解,复合性被转化,形象被形成,存在被改变,命运多变,只有元素保持着它们在实体中的样子,那同一本原总是那唯一的质料本原,它是事物的真正实体,是永恒的、不可生的和不可毁灭的"①。

物质应当视为潜能,一切可能的形式,在某种意义上说,便都包含在物质中了;形式是以可能性或潜能而存在于物质之中,由此确定着物质的变化。物质和形式是出于同一层次的,它作为包含着受造物的潜能即包含着万物的消极可能性,与积极可能性对等。形式离不开物质,是"在物质中产生,在物质中消灭,来自物质和归于物质"。形式又是实现由可能性向现实性转化的动力,就是物质"作用、产生、创造"的性能。

布鲁诺还把物质看作可能性来考察。"对我们的实体来说,一个更大的优点是它能够被造成任何事物,接受一切形式,而不是固守某一形式作为不完整的存在。所以,就其可能性而论,它很像那个处于一切之中的是一切者"②。在它之中,现实性和可能性乃是一个东西,正如元始一那样,是绝对现实和绝对可能性。

物质和形式是不可分的,如果没有物质就没有形式,一切的形式都在物质中产生和消灭。物质是永恒存在的,是形式存在的基础。物质自身就在质料与形式结合中不断运动变化,是"生育者和母亲",无须"第一推动者"的外因作用。宇宙是在物质和形式相互作用下运动发展的,从宇宙的形式作用于物质而发生变化说,万物都有灵魂,都有生机。这就是布鲁诺的万物有灵论即生机论。它表达了宇宙是它自身发展变化的结果,并不需要借助外力和外因。普遍的形式作用因作用于物质既是内因,也是外因。因此宇宙这样运动、变化和发展,所以宇宙是产生者,又是被产生者。布鲁诺已经排除了神对自然界的创造和支配,把神归结于自然界本身。在欧洲文艺复兴时期,以布鲁诺为代表的自然哲学家,从唯物主义

① Giordano Bruno:*The Expulsion of the Triumphant Beast*.tr.by Arthur D.Imerti,Rutgers University Press,1964,p.75.

② Giordano Bruno:*Cause*,*Principle and Unity*,tr.by Jack Lindsay,Newyork,1964,p.121.

思想出发,在不否定上帝存在的基础上以泛神论为武器力图为自然争得一席之地。自然即神,神即自然,这是文艺复兴时期的哲学家们对自然界的最好解说。

自然下降而生育万物与理智上升而认识自然真理遵循着同一道路。前者是由统一性展开成为无限多的个体,后者则是由无限多的个体上升到统一。布鲁诺认为,认识起源于感觉。感性是认识的前提,是自然认识的起点和开端。但是,感性"仅仅刺激我们的理性,部分地去显露、指出和证实;不是整体地去证实","我们的感性,无论看起来多么完善,但也从不是没有一些烦扰的。因此,真理虽然在那么一点儿程度上来源于感性,正如来源于最弱的原始那样,但是绝不存在于感性中"[1]。

从感性的杂多到观念的统一,这是从感性具体上升到抽象的过程,这一推理阶段就是知性。知性的任务是理解感觉所感知、所保留下来的东西,运用抽象概括和推论的能力,从特殊中抽象出一般,从感觉的现象中探明事物的普遍本质和原因。布鲁诺认为,"知性是人类特有的潜能"[2]。

接下来的阶段是理性。理性的任务是主动地、积极地整理知性活动的成果,把知性得出的一般论断提高到原理原则,从而认识到事物的实体的统一性。"当理性要理解某个事物的实质时,它便借助尽可能简化的办法。我的意思是,它远离复杂性和繁多性,抛弃易逝的偶性、大小、标志和形状而是追溯到构成这些事物的基础的那个东西……通过这样,理性向我们明确地指出事物的实体怎样存在于统一性中,理性从真理中或从类比中寻找一"[3]。这样,"我们从自然的最低阶段上升到最高阶段,从(哲学家所认识的)物理学上的普遍性上升到(神学家信仰的)原始状态,

---

① Giordano Bruno:*His Life and Thought.With Annotated Translation of his work;On the Infinite Universe and Worlds*by Dorothea Waley Singer,New York,1950,p.251.

② 《布鲁诺拉丁文集》,那不勒斯—佛罗伦萨 1879—1891 年版,第一卷第四册,第31 页。

③ Giordano Bruno:*Cause, Principle and Unity*,tr. by Jack Lindsay,Newyork,1964,pp.143-144.

如果你愿意的话：直到你达到一个单一的普遍的元始实体，它等同于一切，我们称它为存在，为一切种属和一切不同形式的基础"①。

但是我们应该看到，人的自然推理认识的对象是有限的感性世界，认识从感性开始。而作为认识起点的感性，一开始就充满着种种不确定因素，因而建立在感性认识之上作为推理认识的最高阶段的理性也就具有相对性。

在布鲁诺看来，低级的智慧只有借助于许多种类、对比和形式才能理解多样性；较高级的智慧借助于不多的东西就能理解得好一些；最高级的智慧借助于最少的东西就能理解得尽善尽美。神性智慧在智慧的等级里处于最高阶段，属于头等智慧。"它能在一个思想里以最完善的方式领悟一切；神明的智慧，绝对的统一，无须借助任何表象、任何条件，它本身就是理解者和被理解者。因此，我们上升到完善的认识时，就是把杂多性综合起来，正如下降生育万物时把统一性展开那样。下降是从元[一]的存在到无限多的个体，上升则是从后者到前者。"②"当我们集中注意、努力达到事物的本原和实体时，我们是在向着不可分割性的方向前进；而且我们从不认为我们已经到达了元始的存在和普遍的实体，如果我们没有达到这个包罗一切的、单一的不可分割者的话。由于这个缘故，只有当我们达到了对不可分割性的理解时，我们才认为是理解了实体和实质。"③

这样，要达到与"太一"的合一需要漫长的过程，人类的认识就只能是一个无限接近"太一"的过程。无限作为无限，必须被无限地追求。宇宙的无限只能促使人类不断的探索和发现。人的能力因而得到不断地发展和提高，人类的视野越来越广阔。人类对大自然奥秘的洞察是没有限度的。认识的对象是无限的，人类心智的力量也是无限的。

----

① Giordano Bruno: *Cause, Principle and Unity*, tr. by Jack Lindsay, Newyork, 1964, pp. 140~141.
② Ibid., p.144.
③ Ibid.

布鲁诺的最后一部对话,1585 年在伦敦出版的《论英雄热情》的主题是爱。但不是对妇人的爱,而是对真理的爱和对善的追求以及对认识的激情。在布鲁诺笔下,对妇女的顶礼变成了对思想的崇敬,对美女的膜拜变成了对理性的忠诚,而情爱的疯魔为英雄激情所取代。他热情地歌颂了人类认识的无限性,并指出思想家的最高品德就是为了真理而把个人生死置之度外。他相信人类理性具有认识绝对真理的无限能力和可能性。尽管我们永远也达不到绝对可能性和知识的神性无限性,但是我们能够分享他的福祉。

布鲁诺以理智的激情的驱动开始,论述了灵魂上升的过程。在布鲁诺的眼里,对于肉体感性的迷恋是愚蠢的,人类之英雄从不迷恋或沉溺于这样的事物。变幻的事物不是真正的存在,因此追求这样的事物是没有价值的。要想达到不朽的对象,就必须靠英雄的豪情,努力上升到种种物质和肉体等等短暂的事物之上。

忘我的志向使其清心寡欲,英雄的志向使其把生死置之度外。"与哲学家称号相称的行为是摆脱欲求而不感到痛苦。谁最醉心于对神圣意志的爱,谁就能不因任何威胁、不因任何迫在眉睫的灾祸而惊慌失措。至于我,我永远不会相信那害怕肉体痛苦的人能与神圣的事物结合起来。"①

真正的美的境界就是所有事物的最终的和谐一致,是与"最高的善、最高的向往对象、最高的完美、最高的幸福在于包罗全部复杂性的'一'"②的完美结合。这种真正境界就是迷狂(ekstasis)。ekstasis 在希腊文中的原意"站出去"、"置于自身之外"。一个满怀强烈求知欲望,对知识无比热爱的人,必须站到有限的个体之外,发狂一样迷失在无限的神性之中。在这种神人合一的迷狂状态中,灵魂获得了宁静,享受着至福,

---

① 《布鲁诺拉丁文集》,那不勒斯—佛罗伦萨 1879—1891 年版,第二卷第二册,第192 页。

② Giordano Bruno:*Cause*,*Principle and Unity*,tr.by Jack Lindsay,New York,1964,p.150.

体验着奇妙无比的欢悦。

布鲁诺凭着对真理的热爱,以大无畏的英雄气概,忘我的英雄激情,勇敢地面对着死亡而前行。罪恶之火将英雄布鲁诺吞噬,他为追求真理而献出了生命。但"他是幸福的。即使他还有许多东西不理解——探索不是没有作用的;他探索得越多,发现也会越多。认识的激情没有止境。这激情本身就是一种奖赏,是人世间任何东西都无法比拟的。他相信:人类思想在揭开宇宙秘密时升腾越高,本原真理会越加显得复杂。但在每一次失败之后,紧接着来到的便是胜利。每一次完成的升腾,将展示越来越多的远景。绝对真理的不可穷尽,并没有把他吓倒。正是这个不可穷尽性,有无限广阔的天地,可以供思想不断飞翔!乔丹诺精神振奋。激情的幸福充溢了他的整个身心。"①人类也是幸福的,因为拥有像布鲁诺这样优秀的儿女。布鲁诺摧毁了荒诞的旧的宇宙体系,无限的宇宙和无数的世界从此展现在人类面前,"虽然人类是经过火刑架飞向宇宙的"②。

布鲁诺的认识论思想由于受时代条件的局限,尤其是"迷狂"思想主张神秘主义直观论,具有怀疑主义不可知论的倾向。但"上帝的本质与世界的合一就是文艺复兴时期自然哲学的总的理论"③。而布鲁诺追求的上帝与人的本质的合一,与这一时期的各种自然哲学在组织自己的问题时均以人类在宇宙中的地位为中心的气氛相和。

对于布鲁诺来说,人类正是在追求真理的过程中,变得越来越自由越来越强大。求知的过程与人的神圣化过程相同。在理智指导下,经过勤勉和积极的努力,人的心灵越来越敏锐,工业被发明出来,各种各样的技术被发现,新的神奇的发明天天从人类理智深处被呈现出来。这样,"人

---

① [苏]施捷里克:《布鲁诺传》,侯焕闳译,北京:生活·读书·新知三联书店1986年版,第68页。
② 同上书,第408页。
③ [德]文德尔班:《哲学史教程》(下),罗达仁译,北京:商务印书馆1993年版,第501页。

通过他们的热切的和紧迫的工作,不断地远离了野兽般的存在,更加紧密地接近神的存在"①。文艺复兴时期劳动至上的观念开始树立起来。思想家们赞美劳动,反对享受,在反对封建专制和宗教观念发挥着越来越大的作用,并逐渐成为近代思想说明人类社会历史发展文明进步的基本线索。

作为文艺复兴时期的重要思想家,布鲁诺特别关注劳动的意义。在布鲁诺看来,人和其他生物没有区别。既然宇宙中所有的存在都以同样的基质构成,因此,人在自身的形体组成方面,人与其他生物没有任何区别。人的本体状态与所有其他有生命物质的可能的状态处于同一个自然层次。但是,"众神把理智和双手给予人,还使他有了似神的形象,给予他支配其他动物的权力。这在于,他不仅能够根据本性和共性来运作,而且在那本性的法则之外也能运作,以其悟性通过形成或能够形成其他本性、其他道路、其他种类,借助这悟性的自由(没有它就不可能接近神),他将成功地保持着自己作为大地之神。当然,当变得呆滞时,那本性就是虚无和空洞的了,就像看不见东西的眼睛和抓不起东西的手一样没用。正因如此,天意已经决定,人必须用双手从事劳动,用理智来思考,从而,没有活动就没有思考,没有思考就没有活动"②。劳动和理智相辅相成,缺一不可。人赋有理智和双手,并赋有支配其他动物的权力。人由于机体的特殊构造和形体并且能够比动物更会利用自己的躯体尤其是作为"众器官之王"的手来改造自然,建立文明。人在劳动中表现自己的能力和力量。劳动是人类文明进化和人的尊严的基础,劳动塑造伟大的心灵。布鲁诺语重心长地劝诫人们,"在等待自己的死亡、转化、变易的时候,人可不能无所事事或不务正业啊"③。"假如我们死后不得不长久地空闲无

① Giordano Bruno:*The Expulsion of the Triumphant Beast*.tr.by Arthur D.Imerti,Rutgers University Press,1964,p.206.
② Ibid.,p.205.
③ Ibid.,p.72.

事睡大觉,那为什么我们活着的时候还要懒散无为睡大觉呢"①。

劳动创造财富。在布鲁诺看来,人有追求财富和幸福的权利。但是,对于早期资本主义财富积累主要通过利用暴力手段为资本主义的迅速发展创造条件积累财富,布鲁诺给予抨击。布鲁诺认为我们应该对财富保持一份清醒。财富本身的价值是中性的,只是由于对它使用得好与不好,它才具有某种社会的品质。布鲁诺反对非理性地使用财产。贫穷将会是安全且平静的,财富将会是困惑孤独且猜忌不安的。布鲁诺批判贫富差别天意论,注重国家在消除贫富分化的作用。他主张国家必须对它的公民的生活施加道德的影响,从而使人们在思想上正确地对待财富。此外,国家也要充分发挥法律的作用,以便使穷人得到富人的帮助。

在这里读者通过布鲁诺主要哲学思想尤其是对世界本原探究有一个较为全面的理解和把握。我们要把布鲁诺的哲学思想与既往哲学史有关传统结合起来予以考察,同时,我们又要把布鲁诺的哲学思想放到文艺复兴时代背景下,尽可能深入揭示布鲁诺作为近代文化先驱其思想的先进性。本节系统地历史地考察了布鲁诺关于世界本原的探究,而且也帮助我们理解了文艺复兴时期关于自然发现和人的发现的意义。

拓 展 阅 读

一、必读书目

1.《库萨著作集》,第一卷; Nikolaus von Kues:*Werke* (Neuausgabe des Straßburger Drucks von 1488), Band 1, herausgegeben von Paul Wilpert, Berlin,1967.

2.库萨:《论球戏》; Nikolaus von Kues:*Vom Globusspiel*,deutsch, übersetzt von

---

① Giordano Bruno:*The Expulsion of the Triumphant Beast*.tr.by Arthur D.Imerti,Rutgers U-niversity Press,1964,p.192.

Gerda von Bredow，Hamburg，1978.

3. 库萨:《猜测的艺术》;*Die Kunst der Vermutung.Auswahl aus den Schriften von Nicolaus Cusanus*，deutsch，besorgt und eingeleitet von Hans Blumenberg，Bremen，1957.

4. 雅柯比编:Klaus Jacobi(hrsg):*Nikolaus von Kues*，*Einführung in sein philoso-phisches Denken*，München，1979.

5. Jordani Bruni Nolani:*Opera Latine Conscripta*.Facsimile-Neudrunk Dev Aus-gabe.Von Fiorentino，Tocco and Andern，Nepel and Florenz，1879−1891.Drei Band in Acht teilen. Friedrich Frommann Verlag Gunther Holzbog Stuttgart-Bab Gannstatt 1962.

6. Jordani Bruni Nolani:*Cause*，*Principle and Unity*，Translated by Jack Lindsay.1964.Newyork.

7. Jordani Bruni Nolani:*On the Infinite Universe and Worlds.*，Translated by Doro-thea Waley.W.Singer，1950，.Newyork..

8. Jordani Bruni Nolani:*The Expulsion of the Triumphant Beast*.Translated by Ar-thur D.Imerti，1964.Newyork

9. 库萨的尼古拉:《论有学识的无知》,尹大贻、朱新民译,北京:商务印书馆1997年版。

10. 库萨:《论隐秘的上帝》,李秋零译,北京:三联书店1996年版。

11.《论原因、本原与太一》,汤侠声译,北京:商务印书馆1984年版。

12. 乔尔达诺·诺拉诺·布鲁诺:《飞马的占卜——布鲁诺的哲学对话》,梁禾译,北京:东方出版社2005年版。

13. 布鲁诺:《论无限、宇宙和诸世界》,田时纲译,北京:人民出版社2010年版。

二、参考书目

1. 李秋零:《上帝·宇宙·人》,北京:中国人民大学出版社1992年版。

2. Pauline Moffitt Watts:Nicolaus Cusanus,a fifteenth-century vision of man,Lei-den 1982.

3. 布鲁诺:《论英雄热情》(节译),见周辅成编:《西方伦理学名著选辑》(上),北京:商务印书馆1964年版。

4. Giordano Bruno:*His Life*，*Thought and Martyrdom* by William Boulting

London,1914.

5. Giordano Bruno: *His Life and Thought*. With Annotated Translation of his work: *On the Infinite Universe and Worlds* by Dorothea Waley Singer, New York1950.

6. *Giordano Bruno and the Hermetic Tradition*. by Frances Yates. London. 1964。

7. [意]努乔奥尔迪内:《驴子的占卜——布鲁诺及关于驴子的哲学》,梁禾译,北京:东方出版社 2005 年版。

8. 汤侠生:《布鲁诺及其哲学》,上海:上海人民出版社 1985 年版。

9. [苏]施捷克里:《布鲁诺传》,侯焕闳译,北京:二联书店 1986 年版。

10. 赵敦华:《基督教哲学 1500 年》,北京:人民出版社 1994 年版。